权威·前沿·原创

皮书系列为

“十二五”“十三五”国家重点图书出版规划项目

中国社会科学院创新工程学术出版资助项目

上海合作组织发展报告（2019）

ANNUAL REPORT ON THE SHANGHAI COOPERATION ORGANIZATION (2019)

中国社会科学院俄罗斯东欧中亚研究所
中国社会科学院上海合作组织研究中心
主　编／李进峰

社会科学文献出版社
SOCIAL SCIENCES ACADEMIC PRESS (CHINA)

图书在版编目（CIP）数据

上海合作组织发展报告. 2019 / 李进峰主编. -- 北京：社会科学文献出版社，2019. 5
（上海合作组织黄皮书）
ISBN 978 - 7 - 5201 - 4649 - 4

Ⅰ. ①上… Ⅱ. ①李… Ⅲ. ①上海合作组织 - 研究报告 - 2019 Ⅳ. ①D814. 1 ②F114. 46

中国版本图书馆 CIP 数据核字（2019）第 065146 号

上海合作组织黄皮书
上海合作组织发展报告（2019）

主　　编 / 李进峰

出 版 人 / 谢寿光
责任编辑 / 张苏琴

出　　版 / 社会科学文献出版社 · 当代世界出版分社（010）59367004
　　　　　地址：北京市北三环中路甲 29 号院华龙大厦　邮编：100029
　　　　　网址：www. ssap. com. cn
发　　行 / 市场营销中心（010）59367081　59367083
印　　装 / 天津千鹤文化传播有限公司

规　　格 / 开 本：787mm × 1092mm　1/16
　　　　　印 张：21. 75　字 数：325 千字
版　　次 / 2019 年 5 月第 1 版　2019 年 5 月第 1 次印刷
书　　号 / ISBN 978 - 7 - 5201 - 4649 - 4
定　　价 / 168. 00 元

本书如有印装质量问题，请与读者服务中心（010 - 59367028）联系

上海合作组织黄皮书编委会

主　　编　李进峰

副 主 编　杨　进　肖　斌　张　宁

编　　委　（按姓氏笔画排序）

王晓泉　包　毅　刘显忠　孙　力　孙壮志
杨　进　李中海　李永全　李进峰　肖　斌
吴宏伟　宋　红　张　宁　庞大鹏　赵会荣
柳丰华　柴　瑜　徐坡岭　高晓慧　高　歌
董文柱　薛福岐

课题组成员　（排名不分先后）

李进峰　吴宏伟　孙　力　赵常庆　韩　璐
庞大鹏　杨　进　林民旺　许　涛　曾向红
苏　畅　李中海　刘　乾　郭晓琼　肖　斌
丁　超　张　弘　赵　臻　文龙杰　王德禄
王明昌　吕　萍　高焓迅

英文翻译　祝伟伟　王文娥

主编简介

李进峰 管理学博士，中国社会科学院俄罗斯东欧中亚研究所党委书记、副所长，研究员级高级工程师，中国社会科学院上海合作组织研究中心执行主任，中国社会科学院“一带一路”研究中心副主任。长期在国有大型企业工作，从事企业管理、行政管理和学术研究工作多年。2001～2008年任中国社会科学院研究生院副院长，2008～2011年任新疆生产建设兵团第十一师党委常委、副师长。

主要学术专著:《转型期中国建筑业企业问题》（中国社会科学出版社，2006）、《援疆实践与思考》（中国书籍出版社，2011）、《上海合作组织15年：发展形势分析与展望》（社会科学文献出版社，2017）。主编《上海合作组织发展报告》。最新研究成果主要有《上合组织扩员：挑战与机遇》《上合组织15年发展历程回顾与评价》《上合组织扩员与东盟扩员比较借鉴》《“一带一路”建设5周年发展回顾与展望》等。

摘　要

本报告以2018年上海合作组织发展进程为主线，分析了当前国际和地区形势以及复杂的地缘战略格局变化，深入解读了国际、地区热点问题和重大事件对上海合作组织发展的影响，对2018年以来上海合作组织在政治、安全、经济、人文等领域的合作情况进行分析和介绍，对上海合作组织发展中遇到的重大问题、在“一带一路”倡议与欧亚经济联盟对接中的作用、成员国对上海合作组织的看法等进行了深入细致的探讨，提出了许多有重要参考价值的建议。

目　录

Ⅰ　总报告

Ⅱ　重要会议

Ⅲ　政治合作

Ⅳ 安全合作

Ⅴ 经济合作

Ⅵ 人文合作

Ⅶ 海外舆情

Ⅷ 附录

总 报 告

General Report

Y.1
百年变局中的上合组织：挑战与机遇

李进峰*

摘 要： 2018年全球不确定性不稳定性因素有增无减，世界进入百年未有之大变局，上合组织面临单边主义、保护主义、恐怖主义、阿富汗问题等挑战以及扩员带来的内部不确定性挑战。同时，青岛峰会为“上海精神”注入新内涵，引领成员国增强政治互信，“一带一路”合作向高质量发展转变为成员国合作增添新动力。扩员后区域巨大潜力仍在释放，区域凝聚力增强，上合组织影响力、凝聚力和行动力不断提升，作为推动全球治理不可忽视的重要力量，上合组织有效地维护地区安全稳定与发展，积极打造地区命运共同体。

* 李进峰，管理学博士，中国社会科学院俄罗斯东欧中亚研究所党委书记、副所长，中国社会科学院上合组织研究中心执行主任。

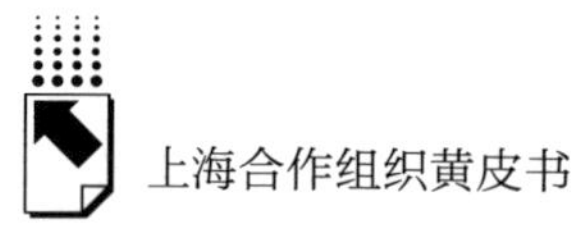

关键词： 上合组织　扩员　“上海精神”　“一带一路”　人类命运共同体

一　地区与国际总体形势

2018 年，地区与国际形势复杂多变，世界进入百年未有之大变局，不确定性不稳定性因素有增无减。中东和非洲西北部地区动荡，叙利亚内战、也门内战等局部战争频发；全球化受阻，单边主义、保护主义和民粹主义兴起；恐怖袭击、难民危机、贸易战、网络安全等成为焦点；大国战略博弈日益加剧，全球治理无序、失衡问题凸显，中国周边局势总体稳定，中东北非局势持续动荡。

（一）大国竞争日益加剧，全球治理难度加大

从美国 2017 年以来发布的一系列有关国家安全和战略报告来看，美国已经把中国视为主要战略竞争对手。2017 年发布的《美国国家安全战略报告》将中国定位为“战略竞争对手”和“修正主义国家”，2018 年美国国防部发布的《国防战略报告》也将中国视作“战略竞争者”①，2018 年美国国防部发布《核态势评估报告》指出，中国和俄罗斯正在对美国建立的国际规范和秩序构成挑战。②

2018 年初，美国单方面挑起中美贸易摩擦，导致中美关系持续紧张。美国及其盟友在台湾问题、南海问题和印太战略方面不断向中国施压，挑战中方底线，在南海和太平洋地区针对中国的军事演习不断升级。有 26 个国

① Ministry of Defense of the USA, Summary of the 2018 National Defense Strategy, http//dod. defense. gov/Portal/1/Document/pubs/2018 - National - Defense - Strategy. pdf? mod = article_ inline, p. 1.

② Ministry of Defense of the USA, Nuclear Posture Review 2018, Feb. 2, 2018, http//media. defense. gov/2018/Feb/02/2001872886/ - 1/ - 1/2018 - NUCLEAR - POSTURE - REVIEW - FINAL - REPORT. PDF, P. 2.

家参与的“环太平洋－2018”联合军演，美国拒绝中国参加。澳大利亚联合新加坡、马来西亚、新西兰、英国举行“国际安全演习”，声称演习目的是以实际行动支持南海“航行自由”。

美俄关系在2018年持续恶化。美国国会对俄罗斯发起新一轮严厉制裁，俄美在叙利亚内战、乌克兰危机、伊朗核问题上继续角力。美国及北约针对俄罗斯举行了大规模军事演习，北约军事活动达到了冷战以来前所未有的强度。

美国继退出TPP、《巴黎气候协定》后，又退出联合国教科文组织、《移民问题全球契约》，并多次威胁要退出WTO。美国这种不断“退群”的趋势正在加速战后国际多边体系的瓦解。[①] 另外，中国承担联合国常规预算的分摊比例从1.54%提升到7.92%，而美国从50%下降到22%，日本从19.63%下降到9.68%。[②]

以美国为首的发达国家民粹主义、民族主义、贸易保护主义倾向持续加剧。从英国脱欧、法国黄马甲运动、默克尔不再谋求连任和G7峰会争论等情景可见，无论是欧洲国家内部，还是美欧国家之间，在许多问题上充满了利益分歧和矛盾，西方日益分裂，民粹主义兴起，大国竞争加剧，种种迹象表明，全球治理陷入失序、失衡困境。

（二）尽管美国针对中国的军事活动增多，但中国周边局势总体稳定

2018年，中国周边出现了一些不稳定因素。中美关系进入战略对抗阶段，主要原因在于美国对中国的快速发展感到恐慌，担心中国创新和技术能力赶上美国，企图遏制中国和平发展。2018年9月，美国权威智库“新美国安全中心”在其《如何应对中国的“一带一路”》报告中，建议全面调动资源应对中国“一带一路”倡议。[③]

---

① 张宇燕：《全球政治与安全报告》，社会科学文献出版社，2019，第10～11页。

② 联合国大会决议：《联合国经费分摊比额表》，新华社，2018年12月24日电。

③ Daniel Kliman and Abigail Grace, Power Play: Addressing China's Belt and Road Strategy, September 20, 2018, https//www.cnas.org/publications/reports/power－play.

中美对抗的主要标志是美国单方面挑起中美贸易摩擦和美国针对中国的军事活动增多。美国及其盟友针对中国的军事活动主要体现在三个方面。一是美国联合日本打造美日印澳四方安全合作的“印太战略”以阻止中国发展。美国支持日本扩军修宪，力促日韩和解，打造制衡中国的美日韩三边安全合作机制。二是在朝核问题上，美国试图离间中朝关系，将中国边缘化，但事与愿违，中朝关系更加紧密。在军事上，特朗普拒绝邀请中国参加“环太平洋联合军演”。三是美军在南沙、西沙海域执行所谓“航海自由行动”的次数和力度在增多和加大，美国在南海地区开展军事演习、靠近我海域侦察及建设军事设施的行动增多。澳大利亚、英国也派军舰进入相关海域宣示“自由航行”。新加坡、越南等国家对中国政策的制衡意图也比较明显。

尽管存在上述不利因素，但总体上，2018 年中国周边形势基本稳定，甚至出现了一些向好趋势和积极因素，包括朝鲜半岛局势缓和，东北亚方向安全形势明显好转；中国与周边国家在推进区域合作方面取得进展，如中日韩三边自贸区协定磋商、《区域全面经济伙伴关系协定》谈判、澜湄合作和南海行动准则磋商等都在进行中；中俄战略协作关系稳步发展，中日关系有所改善；中印两国都期望避免冲突，增加互信，11 月，中印举行双边边境谈判，双方均表示谈判“达成重要共识”。

第一，朝鲜半岛局势缓和、东北亚趋势向好。2018 年初，朝鲜劳动党七届三中全会通过《关于发展社会主义经济和提高人民生活水平》的决议，明确将集中力量发展经济，表明朝鲜有意推动“改革开放”。此后，朝鲜对外交政策做了相应的调整，朝韩领导人会晤，双方加深互信与合作。朝鲜主动采取冻结核武器步骤，朝鲜加强与中国合作，朝鲜改善与美国关系。尽管还存在一些不确定因素，但随着中朝领导人会晤和美朝领导人会晤，朝鲜半岛局势向好。

第二，东南亚局势基本稳定。东盟乐见中国的和平发展，希望与中国开展合作实现互利共赢，不希望在大国博弈中选边站队。老挝、柬埔寨与中国关系友好，泰国、缅甸、印度尼西亚和文莱与中国关系保持较高水平。马来西亚新政府总体上倾向于对华继续保持友好关系。新加坡、越南、菲律宾三国对华政策虽然具有制衡色彩，有“两面性”，但对华态度总体温和，未有矛盾冲突。

第三，南亚形势稳中有变，但总体向好。中巴关系始终稳健，巴基斯坦新总理尽管竞选时言论激烈，但当选后对华态度表现积极。中印关系在经历洞朗风波后，随着印度总理莫迪访华而恢复如初。南亚国家尼泊尔、马尔代夫、巴基斯坦、不丹先后举行大选，其中，尼泊尔和不丹的“亲印度派”失利，虽一度使南亚地区局势升温，但对我总体上趋势向好。

（三）叙利亚、也门内战复杂多变，中东北非局势持续动荡

2018 年初，俄罗斯不断加大对叙利亚政府军的军事援助和支持力度，叙利亚政府军解放了大马士革省东古塔地区和霍姆斯省，不断收复原来失去的地盘，巩固原有控制区域。尽管最终的和平仍然没有到来，但持续 7 年的叙利亚内战逐渐趋于缓和。美国一直试图阻挠叙利亚政府军的行动，俄美在叙利亚角力的同时，伊朗、土耳其、以色列也卷入叙利亚内战。各方力量之间的角逐和缠斗导致叙利亚局势复杂化。2018 年 10 月，俄罗斯、土耳其、法国和德国四国领导人举行了关于叙利亚问题的四国峰会，就和平结束叙利亚内战达成共识。但就在即将见到曙光的时候，年末美国主导的国际联军又多次空袭叙利亚的代尔祖尔省，导致叙利亚和平进程又遭挫折。

2018 年，也门内战也是局势复杂多变。年初也门局势骤然升温，也门政府军在以沙特为首的多国联军空军的支持下开展了猛烈的进攻，而胡赛武装为报复多国联军的攻击，多次向沙特首都发射导弹。其间，政府军与胡赛武装曾经宣布停火，美国呼吁通过联合国调停框架进行谈判，但是，不久双方又爆发激战。也门内战，除了沙特直接参与外，美国、俄罗斯、伊朗等地区大国和全球大国也参与其中，使也门内战的和平进程充满曲折和艰难。

二　上合组织发展面临的挑战

美国的单边主义和保护主义削弱了区域合作动力，上合组织扩员带来的

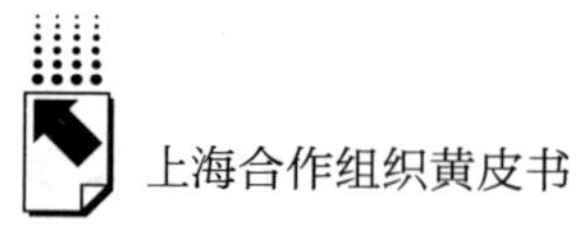

内部不确定性依然存在，上合组织作为“一带一路”建设与欧亚经济联盟对接平台作用发挥受限，在西方推波助澜下区域内出现新一轮“中国威胁论”等，这些对上合组织发展构成新挑战。

2018 年上合组织区域经济增长总体放缓，中国和印度经济增速都有所下降，中国从 2017 年的 6.8% 降到 2018 年的 6.6%，印度从 2017 年的 8.2% 降到 7.2%，俄罗斯经济走出衰退，经济增速从 1.6% 提升到 1.8%，哈萨克斯坦经济增速基本持平为 4.1%，乌兹别克斯坦经济增速从 5.3% 下降到 5.1%，吉尔吉斯斯坦经济明显下降，从 4.5% 降到 3.5%，塔吉克斯坦经济增速从 7.1% 提升到 7.3%，巴基斯坦经济增速从 5.3% 提升到 5.8%。①

（一）美国单边主义和保护主义削弱区域合作动力

美国奉行的单边主义和保护主义与“上海精神”相对立，美国惯用的冷战思维和零和博弈与上合组织倡导的“不结盟、不对抗、不针对第三国”原则相对立，对地区治理和全球治理具有破坏作用。在“美国优先”理念驱使下，为追求单边主义，特朗普治下的美国不断挑拨离间其他国家之间的关系，在一定程度上破坏了上合组织成员国之间的团结合作，将削弱上合成员国之间的多边合作动力，对上合组织产生负面影响。

第一，从全球治理层面看，美国认为中俄战略合作对美国建立的多边体系和规则构成威胁。2018 年美国调整了对南亚的政策、对印度的政策，以及对阿富汗的政策。单方面挑起中美贸易摩擦，试图联合更多盟友参与“印太战略”围堵中国发展。美国对中国的战略对抗有可能从经济领域的“贸易战”向政治、安全、文化等其他领域外溢。与此同时，从 2014 年乌克兰危机以来，美国联合其盟友，持续加大对俄罗斯的制裁，在叙利亚危机和乌克兰危机等问题上，继续与俄罗斯角力与对抗，总体上看，美与中俄的战略竞争在加剧。

第二，从地区秩序构建层面看，美国的单边主义和保护主义对上合组织区域合作将产生消极影响。上合组织成员国之间的一些多边合作项目将更加

① 各成员国 GDP 数据来自国际货币基金组织。

难以达成，包括货物贸易便利化等措施将受到一定的消极影响。

第三，从双边贸易和各成员国经济层面看，由中美贸易摩擦引起的负面作用，将导致世界经济复苏更加艰难，据国际货币基金组织有关数据测算，中美贸易摩擦可能导致中国 GDP 下降 0.3 ~0.5 个百分点。美国持续制裁俄罗斯，而俄罗斯的经济影响将导致哈、乌、吉、塔成员国 GDP 增长面临更大的困难和阻力。

（二）扩员带来的不确定性依然存在

上合组织扩员后面临的最大内部变量是印巴关系。客观地讲，扩员后初期，上合组织的磨合期工作总体比较顺利，内部凝聚力不断提高，对外影响力不断扩大，自身行动力不断加强。一方面，扩员后中国积极与印度发展关系，2018 年以来，中印关系逐步缓和，习近平主席与莫迪总理在年内会晤 4 次，尤其是在武汉举行的中印元首非正式会晤开启了中印友好新局面，中印战略互信加强；另一方面，扩员后印巴在上合组织框架内对话协商的机会增加，印巴之间关系也有所缓和。

尽管存在上述诸多向好因素，但由于印巴还没有完全融入上合组织大家庭，中印和印巴之间仍然有一些矛盾和问题没有解决，需要进一步对话协商和凝聚共识，如果这些矛盾和问题不及时解决，就会带来更大的不确定性，美国一直在拉拢印度，希望印度加入美国主导的西方俱乐部。近年来，印度采取务实平衡外交政策，积极与美国开展合作。印美关系、印日关系较好。美国拉拢印度参与“印太战略”四方对话机制，显示美国希望印度成为其安全盟友。

第一，印度仍然不支持中国“一带一路”建设。近年来，中国已经成为南亚多数国家的最大投资国和贸易伙伴国，中国大规模进入南亚让印度难以在短期内适应。当前，印度对“一带一路”倡议仍然存在一些误解和误判，但印国内也有支持的声音。

印度学术界和政界持反对意见的主要观点有：认为“一带一路”具有更深层次的安全内涵，印度需要保持警惕与防范。中国在马尔代夫、缅甸、斯里兰卡、巴基斯坦等建立港口设施，使得印度在地理上和政治上被中国包围。中国提出的“孟中印缅”经济走廊项目使印度面临将其东北部暴露给中国的危险。中国的海上丝绸之路过于谋求本国利益，没有考虑到印度的现实地位和利益关切；[①] 认为中国试图通过海上丝绸之路倡议在印度洋为自己开拓一席之地，挑战美国在印度洋的影响力，并削弱印度在本地区的天然地理优势，这是挑战印度洋地区现有的权利平衡架构；[②] 认为“一带一路”倡议与印度的“季风计划”等发展战略形成竞争与对立，中国在有计划地塑造以自己为中心的亚洲秩序。

印度学术界和政界持中性态度的观点有：认为中国的“一带一路”倡议没有提出有关项目的更多具体细节，虽然“海上丝绸之路”倡议目的在于进一步促进经济一体化并且加强印度洋所有国家的联系，但是，“一带一路”建设项目的战略意义尚不清楚；认为“一带一路”建设是中国试图通过提升经济和文化影响力来占据海洋主导地位，从而扩大中国在整个印度洋的影响力。[③]

印度学术界和政界支持印度加入“一带一路”的观点有：认为将中国的海上丝绸之路与印度的“季风计划”“香料之路”等对接，可以大大增加中印之间的贸易联系，印度南部为大规模合作提供了广阔平台，印度作为中国投资的一个新兴市场将确保两国一体化发展，中国的电子商务公司在印度有很大发展潜力，印度政府应该抛开两国政治方面的分歧并批准中国公司进入印度；[④] 认为中国正在用大量的资金对印度周边国家进行投资，随着越来

---

① Amb Kanwal Sibal, “China's Maritime ‘Silk Road’ Proposal: India Must Treat Cautionsly,” February 26, 2014, http://www.scmp.com/news/china/diplomacydafence/artice.

② Brahma Chellaney, “What Are Chinese Submarines Doing in the India Ocean ?”, May, 2015, http://www.huffingtonpost.com/barhma-chellaney/Chinese-sub-in-india-ocean-b-7320500.

③ Darshana M. Baruah, “India's Silk Route Dilemma,” September 16, 2014, http://www.orfonline.org/research/indias-silk-route dilemma/.

④ Samir Saran, “Seizing the One Belt One Road Opportunity,” Feb. 2, 2016, http://www.thenindu.com/opinion/op-ed/chinas-one-belt-one-road-promrame/article8178970.ece.

越多的南亚国家进入中国影响力范围，印度在地区的“权威”将受到严重冲击，如果印度不参加“一带一路”建设就可能被南亚国家孤立，实际上，印度最好的选择是接受中国的善意和邀请，积极参与海上丝绸之路项目；“孟中印缅”经济走廊也可以使中国加深与缅甸和东南亚国家的联系，同时，该项目可以促进印度东北部经济发展，有利于实现印度的“向东看战略”，对印度来说，海上丝绸之路为印度提供了一个完美的平台来加强与其他国家的双边及地区合作；[①] 认为海上丝绸之路可以弥补印度在海上基础设施建设方面的短板，“一带一路”倡议同样有助于消除“岛链”战略这一概念，使瓜达尔港和海上丝绸之路沿途的其他海上基础设施项目合法化；[②] 认为，印度应该考虑与中国开展大型跨境互联互通项目合作，印度可以借助中国的经济实力加快自身的经济发展，印度应该停止对中国在印度邻国进行大型基础设施建设的抱怨。[③]

第二，尽管印巴能总体保持克制，但互信依然不足。印度认为其恐怖主义的根源来自巴基斯坦。印度一直试图将巴基斯坦境内的一些组织列为“恐怖组织”，遭到巴方反对。例如，巴基斯坦的“穆罕默德军”已经被列入联合国制裁恐怖主义名单，但其首领马苏德未被列入制裁名单，引发印度不满。印巴在上合组织框架内关于恐怖分子认定问题依然存在不少分歧，印巴边境问题也需要加以解决。2019 年 2 月，因基地组织在印控克什米尔地区发动自杀式恐怖袭击，造成印方 40 多人死亡，之后，印空军越过克什米尔地区对巴方恐怖组织营地进行轰炸，使印巴冲突升级。印巴冲突以及仍未解决的印巴边境矛盾等在一定程度上增加了扩员后上合组织的不确定性。

第三，扩员后内部协调难度加大。一是扩员后成员国国情差异凸显，增加了身份认同和构建共同价值观的难度。中亚国家在苏联解体后独立，各国

---

① Geethanjali Natara, “Why India Should Jion China's MSR,” April1, 2018, http://www.indiawrites.org/why－india－should－jion－chinas－msr/.

② Vijia Sakhuja, “The Maritime Silk Route and Chinese Charm Offensive,” Feb. 17, 2014, http://www.ipcs.org/com_ selecphp? article No＝4310.

③ Raja Mohan, Modi's World. Expanding India's Sphere of Influence, Harperhollins Publishers, 2015, p. 102.

曾经有类似的历史、道路和文化，中、俄及中亚国家曾经有相同制度体系的同质性，而印巴两国的历史道路、利益认同与其他成员国差异较大，文化与意识形态也各有特点，同时，印巴关系、中印关系中存在的现实矛盾和问题，导致扩员后成员国身份认同和达成价值共识的难度大大增加。二是内部利益协调难度加大，制约决策效率功能发挥。上合组织原有六国可以说主要有“中、俄、中亚”三个维度，印巴加入后，至少增加了印巴、中印、俄印、中亚与印巴四个维度，本来中亚国家内部也有一些分歧与矛盾，再加上印巴之间关系依然紧张，上合组织的利益协调增加了难度。① 这些情况都增加了上合组织发展的不确定性。上合组织坚持“协商一致”原则，是结伴不结盟的新型国际组织，强调“平等”前提下的“协商一致”决策。印巴加入后，只能在成员国利益相同的领域采取一致行动，而有分歧的领域合作进展必然缓慢。三是域外意识形态渗透影响上合组织共同价值的构建。美国一直没有放弃对中亚国家的“民主输出”，只是近年来转变了一些策略。印巴加入后，美国试图分化上合组织成员国，积极拉拢印度加入其主导的“印太战略”体系，同时打击和压制巴基斯坦。

（三）上合组织经济合作的平台作用发挥受限

作为“一带一路”建设与欧亚经济联盟的对接平台，上合组织经济合作的平台作用未能充分发挥，主要原因如下。

第一，“一带一路”与欧亚经济联盟对接的各项务实工作落地缓慢和困难。尽管中俄战略互信不断增强，中俄元首外交成果丰硕，但中俄深化合作，将政治互信转变为实实在在的经济合作成果依然是任重道远。2017 年中俄发布《关于实质性结束丝绸之路经济带与欧亚经济联盟对接谈判》，2018 年中俄签署《中国与欧亚经济联盟经贸合作协定》，但到现在为止，俄罗斯还没有提交“一带一路”与欧亚经济联盟对接的有关具体文件。

---

① 徐立恒、袁凯鹏：《“上海精神”助推新型国际关系构建》，《国际视野》2018 年第 11 期。

第二，成员国之间贸易便利化水平较低。比如成员国在海关程序、市场准入、营商环境、标准一致化等方面依然存在多种壁垒。在技术标准方面，俄罗斯与中亚国家依然沿用苏联的技术标准，与中国技术标准存在明显差距。在营商环境方面，尤其是在纳税、获得信贷、跨境贸易等关键性指标方面国际排名依然靠后。以“跨境贸易”指标为例，2018 年在全球 190 个国家排名中，中国是第 65 位，而俄罗斯和哈萨克斯坦分别为第 99 位和第 102 位①，表明中国与欧亚经济联盟成员国之间的营商环境仍有较大差距。

第三，经济合作存在短板，导致务实合作落实缓慢。“短板”主要表现为缺乏自身的金融机构，经济合作明显滞后于安全合作。中国提出的建立上合组织开发银行等建议长期不能落实。尽管上合组织已经建立了一些金融合作机制，如财长和银行行长会晤机制、上合组织银联体等，但实际上，上合组织银联体是一个松散的机构，难以直接发挥对项目融资的作用。中国提出建立上合组织开发银行，但由于中俄对上合组织定位和功能期待有所不同，尤其是俄罗斯担心建立上合组织开发银行会冲击其主导的欧亚开发银行，导致上合组织开发银行至今未能成立。

第四，“一带一路”建设与“欧亚经济全面伙伴关系”对接过程中，上合组织没有发挥应有的平台作用。就推动区域经济发展的功能看，“一带一路”建设和“欧亚经济全面伙伴关系”具有一定的共性，如果能够实现两者的对接，将是中俄战略协作在欧亚地区的重大标志性成果。② 但是现在看来，上合组织在二者对接合作过程中的作用没有得到较好发挥。主要原因是上合组织内部对“一带一路”建设的立场还不一致，比如印度不支持中国“一带一路”建设，另外，俄罗斯似乎更关心“欧亚经济联盟”和“欧亚经济全面伙伴关系”的发展，对上合组织倾注的心血和关注力度不够，俄罗斯认为，现在中俄建立自由贸易区的时机还不成熟，欧亚经济联盟内部的决策效率也比较低，等等，这些因素导致上合组织在发挥经济合作的平台作用方面大打折扣。

---

① 世界银行：《2019 年营商环境报告》，http：/chinses. doingbusiness. org/content/dam/doingbusiness/media/Annual－Reports/English/DB2019－report_ web－version. pdf。

② 李新：《“大欧亚”：俄罗斯与中国的视角》，上海国际问题研究院的研究报告，2018 年。

（四）西方推波助澜，区域内“中国威胁论”上升

2018 年以来，在中亚和南亚区域出现新一轮“中国威胁论”。从现象上看似乎起因于“一带一路”建设项目实施中涉及的债务、劳动力、环保等问题；从表面上看是成员国内部出现新一轮“中国威胁论”。深入分析后发现，其根源来自以美国为首的西方制造的新一轮“中国威胁论”，企图诱导和裹挟上合组织成员国，肆意扩大“中国威胁论”，以阻止“一带一路”建设。

在南亚区域，美国利用中印间的一些矛盾，有意挑拨中印关系，试图离间上合组织内部关系，导致在南亚出现所谓中印竞争势力范围的现象，例如，2018 年尼泊尔、斯里兰卡、不丹、缅甸等国大选后，以是否产生亲印派政府而划分势力范围，一度造成南亚政局紧张。由于中国和印度政策的分歧，南亚国家有时面临在中印之间选边站队的尴尬局面。另外，印度担心中国在南亚的影响力不断壮大，进而采取了一定的阻止行为，这也是引发南亚地区产生“中国威胁论”的因素之一。

以中国支持斯里兰卡建设港口为例，由于斯方贷款额度较高，经双方商议，斯方同意以让中方在一定期限内经营港口的方式还贷，这被西方炒作为中国债务“陷阱”，进而演变为“中国威胁论”。这种情况主要是西方媒体推波助澜炒作导致。实际上，以 2017 年为例，斯里兰卡欠中国债务为 28.7 亿美元，占斯方总债务的 10%，而斯方欠日本债务占其总债务的 12%，比中国的占比还高，而西方国家常常用双重标准和“有色眼镜”看待中国对发展中国家的贷款情况。

在中亚区域，以吉尔吉斯斯坦为例，2008 年以前吉国外债来自美国、欧盟、中国等多个国家和地区。2008 年世界金融危机后，西方国家自顾不暇，对吉方贷款逐年减少，而中国对吉方的资金支持不降反升。随着吉方经济发展需要增加，2018 年吉方外债总额已占其 GDP 的 53%，其中，欠中国债务为 17 亿美元，占总债务的 45%，在此背景下，西方炒作引发了中亚国家所谓的中国债务“陷阱论”。

从上述区域出现的新一轮“中国威胁论”情况看，其产生的主要原因如下。

第一，2008 年金融危机显示出西方治理模式的缺失，西方意识形态的优势已经被其制度上的不自信所取代，因此从心理上产生了对中国快速发展的恐慌。

第二，西方炒作新的“中国威胁论”，源于西方对中国的定位已经从国际体系外或体系边缘的“挑战者”改变为国际体系内的“取代者”。

第三，在中国经济与军事实力与美国存在巨大差距背景下，西方战略家认为中国的“软实力”在急速上升，对西方的价值观和主导权形成全面挑战。

第四，美国对上合组织成员国实施分化战略，如美国调整对印政策，对印度和巴基斯坦是一拉一打，挑拨印巴之间的矛盾，加剧两国对立；美国调整阿富汗政策，与阿富汗塔利班谈判；[①] 美国在中亚继续推行“C5 + 1”多边对话机制和中亚南亚合作项目；等等。

（五）阿富汗局势动荡，地区安全面临新挑战

2018 年阿富汗局势持续动荡，进入高危险期，其政治、经济、安全形势都不容乐观。

第一，在政治上，阿富汗政府治理手段有限，又得不到美国等西方国家的有力支持，塔利班武装分子在许多地区击败政府安全部队[②]，加剧部族和宗教分裂，破坏社会和政治稳定，使国内政治斗争局势更加复杂。2019 年是阿富汗总统大选之年，由于美国对阿富汗的政策调整，种种迹象表明，不排除塔利班有重回政权或参与联合政府组阁的可能性。

第二，在安全上，“伊斯兰国”尽管大势已去，但在阿富汗政治经济的

---

① “Trump Set U. S. Strategy for Afgan War”, http: //www. nytimes. com/2018/08/21/word/asia/afganistan – troop – trump. html.

② 赛义德·萨拉赫：《通过了动荡一年，阿拉伯人将在 2019 年面临更多不确定性》，沙特阿拉伯“阿拉伯新闻”，2018 年 12 月 21 日。

乱局中其不断向阿富汗渗透，基地组织与“伊斯兰国”势力的合流加快，中亚“三股势力”与“伊斯兰国”联系日益密切。另外，“基地组织”“乌伊运”“阿塔”“巴塔”等宗教极端组织大量盘踞在塔吉克斯坦、阿富汗和土库曼斯坦边境地区，伺机扩散。中东、南亚交界处的极端势力已呈现向中亚地区回流趋势，从种种迹象看，“伊斯兰国”有卷土重来的可能，对成员国安全构成新的威胁。

三 上合组织发展面临的机遇

2018 年青岛峰会的成功召开为“上海精神”注入新内涵，“一带一路”合作向高质量发展转变，为成员国合作增添新动力，扩员后区域巨大潜力不断释放，区域凝聚力增强等为上合组织发展带来历史性机遇。

（一）青岛峰会为“上海精神”注入新内涵

多年来成员国积极构建新型国际关系和构建人类命运共同体的“两个构建”战略实践，推动上合组织理念不断提升。青岛峰会期间，习近平主席发表的重要讲话指出，要进一步弘扬“上海精神”，用新“五观”破解当前全球治理难题，即安全观、发展观、合作观、文明观和全球治理观。①

第一，践行“共同、综合、合作、可持续”的安全观，成员国摒弃传统的冷战思维、结盟和集团对抗等陈旧观念和思想，有利于成员国安全，也将为国际社会树立安全的典范，维护全球公共安全与稳定。

第二，提倡“创新、协调、绿色、开放、共享”的发展观，努力实现各成员国的经济社会协同进步，有利于促进成员国实现可持续发展，也将促进周边和全球的共同发展，共享中国发展的成果，与零和博弈的观念形成鲜明的对照。

---

① 《习近平在上海合作组织成员国元首理事会第十八次会议上的讲话：弘扬“上海精神” 构建命运共同体》，2018 年 6 月 10 日，新华社，http://www.xinhuanet.com/world/2018-06/10/c_1122964013.htm。

第三，秉持“开放、融通、互利、共赢”的合作观，成员国拒绝自私自利、单边主义、保护主义、短视封闭等狭隘理念和政策，有利于成员国开展更深入的合作，促进双边和多边合作，也将促进周边国家和全球各区域的合作，与逆全球化的单边主义、保护主义形成鲜明的对照。

第四，树立“平等、互鉴、对话、包容”的文明观，成员国用文明交流取代文明隔阂，用文明互鉴取代文明冲突，用文明共存取代文明优越。促进成员国尊重差异、尊重各自特色和发展道路的选择，开展不同文明之间的学习与交流。与文明冲突、宗教冲突、意识形态冲突形成鲜明对照。

第五，坚持“共商、共建、共享”的全球治理观，推动“一带一路”建设，不断改革完善全球治理体系，有利于成员国加强自身治理，并积极参与地区和全球治理，为建立更加公平、合理的国际新秩序贡献力量。

这新“五观”是对当前国际关系和全球治理理论与实践的创新，增加了“上海精神”的新内涵。未来上合组织将沿着这个新方向，推动扩大成员国安全合作，构筑安全网；推动成员国共同发展，造福本地区人民；推动务实合作、优势互补，打造地区经济新增长点；推动在尊重差异基础上相互交流与借鉴，构建和谐地区；在立足成员国自身特色、加强国家治理基础上，积极参与全球治理，推动构建地区与全球治理新秩序。

（二）“一带一路”高质量发展，为成员国合作增添新动力

“一带一路”倡议从2013年提出，已经实施6年，得到国际社会的广泛认同。在“五通”方面分别取得了重大成果。一是有力地支撑了中国国内推进的供给侧结构性改革；二是促进中国企业在新的改革开放格局下“走出去”，促进中国经济发展方式转变、产业结构优化调整；三是产能合作等务实经济合作举措对沿线国家经济发展和改善民生起到推动作用。① 进入新阶段的“一带一路”建设需要一步一个脚印，走深走实，抓出成果。②

---

① 李进峰：《“一带一路”建设五周年发展回顾与展望》，《西部发展论坛》2018年第11期。

② 《习近平主席在“一带一路”建设5周年座谈会上的重要讲话》，新华网，2018年8月27日。

习近平主席在第二届“一带一路”国际合作高峰论坛开幕式上发表主旨演讲，为“一带一路”合作向高质量发展转变指明了方向。下一阶段的重点工作如下。第一，坚持共商共建共享原则，倡导多边主义，深化与沿线国家战略对接和规划对接，制定双边经济发展合作规划，或建立双边自贸区，深化境外合作区、工业园区等产能合作，促进中国产业与沿线国家产业发展深度融合。第二，坚持开放、绿色、廉洁理念，深化“一带一路”走廊建设，包括中巴经济走廊、中蒙俄经济走廊等，将重点加强多边发展规划的对接，找出相关国家合作需求的最大“公约数”，推进互利多赢的务实发展计划和项目。第三，坚持高标准、惠民、可持续目标①，深化互联互通，以市场需求为导向，以企业运作为主导，以政府扶持为基础，推进现有的基础设施建设项目落地。

在此背景下，处于“一带一路”中心区域的上合组织将迎来发展新机遇：一是“一带一路”建设项目将为上合组织的成员国发展提供难得的发展机遇；二是“一带一路”的多边规划对接磋商乃至技术、规则、标准等对接谈判将发挥上合组织的平台作用；三是“一带一路”产能合作将为上合组织成员国工业发展提供机遇；四是“一带一路”的金融合作将促进成员国本币结算，促进人民币国际化；五是“一带一路”的互联互通将为上合组织区域交通运输便利化奠定基础。

（三）扩员后区域巨大潜力仍在释放

2017 年印、巴的加入实现上合组织首次扩员，2018 年青岛峰会八个成员国代表共同参加会议，标志着上合组织的内部凝聚力和国际影响力提升。扩员使上合组织成为世界上人口最多、面积最大的综合性地区组织，为上合组织未来发展提供了潜力巨大的地理和网络空间。

第一，印、巴的加入使成员国人口占世界人口的比例从 25% 增加到

① 习近平主席在第二届“一带一路”国际合作高峰论坛开幕式上的主旨演讲，2019 年 4 月 27 日，新华网。

44%，成员国经济总量占世界 GDP 的比例从 15% 提升到 25%，成员国国土面积占世界陆地总面积的比例从 14% 增加到 23%，构成了巨大的消费市场和互联互通投资空间。

第二，印、巴都是发展中国家，印度和巴基斯坦的工业化水平都处于初期或中期阶段，2018 年印度和巴基斯坦的城镇化率分别为 33.6% 和 36.4%。[①] 印度和巴基斯坦的城镇化和工业化发展至少还会有 20～30 年时间，这将为区域工业化发展，产能合作乃至促进区域产业链转型升级带来新机遇。

第三，促进中亚与南亚联通，形成更大的区域网络、更大的区域合作市场，互联互通将支撑上合组织区域的基础设施建设投资扩大。同时，也有利于促进成员国之间贸易畅通，促进上合组织区域贸易投资便利化。

第四，多边合作空间扩大，成员国经济和安全议题明显增多。

总体看，尽管扩员后上合组织面临一些新问题和新挑战，但是，机遇大于挑战，扩员后上合组织将具有更大的发展空间，将进一步提升其国际影响力和国际话语权。

（四）区域凝聚力增强，周边环境总体向好

尽管美国把中国认定为“修正主义国家”和“战略竞争对手”，试图联合其盟友围堵中国发展。但是，中国和平发展的趋势已经不可阻挡，中美贸易摩擦主要在经济领域，还没外溢到其他领域，本区域总体稳定向好。

从上合组织内部看，中俄战略协作在政治上高度一致，共同应对美国等西方国家的单边主义、保护主义。中亚国家内聚力增强。2018 年 3 月中亚五国峰会召开，标志着中亚国家的凝聚力提升和共同发展的愿望增强。乌兹别克斯坦与中亚邻国关系明显改善，中亚国家在边境问题、水资源问题等方面加强对话与协调，中亚国家之间合作因素增多。印度加入上合组织以来，积极参与有关活动，2017 年以来，中印关系、印巴关系总体上也有所缓和。

从上合组织外部看，以英国脱欧、法国黄马甲抗议活动等事件为标志，

① 世界银行 WDI 数据库，2018 年。

显示西方传统的联盟理论与实践遭到重创，欧盟已经失去往日的吸引力和凝聚力。特朗普“美国优先”的理念和不断“退群”的行为，导致美欧之间分歧明显，西方发达国家之间出现严重分化的趋势。日本以中日邦交40周年为契机，积极发展中日关系，推进中日韩合作向前发展。南海问题以“海航准则”为基础，基本稳定。

可以说，上合组织外部环境和内部环境都有所改善和缓和，这有利于上合组织成员国深化务实合作、拓展新领域合作，尤其是深化经济领域的务实合作，以促进成员国获得实实在在的经济增长和改善民生。

四　未来合作重点和建议

青岛峰会取得了丰硕成果，成员国在政治、安全、经济和人文领域达成了许多共识，青岛峰会宣言和习近平主席重要讲话为上合组织未来发展明确了方向。2019年可以说是上合组织许多规划的“落实年”，重要工作之一是落实好青岛峰会的一系列文件共识成果。此外，面对世界百年未有之大变局，以“上海精神”为引领，以“一带一路”建设为契机，以成员国共同需求为中心，明确工作重点领域、重点行业、重点项目，以“钉钉子”精神抓好青岛峰会成果的落实和新工作目标的探索。

（一）政治合作领域

青岛峰会期间，成员国就国际形势和叙利亚危机、伊朗核问题、阿富汗问题、朝鲜半岛问题等地区热点问题发出上合组织的一致声音。坚持维护地区和国际社会和平稳定，维护国际公平正义，促进全球治理变革。青岛峰会宣言强调，成员国将继续弘扬“上海精神”，持续推动建设相互尊重、公平正义、合作共赢的新型国际关系，确立构建人类命运共同体的共同理念。①

① 《上海合作组织成员国元首理事会青岛宣言》，新华网，http：//www. banyuetan. org/dyp/detail/20180611/1000200033137441528680340457464176_ 1. html。

未来，上合组织政治领域合作主要有四大重点工作。

1. 努力打造地区命运共同体，为构建人类命运共同体提供“案例经验”

上合组织已具备构建地区命运共同体的理论和实践基础。上合组织成立18年来，从安全合作开始，逐步扩大到政治、安全、经济、人文四大领域。共同的安全利益是成员国践行新安全观的基础，共同的经济利益是成员国开展经济合作的基础，共同的地区责任是成员国推动建立更加公平合理的国际新秩序的动力。上合组织是新发展观和新安全观的实践者，是促进不同文明互鉴交流的新文明观倡导者，同时，也是新合作观和全球治理观的开创者和实践者，上合组织成员国已经具备了构建地区命运共同体的理论基础和实践基础。

2. 促进印巴融入上合组织大家庭

扩员后，上合组织进入磨合期，一方面，从“上海精神”等共同价值层面凝聚新老成员国的共识，增强“向心力”；另一方面，要从法律层面约束成员国的“违规”和“失范”行为，防止产生“离心力”。在加强多边合作文件签署的同时，也需要加强上合组织的法律体系建设，促进成员国立法、司法领域合作。上合组织磨合期主要任务之一是促进印巴融入上合组织大家庭。真正落实“上海精神”、《上海合作组织宪章》和《成员国睦邻友好条约》的具体条款和要求。建议印巴、中印等成员国要通过双边谈判，签署双边《边境互信条约》和《边境裁军条约》等，最终签署成员国多边《边境互信条约》和《边境裁军条约》，把成员国睦邻友好条约落到实处。

3. 促进中俄印三边关系，以及上合组织成员国关系协调发展

中俄印三国外长机制等三边机制已经实践多年，在金砖国家机制中发挥了积极作用。上合组织扩员后，为中俄印三国机制继续发挥作用提供了更多的机遇，有力促进了中俄印三边对话与协商。在中俄高度政治互信基础上，正逐步形成中俄印三边良性互动机制，为化解中印、印巴之间的矛盾与分歧打下基础，确保扩员后上合组织的决策效率和上合组织的行动力不会受到太大的冲击。

4. 共同支持上合组织在“一带一路”建设中发挥平台作用

成员国应共同努力把“一带一路”建设与欧亚经济联盟对接工作落到

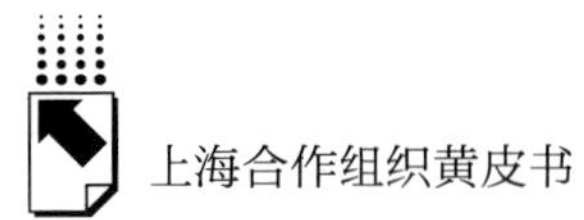

实处，发挥上合组织的“六大平台”作用。成员国在海关程序、技术标准、营商环境等方面加大相互开放力度。建议积极做好印度工作，使印度支持并融入“以上合组织区域合作为切入点”的“一带一路”建设。比如，欢迎印度参加上合组织区域互联互通、贸易、产业园区建设、投资便利化等合作项目。重点推动新老成员国之间互联互通，促进中亚与南亚互联互通，支持新成员国参与“一带一路”项目建设。

（二）安全合作领域

2018 年上合组织成员国维护国际和平安全环境，主张恪守《联合国宪章》宗旨和原则，维护国际法准则，将共同边界建设成为永久和平友好的边界。成员国强调《中亚无核武器区条约》议定书应尽快生效，为维护地区安全和巩固国际核不扩散体系做出重要贡献。成员国支持恪守《禁止化学武器公约》，反对一切形式的恐怖主义。

未来，成员国安全领域合作主要有三大工作重点。

1. 持续打击“三股势力”，加强反恐防务合作，促进新老成员国安全合作

落实《上海合作组织成员国打击恐怖主义、分裂主义和极端主义 2019 ~ 2021 年合作纲要》，推动 2017 年签署的《上海合作组织反极端主义公约》生效。努力建立以联合国发挥中心协调作用、摒弃政治化和双重标准的全球反恐统一战线。进一步加强成员国在防务安全领域的务实合作，落实《上海合作组织成员国国防部 2018 ~ 2019 年合作计划》，落实《上海合作组织成员国元首致青年共同寄语》，在青年教育、精神和道德培养方面加强合作，落实《2018 ~ 2023 年上海合作组织成员国禁毒战略》及其落实行动计划，制订落实《上海合作组织预防麻醉药品和精神药品滥用构想》计划。

在不干涉内政原则下，上合组织应积极协调和劝阻印度与巴基斯坦双方对因近期恐怖袭击导致的印巴紧张局势保持克制，用谈判方式化解印巴双方的分歧和矛盾。同时，上合组织应积极协调印巴双方在对恐怖组织认定方面存在的分歧和争议，促进成员国互信与团结，以便形成成员国一致的反恐行动立场。

2. 加强信息安全和网络安全合作

由于西亚北非地区局势动荡复杂，一些恐怖分子返回原籍国或在本地区实施恐怖活动的威胁上升，成员国应进一步加强情报部门间的国际合作，加快研究监测和应对全球信息空间潜在的系统威胁问题，进一步完善上合组织地区反恐怖机构工作职能。加强成员国网络安全合作和网络反恐合作，新老成员国都应平等参与互联网的发展和治理。建议加强成员国法院、检察院等立法机构合作，促进上合组织法律体系进一步健全和完善，在文化共识和法律约束两个层面共同促进成员国加强安全合作。

3. 发挥“上合组织—阿富汗联络组”作用

探索创新未来上合组织和阿富汗的合作方式，进一步发挥“上合组织—阿富汗联络组”的作用，促进阿富汗和平重建。在联络组框架内开展和深化上合组织成员国和阿富汗的合作，把联络组作为一个磋商机制，加强成员国与阿富汗合作。

（三）经济合作领域

经济合作是上合组织地区经济社会发展与稳定的重要保障，成员国必须在该领域采取共同有效措施。成员国政府首脑第十七次理事会为区域经济合作明确了方向。第一，要进一步发展上合组织区域经济合作，主要有“七个方面”的任务：落实上合组织成员国多边合作倡议；促进地区互利伙伴合作；加快经济发展；扩大交通和能源领域合作；提升投资规模；促进创新技术应用；保障居民就业。第二，逐步落实《上海合作组织成员国多边经贸合作纲要》及其落实措施计划、《〈上海合作组织至2025年发展战略〉2016～2020年行动计划》和《2017～2021年上海合作组织进一步推动项目合作的措施清单》。第三，制定新版《上海合作组织成员国多边经贸合作纲要》，以指导区域经济合作持续稳定发展。

为促进上合组织区域经济合作，成员国应在“七大优先方向”共同努力：一是扩大经贸和投资合作；二是发展高科技产业；三是促进工业产业现代化；四是实施过境和交通物流、能源、农业、信息和通信及其他基础设施

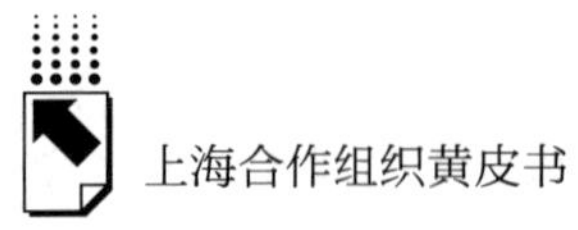

项目；五是提升各成员国经济竞争力；六是克服各国技术差距；七是提高人民生活水平和质量。①

为落实好“七大优先方向”，成员国经济领域合作应做好“五项重点工作”。

1. 促进贸易投资交通便利化

继续推进上合组织自贸区可行性研究。推动建立上合组织青岛经贸合作“示范区”。推进成员国地方合作，落实制定《上海合作组织成员国地方合作发展纲要》。落实青岛峰会通过的《上海合作组织成员国海关合作条例》《上海合作组织成员国政府间贸易关系协定》《上海合作组织成员国服务贸易合作框架协议》。

在物流商贸方面，需要推进中欧班列、公路规划、铁路建设网络、航空运输网络建设等，落实《上海合作组织成员国公路规划》草案并制定具体规划，启动《上海合作组织成员国铁路规划》草案编制工作。

在促进交通运输便利化方面，需要落实2018年青岛峰会签署的《上海合作组织成员国货物贸易协定》，研究制定《上海合作组织成员国政府间建立和运行交通运输一体化管理系统协定》和《上海合作组织铁路合作构想》草案。建议在互联互通总体规划中特别关注中亚与南亚区域的互联互通规划与实施。

2. 加强国际产能合作，推动经济合作走深走实

深入落实成员国之间已经签署的产能合作协议和规划，按照中国商务部2015年颁布的《关于推进我国装备制造业和国际产能合作的实施意见》，加快推进中国与成员国之间在工程承包、项目投资、境外合作区及各类园区建设方面的合作。国际产能合作是推动“一带一路”建设走深走实的重大举措，国际产能合作既可以支撑中国国内的供给侧结构性改革，又可以促进成员国的经济社会发展。“一带一路”5年实践已经初步证明，境外合作区、跨境合作区和各类工业、农业园区建设是促进“一带一路”建设产能合作

① 《上海合作组织成员国政府首脑（总理）理事会第十七次会议联合公报》，人民网，http://cpc.people.com.cn/n1/2018/1013/c64094-30338605.html。

的主要实现形式。

建议加强对成员国现有境外合作区、产业园区的管理与指导，建议支持制定和完善旨在促进中国产业升级发展和成员国产业发展需求的境外产业园区发展规划。建议在国有企业以市场化方式率先引领的基础上，激励和支持成员国中小企业参与“一带一路”建设，落实《上海合作组织成员国经贸部门间促进中小微企业合作的谅解备忘录》，制定相关政策和制度。

建议成立“产能合作环保监测机制”，以促进成员国在产能合作实施过程中各类经济主体落实《上海合作组织成员国环保合作构想》，以维护本地区生态平衡、为成员国居民生活和可持续发展创造良好条件。

3. 加强数字经济和创新领域合作

深化在数字经济领域互利合作有利于成员国经济社会发展。利用网络信息技术推进经济发展，加强电子商务合作。积极落实《上海合作组织成员国2019～2020年科研机构合作务实措施计划（路线图）》，支持成员国的科技创新合作。建议加强成员国创新领域合作，深化在海关、农业、电信、中小微企业等领域创新合作。采取措施落实《上海合作组织成员国经贸部门间促进中小微企业合作的谅解备忘录》，支持成员国中小企业创新发展。

4. 金融合作应加强对高科技领域支持

继续探寻关于建立上合组织项目融资保障机制的共同立场，持续研究建立上合组织开发银行和发展基金（专门账户）问题。发挥上合组织银行联合体潜力，推动落实金融、高科技、基础设施互联互通，以及能源、投资等领域合作项目。建议金融机构要加强对成员国高科技领域合作的支持力度。

5. 以粮食安全为重点加强农业合作

推动成员国在农产品加工和贸易、农业科研等方面深化合作，落实《〈上海合作组织成员国政府间农业合作协定〉2018～2019年落实措施计划》，持续落实《上海合作组织成员国粮食安全合作纲要》，以促进成员国粮食安全为重点，支持上合组织与联合国粮农组织开展合作。

为切实有效落实上述经济领域合作的重点工作，建议成立上合组织“经济合作中心”，促进成员国经济合作。在地区和全球经济发展放缓，上合组织承担“一带一盟”对接平台乃至“一带一路”与“欧亚经济伙伴关系”对接平台职能等背景下，应考虑解决上合组织经济发展“短板”的问题。成立上合组织“经济合作中心”可以化解当前经济合作中存在的“短板”困境，加强对成员国经济合作的统一协调指导，使“经济合作中心”与“地区反恐机构”相对应，使安全合作与经济合作成为对称的“双翼”和对等的“双轮”驱动。

（四）人文合作领域

人文合作是安全合作与经济合作的组成部分，也是促进安全合作与经济合作务实深入开展的基础，近年来，成员国在文化、教育、科技、环保、旅游等方面的合作不断深化，在促进成员国民心相通的同时，也促进了成员国经济互融和政治互信。

未来，人文合作领域有四大工作重点。

1. 文化合作方面，加强智库交流，讲好“上合故事”

持续落实2007年签署的《上海合作组织成员国政府间文化合作协定》精神，积极落实《上海合作组织成员国政府间文化合作协定2018～2020年执行计划》，继续举办成员国、观察员国参与的电影节、艺术节等活动。加强成员国媒体间交流与合作，落实成员国首届媒体峰会成果，继续支持以“推动地区和平与合作，共建人类命运共同体”为主题的成员国人民论坛和成员国地方领导人论坛，促进民间和地方交流合作。建议成立“上合组织人文合作委员会”，加强对人文合作与交流的协调与管理，加强成员国之间智库合作与交流，讲好包括“中国故事”在内的各成员国的故事，共同传播“上合声音”，共同讲好“上合故事”。

2. 教育合作方面，深化成员国青年人才培养

建议以上合组织大学为载体深化青年人才培养合作，要持续落实《上海合作组织成员国政府间教育合作协定》，扩大成员国教学科研人员交流规模，联合培养高素质人才。以联合科研、学术访问、语言教学、青少年交流等为重点开展务实合作。继续办好孔子学院与孔子学堂。深

化上合组织大学人才培养、青年交流等方面合作，促进成员国发展教育和教育现代化。落实《上海合作组织成员国 2019 ~ 2020 年度教育重点合作方向》，继续加强成员国青年交流合作。落实青岛峰会发表的《上海合作组织成员国元首致青年共同寄语》及其实施纲要，继续开展上合组织在促进青年团结方面的工作，如面向中学生和大学生的“上合组织开放日”等活动。

3. 科技与环保合作方面，加强科技创新合作

科技合作是支撑成员国经济发展方式转变、推动成员国工业化进程、改善民生的重要动力。建议加强成员国科技和创新合作，持续落实 2013 年签署的《上海合作组织成员国政府间科技合作协定》，落实《上海合作组织成员国2019 ~ 2020 年科研机构合作务实措施计划（路线图）》。在环保方面，积极推动落实《上海合作组织成员国环保合作构想》，加强成员国在基础设施建设、工业园区建设等产能合作方面的环境保护，促进成员国可持续发展。

4. 旅游合作方面，简化成员国签证程序

落实《2019 ~ 2020 年上海合作组织成员国旅游合作发展纲要联合行动计划》，在成员国举办国际旅游展览会和展销会等活动。建议简化成员国之间的签证程序，促进成员国之间旅游与民间交流。加强成员国之间签证工作协调与管理，形成“上合组织成员国签证”，以加强成员国之间的认知共识，促进成员国团结，显示上合组织的凝聚力，为成员国之间开展务实合作提供支持。

重要会议

Important Meetings

Y.2 上海合作组织2018年青岛峰会

吴宏伟*

摘　要： 2018年6月9日至10日，上海合作组织元首理事会第十八次会议在中国青岛举行，八个成员国和四个观察员国领导人出席了会议。印度总理莫迪和巴基斯坦总统侯赛因首次以成员国领导人身份出席元首峰会。峰会举行了小范围和大范围会议，对当前复杂多变的国际形势进行了分析和研判，达成了若干重要共识。成员国对上海合作组织当前面临的一些重大问题、主要威胁和挑战进行了讨论，提出了应对措施。会议肯定了印巴加入以来上合组织取得的成绩，对组织未来发展进行了规划，对下阶段工作的首要任务进行了部署。峰会发表、批准了19份文件。下一次峰会将于2019年在吉尔吉斯

* 吴宏伟，中国社会科学院俄罗斯东欧中亚研究所研究员，中国社会科学院上海合作组织研究中心副主任。

共和国举行。

关键词： 上海合作组织　青岛元首峰会

2018 年 6 月 9 日至 10 日，上海合作组织元首理事会第十八次会议在中国山东省青岛市举行。中国国家主席习近平、俄罗斯总统普京、哈萨克斯坦总统纳扎尔巴耶夫、乌兹别克斯坦总统米尔济约耶夫、吉尔吉斯斯坦总统热恩别科夫、塔吉克斯坦总统拉赫蒙、印度总理莫迪、巴基斯坦总统侯赛因等八个成员国领导人出席了会议。四个观察员国领导人阿富汗总统加尼、白俄罗斯总统卢卡申科、伊朗总统鲁哈尼、蒙古国总统巴特图勒嘎参加了会议。此外，参加会议的还有上合组织秘书长阿利莫夫、地区反恐怖机构执委会主任瑟索耶夫、联合国常务副秘书长阿明娜、世界银行副行长克瓦、国际货币基金组织亚太部主任李昌墉、亚洲相互协作与信任措施会议秘书处执行主任宫建伟、独联体执委会主席列别杰夫、集体安全条约组织秘书长哈恰图罗夫、欧亚经济委员会执委会主席萨尔基相、东南亚国家联盟秘书长林玉辉等嘉宾。这是上海合作组织扩员后的第一次成员国领导人峰会，也是在世界政治经济形势出现巨大变化背景下的一次关键性会议，因此峰会吸引了全世界的关注。

一　上海合作组织与世界形势

2018 年世界政治与世界经济形势发生了剧烈变化。在 2018 年上合组织青岛峰会上，成员国领导人对世界和地区形势进行了认真分析和深入讨论，对相关重大国际问题达成共识，这些共识都反映在会议发表的联合宣言和新闻公报中。峰会对当前国际形势主要有两点判断：一是现今世界正处于大变革、大发展和大调整时期，世界政治版图不断呈现多元化和多极化趋势，各国相互依存关系更加密切；二是世界形势具有不稳定性和不确定性因素在不断增多的特点，经济全球化进程遭到贸易保护主义及单边主义越来越多的挑战，一些地区矛盾和冲突加剧，恐怖主义、贩毒和有组织犯罪等非传统威胁急剧上升。同时，随着中东恐怖组织溃败，外国武装恐怖分子流窜回原籍国或在其他国家寻找栖息地，其在上合组织地区继续从事恐怖和极端活动的威胁也在增加。为此，国际社会更需要紧密合作，协调立场，共同应对各种威胁与挑战。

在复杂的国际形势面前，上海合作组织作为世界上覆盖面积最大、人口最多的地区性国际组织在维护地区和平、推动地区经济发展、促进成员国关系等方面发挥着越来越大的作用，已经成为当代国际关系体系中重要的参与者，也是地区和平和国际公平秩序的捍卫者。印度和巴基斯坦成为上海合作组织正式成员后，上合组织的国际地位和国际影响力达到了一个新的高度。

这次青岛峰会对各成员国来说意义重大，也是2018年中国非常重要的主场外交活动。2018年是上海合作组织发展的关键一年，是组织发展承前启后的一年，也是印巴两国第一次以正式成员身份参加上合峰会，因此青岛峰会受到各成员国高度重视，也受到国际社会普遍聚焦。青岛峰会为成员国、观察员国和对话伙伴国搭建了一个共同讨论国际政治经济重大问题、上合组织未来发展、应对新威胁和新挑战、寻求维护地区安全、探寻地区经济发展途径的重要平台。

二　峰会的主要议题和主要内容

中国是在2017年6月9日上海合作组织阿斯塔纳峰会之后接任上海合作组织轮值主席国的。作为这次峰会主席，中国为筹备2018年青岛峰会做了大量工作。2018年，上海合作组织八个成员国与四个观察员国领导人聚集中国青岛，共商组织发展大计。成员国领导人会议分小范围会谈和正式会议两种。小范围会谈于2018年6月10日在青岛国际会议中心举行，习近平主席主持会议，上海合作组织八个成员国领导人出席会议。小范围会谈之后是正式会议。

（一）主要议题

会议主要议题：一是对国际政治和世界经济以及地区重大与热点问题进行讨论，统一和协调立场；二是对 2017 年哈萨克斯坦阿斯塔纳峰会决议和工作部署落实情况进行总结；三是研究制定未来一定时期内上海合作组织的发展计划和下一步发展的首要任务。

（二）达成的主要共识

在各国领导人讲话以及会议通过的青岛宣言、会议新闻公报中可以看到，这次青岛峰会达成的主要共识有以下几点。

第一，近年来中亚国家相互关系明显改善，一些长期困扰国家关系的边界划分和跨界河流等重要问题正在得到逐步解决，这对上海合作组织进一步开展多边合作非常有利。青岛峰会明确支持中亚国家加强政治、经济和人文等领域的合作，也支持成员国在国际舞台上发挥重要作用。峰会对 2018 年 3 月 15 日首次中亚国家元首峰会取得的成果表示肯定，欢迎乌兹别克斯坦在联合国大会第 72 次会议上提出的关于通过《教育与宗教的包容》特别决议的倡议，支持乌兹别克斯坦关于举行上合组织成员国铁路部门负责人首次会晤的倡议，高度评价塔吉克斯坦倡议并在联合国大会通过的《2018～2028 年“水促进可持续发展”国际行动十年》第 71/222 号决议，对吉尔吉斯斯坦和塔吉克斯坦竞选联合国安理会非常任理事国席位的期望给予关注。

第二，上海合作组织扩员问题一直为广大学术界和普通民众所关注，特别是印、巴能不能加入以及加入后会给上合组织带来的利与弊成为学术界讨论的热点问题。实际上各成员国从国家层面都对印、巴加入上合组织持开放态度。这次青岛峰会成员国领导人都对作为正式成员首次参加上合组织峰会的印巴领导人表示欢迎，并高度评价印度和巴基斯坦加入后上海合作组织在各领域取得的巨大成就。

第三，成员国在联合国地位和作用问题上的立场始终保持高度一致，青岛峰会再次向世界阐述了这一立场，成员国表示要遵守《联合国宪章》宗

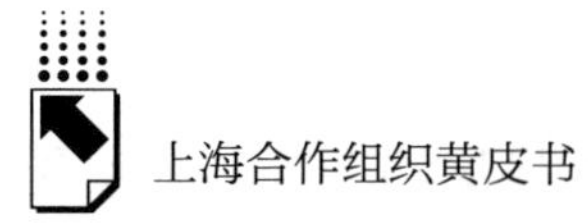

旨和原则，强调了关于平等、国家主权、不干涉内政、相互尊重领土完整等原则，以及为维护和平与安全、巩固独立、保障自主决定国家命运和政治等而形成的其他国际法准则。

第四，成员国认为安全是上海合作组织可持续发展的基石。在打击“三股势力”方面成员国再次表明团结一致的立场，峰会肯定了上合组织地区反恐怖机构在共同打击“三股势力”和维护地区安全方面所起的特殊作用，表示将继续遵守《上海合作组织成员国长期睦邻友好合作条约》。

第五，阿富汗紧邻上合组织多数成员国，阿富汗的安全与稳定与上海合作组织息息相关，因此上海合作组织始终对阿富汗问题给予了较大关注。这次峰会再次强调了政治对话和“阿人主导、阿人所有”的和解进程是解决阿富汗问题的唯一有效办法。成员国对 2018 年塔什干“和平进程、安全合作与地区互联互通”阿富汗问题高级别国际会议成果表示欢迎，对 2017 年莫斯科和 2018 年北京“上合组织—阿富汗联络组”会议取得的成果给予肯定。

第六，表达上合组织对世界和地区重大热点问题的关切和立场是历次峰会的重要内容，这次青岛峰会也不会例外。

作为中东地区热点之一的叙利亚问题是青岛峰会无法绕开的问题。叙利亚的前途命运一直牵挂着成员国的心，叙利亚问题与各国安全相互关联。成员国支持联合国主导下的日内瓦和谈，主张应该根据联合国安理会第 2254 号决议精神，在维护叙国家主权、独立及领土完整的基础上推动“叙人主导、叙人所有”的政治进程，强调这是化解叙利亚危机的唯一途径。青岛峰会欢迎 2018 年俄罗斯索契叙利亚全国对话大会取得的成果。

在叙利亚反复发生的真假化武袭击事件再次引起世人对化学武器威胁人类安全的担忧。在青岛峰会宣言中，成员国明确反对任何人在任何地点任何情况下出于任何目的使用化学武器，并支持根据联合国《禁止化学武器公约》有关规定对化武袭击事件展开全面、公正与客观的调查，并得出真实可靠的结论。

关于朝鲜半岛，2018 年以来朝鲜半岛形势发生了巨大变化，过去剑拔弩张的紧张状态出现缓和趋势。中国和俄罗斯都提出了操作性很强的和平解决朝鲜半岛问题倡议，为朝鲜半岛危机转化发挥了建设性作用。青岛峰会再次强调上合组织成员国对朝鲜半岛问题的坚定立场，即朝鲜半岛问题只能通过对话和协商方式政治解决。成员国支持朝美、朝、韩展开直接对话，相关各方应该积极促进对话进程。

关于伊核问题，面对美国任性退出伊核协议、重启对伊严厉制裁而引起的混乱，成员国呼吁有关国家应该继续履行伊朗核问题全面协议，认为这对维护世界和地区安全十分重要。

关于乌克兰危机，青岛峰会宣言强调应在执行 2015 年 2 月 12 日《明斯克协议》的基础上通过政治方式加以解决。

第七，青岛峰会高度评价联合国和世界贸易组织等国际组织在维护世界和平、发展世界经济中的作用，支持联合国安理会作为维护世界和平最主要机构所起的关键作用以及其为维护世界和平、促进和保护人权所做的工作。针对逆全球化和贸易保护主义抬头趋势，青岛峰会坚持反对国际贸易关系碎片化和任何形式的贸易保护主义，主张维护世界贸易组织规则的权威性和有效性。这是上海合作组织成员国一贯坚持的立场，这次峰会再次强调这一点，针对性很强。

第八，针对个别国家一意孤行不顾其他国家安全强行肆意部署和发展反导系统、破坏军力平衡的做法，青岛峰会表明了反对的立场，认为维护外空非武器化、防止外空军备竞赛很有必要。成员国欢迎《防止外空军备竞赛的进一步切实措施》决议，支持《禁止化学武器公约》和《禁止生物武器公约》，谴责一切形式的恐怖主义，主张不能以维护自身安全为由损害其他国家的安全利益，反对以打击恐怖主义和极端主义为名干涉别国内政，主张以《联合国宪章》等联合国文件为基础，协商一致制定联合国关于打击国际恐怖主义的全面公约。

第九，自中国领导人 2013 年提出“一带一路”倡议后，得到包括上海合作组织成员国在内的许多国家支持和积极响应。在这次青岛峰会上，“一带一路”成为重要议题，哈萨克斯坦、乌兹别克斯坦、吉尔吉斯斯坦、塔吉克斯坦、俄罗斯、巴基斯坦对中国“一带一路”倡议再次表达了支持态度。各成员国表示愿意秉持互利共赢原则，加强“一带一路”建设合作和发展战略对接，深化金融、互联互通、经贸、投资、农业等领域合作，推进贸易和投资便利化，以此发展本国经济，同时也为世界经济发展不断提供动力。

第十，在科学技术高度发达的今天，文化和信息传播速度一日千里，相互影响难以避免。在这种情况下，世界各国在学习和借鉴其他国家先进经验的同时也都特别重视保护和发展本国传统文化。在处理好这种关系方面，上海合作组织为世界做出了榜样。在积极开展经济合作、推动文化交流、促进民心相通的同时，成员国注重保护文化多样性和社会价值观，在教育、科技、文化、环保、青年、卫生、媒体、旅游、体育等诸多领域开展多边和双边合作。这次青岛峰会也很好体现了这一特点。

第十一，为了保持上海合作组织的活力、影响力和合作效力，上海合作组织较早就建立了观察员国和对话伙伴国机制。在历次峰会上，成员国同观察员国、对话伙伴国等地区国家的合作都是讨论的重点内容。这些合作不仅被写在会议文件里，也体现在具体实际行动上，成为对话伙伴国和观察员国加入上合组织、成为其正式成员的先决条件。越来越多国家申请成为上合组织观察员国和对话伙伴国说明上合组织影响力在不断提升。此外，加强与联合国及其他国际组织的对话与交流也是上合组织对外交往的重要组成部分。

第十二，自 2017 年 6 月 9 日哈萨克斯坦阿斯塔纳上海合作组织元首理事会第十七次会议结束后，中国开始担任上合组织轮值主席国。在 2018 年 6 月 9 日青岛峰会召开前的一年中，中国为上海合作组织发展付出了巨大努力，组织举办了一系列成员国相关部门领导人会议和多场重要活动。青岛峰会上各成员国领导人对中国在担任上合组织轮值主席国期间以及为筹备这次青岛峰会所做出的巨大贡献表示感谢，认为中国的工作成果“巩固了上合组织成员国人民之间的相互理解与信任、富有成果的建设性合作和睦邻友好关系”①。

① 《上海合作组织成员国元首理事会青岛宣言》，中国外交部网站，https：//www. fmprc. gov. cn/web/gjhdq_ 676201/gjhdqzz_ 681964/lhg_ 683094/zywj_ 683106/t1567546. shtml。

（三）未来主要工作与任务①

未来主要工作与任务有以下几点。

第一，在经济合作方面，青岛峰会指出了加强创新领域合作、协调创新领域政策的重要性。未来上海合作组织将在多边框架下深化区域经济合作，落实已经签订的与区域经济合作有关的上合组织文件，利用好联合国亚太经社理事会在贸易、能源、交通、信息通信等方面的潜能，促进成员国社会经济持续发展。上合组织在农业、电信、中小微企业、海关等领域的合作需要进一步深化，成员国经济智库间的合作也被提上日程。

第二，金融领域合作将得到进一步深化与加强，金融监管也将逐步到位。亚洲基础设施投资银行、金砖国家新开发银行、上合组织银联体、丝路基金和中国—欧亚经济合作基金等银行和金融机构将成为上合组织成员国金融合作的重要平台。未来还将继续研究筹建上合组织开发银行和发展基金（专门账户）问题。

第三，成员国将在包括数字经济在内的信息和通信技术方面开展交流和合作，继续以 2009 年叶卡捷琳堡《上海合作组织成员国保障国际信息安全政府间合作协定》为基础进行务实合作，共同应对信息空间的威胁与挑战。

第四，交通运输领域合作是上合组织框架下多边合作重要组成部分。未来合作内容主要包括：一是落实 2014 年杜尚别《上海合作组织成员国政府间国际道路运输便利化协定》，继续制定《上海合作组织成员国公路发展规划》；二是加强基础设施建设，发展包括高铁在内的公路和铁路交通，落实已经规划的基础设施合作项目；三是加强软件和制度建设，举行上合组织成员国铁路部门负责人会晤，引入先进创新技术，提高自动化建设水平，建设多式联运物流中心，简化和协调货物通关时海关、边境与检疫程序，提升交通通达性和互联互通水平。

① 《上海合作组织成员国元首理事会青岛宣言》，中国外交部网站，https://www.fmprc.gov.cn/web/gjhdq_676201/gjhdqzz_681964/lhg_683094/zywj_683106/t1567546.shtml。

第五，农业是未来上合组织有巨大潜力的合作领域，成员国都认识到农业合作的重要性，未来在双边、多边框架下成员国将在农产品准入政策、质量安全、卫生检疫及跨境动物疫病防控等方面开展深入交流与合作。

第六，人文合作过去一直是上海合作组织成员国合作的短板，但未来这一缺陷将很快得到弥补。2017 年上海合作组织举行了一系列文化活动，如上合组织秘书处举办了“上合组织——我们共同的家园”活动，2017 年 7 月 2 日在俄罗斯新西伯利亚举办了上合组织与金砖国家妇女论坛，2018 年 5 月 15 日至 17 日在北京举办了上合组织妇女论坛，等等。丰富多彩的文化活动丰富了上合组织人文合作的内容。在青岛峰会上成员国决定以 2007 年比什凯克《上海合作组织成员国政府间文化合作协定》为依据，进一步发展上合组织框架内的文化联系，在电影、音乐、戏剧、档案、博物馆、图书馆及造型艺术等领域深化合作，同时也表示要尊重各国的传统文化和习俗，保护文化多样性。在教育领域，成员国强调要继续落实《上海合作组织成员国政府间教育合作协定》，在联合科研、人才培养、学术访问、师生交流、职业教育、语言教学、青少年交流等方面开展务实合作。

第七，未来成员国将在裁军、和平利用核能、军控、利用政治和外交手段解决防扩散机制面临的挑战等问题上开展国际协作。将在落实《上海合作组织成员国打击恐怖主义、分裂主义和极端主义 2019 ~ 2021 年合作纲要》方面加强合作。

第八，为应对恐怖分子从中东战场回流问题，成员国将在上海合作组织框架内完善外国武装恐怖分子返回原籍国人群及其潜入潜出的情报交换机制，根据成员国法律实施更快捷的恐怖分子引渡机制，加强政治层面和情报机构间的国际合作。同时，将进一步完善地区反恐怖机构工作，研究建立监测和应对全球信息空间潜在威胁的系统，推动 2017 年签署的《上海合作组织反极端主义公约》尽快生效。

（四）提出的建议

提出的主要建议有以下几点。

1. 中国的建议

作为这次峰会的主席国，中国对上海合作组织未来发展的建议尤其引人关注。6 月 10 日上午在青岛国际会议中心举行的小范围会谈上，习近平主席提出了四点建议①。

第一，弘扬互信、互利、平等、协商、尊重多样文明、谋求共同发展的“上海精神”，加强团结协作，把扩员带来的潜力和机遇转化为现实的合作成果。

第二，推进安全合作，携手应对挑战，秉持共同、综合、合作、可持续的安全观，统筹应对各种安全威胁，打击“三股势力”，维护地区的和平、安全与稳定。

第三，深化务实合作，促进共同发展。要在市场融合、产业协调、技术交流等领域迈出更大步伐；要在共商共建共享原则的基础上在基础设施建设、科技创新、产业园区、互联互通等领域加强交流合作，要支持贸易自由化和便利化，维护全球多边贸易体制。

第四，发挥积极影响，展现国际担当。要坚定维护以《联合国宪章》宗旨和原则为核心的国际秩序和体系，推动建设互相尊重、公平正义、合作共赢的新型国际关系。

随后，上海合作组织成员国元首理事会第十八次会议在青岛国际会议中心举行，习近平主持会议并发表题为“弘扬‘上海精神’构建命运共同体”的重要讲话，提出建立新型国际关系指导原则的“五观”②：一是提倡创新、协调、绿色、开放、共享的发展观；二是树立平等、互鉴、对话、包容的文明观；三是秉持开放、融通、互利、共赢的合作观；四是践行共同、综合、合作、可持续的安全观；五是坚持共商、共建、共享的全球治理观。

习主席向上合组织成员国发出共建上海合作组织命运共同体的倡议，提出五点建议：一是凝聚团结互信的强大力量，尊重各自选择的发展道路，兼

① 《习近平主持上海合作组织青岛峰会小范围会谈》，中国外交部网站，http：//scochina.mfa.gov.cn/chn/dtxw/t1569799.htm。

②

顾彼此核心利益和重大关切，不断增强组织的凝聚力和向心力；二是筑牢和平安全的共同基础，强化防务安全、执法安全、信息安全合作，促进阿富汗和平重建进程；三是打造共同发展繁荣的强劲引擎，促进发展战略对接，推进“一带一路”建设，加快地区贸易便利化进程；四是拉紧人文交流合作的共同纽带，扎实推进教育、科技、文化、旅游、卫生、减灾、媒体、环保、青少年等领域交流合作；五是共同拓展国际合作的伙伴网络，强化同观察员国、对话伙伴国等地区国家的相互交流与合作，加强同联合国等国际和地区组织的伙伴关系，开展与国际金融机构对话。为此，中国建议采取的具体措施有：（1）未来 3 年利用中国—上海合作组织国际司法交流合作培训基地等平台为各方培训 2000 名执法人员；（2）在上海合作组织银行联合体框架内设立 300 亿元人民币等值专项贷款；（3）未来 3 年为成员国提供 3000 个人力资源开发培训名额；（4）利用风云二号气象卫星为各方提供气象服务；（5）支持在青岛建设中国—上海合作组织地方经贸合作示范区，成立“中国—上海合作组织法律服务委员会”；（6）欢迎各国积极参与 2018 年 11 月首届中国国际进口博览会。

2. 哈萨克斯坦的建议

哈萨克斯坦总统纳扎尔巴耶夫在发言中强调了贯彻落实《上海合作组织成员国长期睦邻友好合作条约》的重要性，提出的建议包括：（1）创建数字化和新技术领域的经验交流平台；（2）落实大型基础设施建设项目，使上合组织成员国的科学、金融和人力资源潜力得到发挥；（3）落实其 2017 年在北京提出的建立丝绸之路国际科学院倡议；（4）欢迎各国代表团参加 2018 年 10 月 10 ~ 11 日在阿斯塔纳举行的第六届世界和传统宗教领袖大会，大会的主题是“为世界和平而奋斗的宗教领袖们”①。

3. 乌兹别克斯坦的建议

乌兹别克斯坦总统米尔济约耶夫在 6 月 10 日的发言中提出几点建议：

---

① 《纳扎尔巴耶夫总统出席上合组织成员国元首理事会大范围会议》，哈萨克斯坦驻华大使馆网站，http：//www. mfa. gov. kz/zh/beijing/content – view/ucastie – v – zasedanii – soveta – glav – gosudarstv – clenov – sanhajskoj – organizacii – sotrudnicestva – v – rassirennom – formate – 3。

（1）改善上海合作组织的活动，发展贸易和运输联系，加强安全合作；（2）加快中国—吉尔吉斯斯坦—乌兹别克斯坦铁路的修建以及建设中亚与海湾地区、南北和东西跨区域走廊；（3）在高科技、数字经济、替代能源和现代医学领域实施联合项目；（4）建设农业产业集群，扩大农产品供应“绿色走廊”网络；（5）在“一带一路”倡议框架内有效利用上海合作组织空间的运输和运输潜力以及实施区域间运输项目；（6）联合实施高科技，数字经济，替代能源和现代医学领域的项目。① 关于阿富汗问题，乌兹别克斯坦总统米尔济约耶夫强调实现阿富汗的和平和促进其社会经济发展仍然是确保地区安全的重要条件。②

4. 其他国家领导人的建议

上海合作组织成员国和观察员国领导人对当前国际和地区国际形势发展以及上海合作组织未来发展都发表了自己的意见和建议，要点有：（1）对中国在 2017 年阿斯塔纳峰会接任主席国之后为上海合作组织发展所做贡献表示感谢；（2）对印度和巴基斯坦成为上海合作组织正式成员国并出席青岛峰会表示欢迎；（3）遵循“上海精神”，开展政治、安全、经济、人文等领域务实合作；（4）积极完善全球经济治理体系，巩固和发展多边贸易体制；（5）在国际法准则框架内解决地区热点问题；（6）推动构建人类命运共同体。

峰会决定青岛峰会之后由吉尔吉斯共和国接任上合组织轮值主席国。上合组织成员国元首理事会下次会议将于 2019 年在吉尔吉斯共和国举行。

三　峰会发表、批准和签署的重要文件

2018 年青岛峰会批准和签署了以下文件：

① «Шавкат Мирзиёев выступил за развитие торговых связей в ШОС», http：//catoday. org/tjru/prezident – emomali – rahmon – priglasil – glav – gosudarstv – chlenov – shos – priehat – v – dushanbe – v – 2014 – godu，10 июня 2018.

② «Шавкат Мирзиёев выступил за развитие торговых связей в ШОС», http：//catoday. org/tjru/prezident – emomali – rahmon – priglasil – glav – gosudarstv – chlenov – shos – priehat – v – dushanbe – v – 2014 – godu，10 июня 2018.

1. 《〈上海合作组织成员国长期睦邻友好合作条约〉实施纲要（2018～2022年）》；

2. 《上海合作组织成员国打击恐怖主义、分裂主义和极端主义2019年至2021年合作纲要》；

3. 《2018～2023年上海合作组织成员国禁毒战略》及其落实行动计划；

4. 《上海合作组织预防麻醉药品和精神药品滥用构想》；

5. 《上海合作组织成员国环保合作构想》；

6. 《上海合作组织成员国元首致青年共同寄语》及其实施纲要；

7. 《关于任命诺罗夫（乌兹别克斯坦共和国）为上海合作组织秘书长的决议》（任期为2019年1月1日至2021年12月31日）；

8. 《关于任命吉约索夫（塔吉克斯坦共和国）为上海合作组织地区反恐怖机构执行委员会主任的决议》（任期为2019年1月1日至2021年12月31日）；

9. 《上海合作组织秘书处与联合国教科文组织合作谅解备忘录(2018～2022年)》；

10. 《上海合作组织成员国元首关于贸易便利化的联合声明》；

11. 《上海合作组织成员国元首关于在上海合作组织地区共同应对流行病威胁的声明》。

会议批准了《上海合作组织秘书长关于上海合作组织过去一年工作的报告》和《上海合作组织地区反恐怖机构理事会关于地区反恐怖机构2017年工作的报告》，决定继续就《上海合作组织成员国粮食安全合作纲要》草案进行磋商。会议发表了《上海合作组织成员国元首理事会青岛宣言》和《上海合作组织成员国元首理事会会议新闻公报》。

峰会还授权代表签署了《上海合作组织成员国经贸部门间促进中小微企业合作的谅解备忘录》《2019～2020年落实〈上海合作组织成员国旅游合作发展纲要〉联合行动计划》《上海合作组织成员国海关关于交换跨境运输消耗臭氧层物质信息合作的备忘录》《上海合作组织成员国海关关于利用莫斯科地区情报联络中心案件数据库执法平台渠道全天候联络站开展信息互助的规程》4份文件。

四　与峰会有关的活动

2018 年，围绕青岛峰会，在峰会之前和峰会期间在上海合作组织框架下举行了多场重要活动。

（一）领导人会晤

青岛峰会是中国 2018 年非常重要的一次主场外交活动，办好这次峰会是中国政府年度工作的重中之重。青岛峰会为成员国开展双边和多边外交活动提供了便利条件。峰会前，俄罗斯总统普京、哈萨克斯坦总统纳扎尔巴耶夫和吉尔吉斯斯坦总统热恩别科夫对中国进行了国事访问。6 月 6 日，习近平主席在北京会见吉尔吉斯斯坦总统热恩别科夫，两国领导人共同签署《中华人民共和国和吉尔吉斯共和国关于建立全面战略伙伴关系联合声明》，宣布建立中吉全面战略伙伴关系。6 月 7 日，习近平主席在北京会见哈萨克斯坦总统纳扎尔巴耶夫。6 月 8 日，普京抵达北京，两国领导人举行会谈，并同乘高铁从北京前往天津出席活动。

在青岛峰会期间，中国领导人还分别与阿富汗总统加尼、巴基斯坦总统侯赛因、白俄罗斯总统卢卡申科、蒙古国总统巴特图勒嘎、塔吉克斯坦总统拉赫蒙、乌兹别克斯坦总统米尔济约耶夫、伊朗总统鲁哈尼、印度总理莫迪举行了会晤。其他成员国领导人也进行了双边会晤和会谈，如吉尔吉斯斯坦总统热恩别科夫分别与塔吉克斯坦总统埃莫马利·拉赫蒙、印度总理莫迪、蒙古国总统巴特图勒嘎举行了会见和会谈。

中国与上合组织成员国、观察员国领导人双边会谈主要涉及双方关系、双方在国际和地区重大问题上的立场和观点，在重要经济领域的密切合作等重要议题。会谈中双方领导人都表示把对方作为本国外交的优先方向，都希望在基础设施建设、工业、能源、资源、金融等领域进一步加强合作，扩大农业合作与农产品贸易，促进贸易投资与人员往来便利化。此外，推动产业提质升级和创新发展也是讨论的重要内容。

（二）上海合作组织艺术节

2018 年上海合作组织艺术节主题是多元文化互鉴共振“上合之声”。艺术节于 5 月 29 日至 6 月 1 日在北京举行。成员国艺术家通过各种形式的演出、展览等活动，将极具特色的本国文明和文化艺术展示给观众，促进了各国间的文化交流与民心相通。

（三）上海合作组织论坛

根据上海合作组织成员国元首达成的共识，每年上海合作组织元首峰会前都要举办上海合作组织论坛。论坛的主要任务是在专家和学者层面对当前国际形势进行研判，对上海合作组织发展面临的问题及解决办法进行研讨，对上海合作组织下一阶段主要任务提出建议，为当年上合组织元首峰会提供咨询。会议由各成员国国家上合组织研究中心轮流主办。

2018 年第十三次上合组织论坛 5 月 4 日在阿斯塔纳举行，由哈萨克斯坦外交部和哈萨克斯坦首任总统基金会世界经济与政治研究所共同主办。来自成员国、观察员国、对话伙伴国研究中心和研究单位及地区反恐机构执委会等单位的约 120 位代表出席了会议。各国代表就上海合作组织在新的地缘政治形势下的作用和意义进行了广泛研讨和交流。会议结束时签署了《上海合作组织论坛会议纪要》。2019 年上海合作组织论坛将由中国国际问题研究院主办。

Y.3
上海合作组织杜尚别总理会议

孙 力*

摘 要： 2018年10月11日至12日，上海合作组织成员国政府首脑（总理）理事会第十七次会议在塔吉克斯坦首都杜尚别举行。成员国政府首脑及代表，观察员国、对话伙伴国代表，本组织机构负责人，以及联合国、独联体、"亚信"等有关组织代表出席会议。会议分析了当前本组织面临的国际、地区形势和面临的挑战，重点讨论了落实青岛峰会的具体措施，以及加强安全、经济、人文等领域合作等重大问题，签署了《上海合作组织成员国政府首脑（总理）理事会第十七次会议联合公报》等一系列重要文件，为上海合作组织未来发展指明了方向。

关键词： 上海合作组织 经济合作 人文合作

2018年10月11日至12日，上海合作组织成员国政府首脑（总理）理事会第十七次会议在塔吉克斯坦首都杜尚别举行。2018年国际形势发生了巨大变化，不稳定和不确定因素增多，世界经济复苏进程缓慢，与此同时，单边主义、贸易保护主义加剧，地区热点问题此起彼伏，恐怖主义等非传统安全威胁持续蔓延。这给上海合作组织发展带来了现实挑战。本届总理会议重点讨论了落实青岛峰会的具体措施，以及加强安全、经济、人文等领域合作等

* 孙力，中国社会科学院俄罗斯东欧中亚研究所副所长，上海合作组织研究中心主任、研究员。

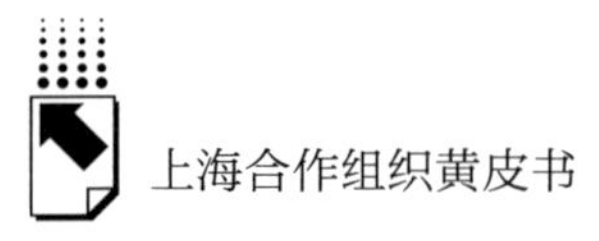

重大问题，签署了《上海合作组织成员国政府首脑（总理）理事会第十七次会议联合公报》等一系列重要文件，为上海合作组织未来发展指明了方向。

一　出席会议代表

上合组织成员国出席政府首脑（总理）理事会第十七次会议的代表有：印度外交部部长斯瓦拉杰、哈萨克斯坦总理萨金塔耶夫、中国国务院总理李克强、吉尔吉斯斯坦总理阿布尔加济耶夫、巴基斯坦外交部部长库雷希、俄罗斯总理梅德韦杰夫、塔吉克斯坦总理拉苏尔佐达、乌兹别克斯坦总理阿里波夫，以及上合组织秘书长阿利莫夫、上合组织地区反恐怖机构执行委员会主任瑟索耶夫、上合组织实业家委员会理事会主席陈洲和上合组织银行联合体轮值主席代表、中国国家开发银行副行长刘金。①

上合组织观察员国参加会议的代表有：阿富汗首席执行官阿卜杜拉、白俄罗斯总理鲁马斯、蒙古国副总理恩赫图布辛、伊朗外交部第一副部长萨尔马迪，以及独联体执委会副主席兼副执行秘书斯马古洛夫、亚洲相互协作与信任措施会议（“亚信”）秘书处执行主任米尔佐耶夫、联合国亚太经社会北亚和中亚次区域办事处负责人户田博人。②

二　会议签署或通过的文件

本届上合组织总理会议取得丰硕成果，成员国政府首脑和代表签署并发表了《上海合作组织成员国政府首脑（总理）理事会第十七次会议联合公报》（简称“联合公报”）。此外，会议签署了10项决议和2项政府间文件，其中10项决议包括：《关于上海合作组织秘书处关于〈上海合作组织成员

① 《上海合作组织成员国政府首脑（总理）理事会第十七次会议联合公报》，《人民日报》2018年10月13日。

② 《上海合作组织成员国政府首脑（总理）理事会第十七次会议联合公报》，《人民日报》2018年10月13日。

国多边经贸合作纲要〉实施情况的报告》《关于上海合作组织 2017 年决算报告》《关于上海合作组织 2019 年预算》《关于上海合作组织常设机构新增办公用房预算保障工作》《关于上海合作组织常设机构翻译保障》《关于修订上海合作组织常设机构官员工资、保障和补贴条例》《关于制定新版上海合作组织成员国多边经贸合作纲要》《关于制定上海合作组织成员国地方合作发展纲要》《关于上海合作组织成员国 2019～2020 年科研机构合作务实措施计划（路线图）》《关于落实上海合作组织环保合作构想》；2 项政府间文件包括：《上海合作组织成员国粮食安全合作纲要》《上海合作组织成员国经授权的主管部门间关于跨境动物疫病联防联控技术合作备忘录》。①

三　会议的主要内容

按照惯例，上合组织总理会议首先举行小范围会谈，由成员国代表团团长在友好和建设性的气氛中进行，就当前国际和地区经济发展问题广泛交换意见，重点讨论了落实上合组织青岛峰会成果，以及深化上合组织框架下安全、经济和人文合作的前景与措施，目的是增进新老成员国的相互信任和理解，进一步巩固成员国人民相互理解与传统友谊。之后举行了大范围会谈，邀请观察员国、对话伙伴国，以及国际组织代表与会。会议结束时，举行了签字仪式和新闻发布会。塔吉克斯坦总理拉苏尔佐达主持会议。塔吉克斯坦总统拉赫蒙会见了成员国代表团团长。

2018 年，国际和地区形势风云变幻，世界经济形势不确定因素增加，经济全球化遭遇挫折，单边主义和保护主义抬头，西方继续制裁俄罗斯，美国单方面挑起中美贸易战，给世界经济复苏进程带来了很大风险与挑战，国际社会对此给予高度关注。2018 年 11 月 23 日，哈萨克斯坦总统纳

---

① 12 документов подписано по итогам заседания Совета глав правительств стран ШОС в Душанбе，http：//avesta. tj/2018/10/12/12 – dokumentov – podpisano – po – itogam – zasedaniya – soveta – glav – pravitelstv – stran – shos – v – dushanbe/，上网时间，2019 年 1 月 30 日。

扎尔巴耶夫在第四届“阿斯塔纳俱乐部”全体会议上发表讲话时表示：“欧亚大陆经济的重要问题是一些国家单方面实施经济制裁，以及作为回应的反制裁。”在这种背景下，上合组织总理会议受到国际社会广泛关注。会议取得的重要成果具有鲜明的时代特征，为上合组织下一阶段务实合作指明了方向。

一是聚焦落实上合组织青岛峰会成果。2018 年 6 月举行的上合组织青岛峰会具有里程碑意义，是在新形势下弘扬“上海精神”、深化各领域合作的一次重要会议，峰会达成一系列重要共识，为上合组织未来发展描绘了宏伟蓝图。因此，落实好青岛峰会成果是上合组织总理杜尚别会议的重要内容。本次总理会议签署并发表的联合公报指出：“各代表团团长指出，积极落实 2018 年 6 月 10 日在青岛举行的上合组织成员国元首理事会会议共识具有重要意义，强调应进一步挖掘上合组织扩员巨大潜力，深化各领域合作。”中国国务院总理李克强在大会发言时指出：“中方愿与上合组织各国一道，落实好‘青岛宣言’、长期邻友好合作条约实施纲要等文件，对接各国发展战略，加强政策沟通与协调，以更紧密的团结、更高效的合作为促进地区和平稳定、实现各国共同发展发挥更大作用。”① 李克强在访问塔吉克斯坦时指出：“中方愿同相关各方一道秉持‘上海精神’，就落实青岛峰会成果、深化各领域合作深入交换意见，共同推动上合组织在时代变局中行稳致远，为地区各国人民创造更多福祉。”②

二是聚焦上合组织发展优先方向。上合组织成立以来，多边框架内的经贸合作既是重点，也是难点。为此，成员国代表团团长在“联合公报”中强调，逐步落实《上海合作组织成员国多边经贸合作纲要》及其落实措施计划、《〈上海合作组织至 2025 年发展战略〉2016 ~ 2020 年行动计划》和《2017 ~ 2021 年上海合作组织进一步推动项目合作的措施清单》十分必要。同时指出，制定新版《上海合作组织成员国多边经贸合作纲要》对指导上

① 《上海合作组织成员国政府首脑（总理）理事会第十七次会议联合公报》，《人民日报》2018 年 10 月 13 日。

② 《李克强抵达塔吉克斯坦杜尚别》，《人民日报》2018 年 10 月 12 日。

合组织区域经济合作持续稳定发展具有重要意义。①

扩员后的上合组织综合实力、地域、人口等都大幅增长，但面临的发展问题更加严峻。当今的上合组织集聚了世界上人口最多的两个发展中国家——中国和印度，也包含着经济发展严重滞后的国家——吉尔吉斯斯坦和塔吉克斯坦。上合组织成员国普遍面临促进经济社会发展、改善民生的繁重任务，但是，当今经济全球化遭遇挫折、多边贸易体制受到严重冲击，使得上合组织成员国经济发展遇到了新的挑战。面对新形势新挑战新任务，上合组织必须采取共同有效措施，确保上合组织地区经济社会稳定发展。成员国代表团团长认为："上合组织成员国共同努力的优先方向是创造便利条件扩大经贸和投资合作，发展高科技产业，促进工业产业现代化，实施过境和交通物流、能源、农业、信息和通信及其他基础设施项目，提升各成员国经济竞争力，克服各国技术差距，提高人民生活水平和质量。"②

聚焦务实合作优先方向，上合组织成员国政府首脑提出了具体建议。李克强总理提出了六点具体合作建议："深化安全合作，筑牢共同发展的可靠屏障；加强多边经贸合作，释放共同发展的巨大潜力；推进国际产能合作，拓展共同发展的有效路径；完善互联互通，增强共同发展的后劲；强化创新引领，培育共同发展的新动能；促进人文交流，夯实共同发展的民意基础。"

俄罗斯总理梅德韦杰夫在发言时指出，完全支持李克强总理的建议。认为上合组织是该组织成员国实现战略对接和实施大项目的理想平台，俄希望上合组织框架内的各领域合作能得到加强。为此，上合组织成员国将采取重要举措，解决项目融资问题，转向本币结算，降低外部风险，加强基础设施建设领域合作，降低成员国间交通运输和物流成本。③

哈萨克斯坦总理萨金塔耶夫在大会发言时指出，上合组织成员国交流发

---

① 《上海合作组织成员国政府首脑（总理）理事会第十七次会议联合公报》，《人民日报》2018 年 10 月 13 日。

② 《上海合作组织成员国政府首脑（总理）理事会第十七次会议联合公报》，《人民日报》2018 年 10 月 13 日。

③ Выступление Дмитрия Медведева на заседании Совета глав правительств государств - членов ШОС，http：//government. ru/news/34306/.

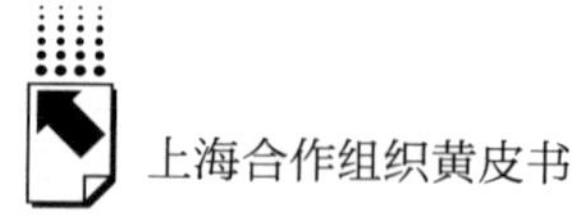

展数字和高新经济经验；加强投资、电子商务和现代信息和通信技术合作；建设联运和运输网络，扩大地区贸易，推动成员国商品进入国际市场。①

吉尔吉斯斯坦总理阿布尔加济耶夫表示，作为上合组织轮值主席国，吉将致力于全方位完善和发展上合组织框架内的多边合作，解决上合组织各领域合作的紧迫问题。为了加强上合组织成员国的合作，应积极推动强成员国间经济贸易、交通运输、项目和投资合作。同时，上合组织成员国有必要在过境运输以及数字经济方面加强合作。②

塔吉克斯坦总理拉苏尔佐达指出，有必要强化上合组织成员国在交通、通信、农业和旅游等领域的合作。

乌兹别克斯坦总理阿里波夫强调，有必要就成立上合组织发展银行一事尽快达成共识。乌方希望能尽快启动“乌兹别克斯坦—吉尔吉斯斯坦—中国”铁路的建设。

三是聚焦共同发展与合作共赢。上合组织是“一带一路”倡议的首倡之地，也是“一带一路”建设的重要合作平台，2015 年 5 月，中俄两国签署了《中华人民共和国与俄罗斯联邦关于丝绸之路经济带建设和欧亚经济联盟建设对接合作的联合声明》。这个文件的签署为中国与欧亚经济联盟国家在“一带一路”框架内的务实合作奠定了坚实的政治基础。该联合声明明确指出，上合组织是“一带一路”建设的重要平台。

“一带一路”倡议实施以来，上合组织成员国在这一倡议框架下的经贸和投资合作深入发展，中国与上合组织其他成员国贸易快速增长。上合组织成立之初，中国与上合组织其他成员国的贸易额仅为 120 亿美元，2017 年

① Б. Сагинтаев принял участие в заседании Совета глав правительств государств-членов Шанхайской организации сотрудничества в Душанбе，https：//primeminister. kz. /ru/news/viziti_ i_ poezdki/bakitzhan – sagintaev – prinyal – uchastie – v – zasedanii – soveta – glav – pravitelstv – gosudarstv – chlenov – shanhaiskoi – organizatsii – sotrudnichestva – v – dushanbe – 17279.

② Абылгазиев：Кыргызстан нацелен на совершенствование многопланового сотрудничества в рамках ШОС，https：//knews. kg/2018/10/12/abylgaziev – kyrgyzstan – natselen – na – sovershenstvovanie – mnogoplanovogo – sotrudnichestva – v – ramkah – shos/.

中国与上合组织其他成员国的贸易总额已达 2176 亿美元。2018 年 1 ~ 8 月，中国与上合组织其他成员国贸易额为 1652 亿美元，同比增长 29%，中国对上合组织其他成员国各类投资存量达 846 亿美元，一批区域产能合作项目已取得早期收获。

5 年多来，沿线国家秉承共商共建共享原则，推动“一带一路”建设取得诸多成果，惠及沿线国家人民。上合组织是“一带一路”倡议的积极支持者和践行者。积极推动上合组织框架内的多边合作已成为本组织成员国普遍共识。本次总理会议签署的“联合公报”指出：“哈萨克斯坦、吉尔吉斯斯坦、巴基斯坦、俄罗斯、塔吉克斯坦和乌兹别克斯坦重申支持中国提出的‘一带一路’倡议，肯定各方为共同实施‘一带一路’倡议，包括为促进‘一带一路’倡议和欧亚经济联盟对接所做的工作。”①

俄罗斯总理梅德韦杰夫在发言时指出，上合组织是推动成员国战略规划对接的重要平台，如欧亚经济联盟与“一带一路”实现对接，2018 年 5 月 17 日，中国商务部副部长兼国际贸易谈判代表傅自应与欧亚经济委员会执委会主席萨尔基相及欧亚经济联盟各成员国代表在哈萨克斯坦首都阿斯塔纳共同签署了《中华人民共和国与欧亚经济联盟经贸合作协定》。

四是聚焦应对风险和挑战。当前世界经济最大的不确定性是：个别国家执意推行单边主义和保护主义，挑战已有的世界贸易体系，单方面挑起贸易战。上合组织成员国既是多边贸易体系的积极参与者，也是受益者。

本次上合组织总理会议发表的联合公报指出：“世界经济形势虽有所好转，但仍不稳定，经济全球化进程遭遇单边主义和保护主义抬头、发展速度减缓、金融市场波动等问题及国际贸易方面的其他挑战。各代表团团长支持进一步完善全球经济治理体系，发展经贸和投资合作，认为世界贸易组织仍是各国讨论国际贸易议题和制定权威、有效多边贸易体制规则的重要平台，应进一步为共同构建开放型世界经济深化合作，不断巩固开放、包容、透

---

① 《上海合作组织成员国政府首脑（总理）理事会第十七次会议联合公报》，《人民日报》2018 年 10 月 13 日。

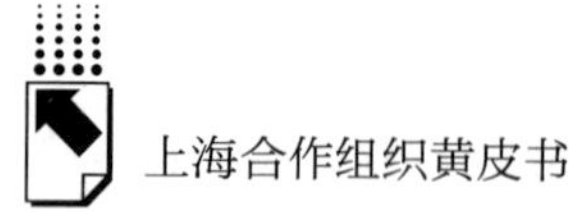

明、非歧视、以规则为基础的多边贸易体制，反对任何形式的单边主义和贸易保护主义。”[①] 俄罗斯总理梅德韦杰夫明确指出，上合组织外部环境仍很复杂，个别国家采取不正当竞争手段，实施贸易保护主义和非法单边制裁，矛头直接指向上合组织成员国和合作伙伴国。

五是聚焦人文合作，夯实民意基础。人文合作一直是上合组织发展的重要方向之一，是增进成员国人民相互理解和友谊的重要抓手。上合组织成立以来，建立了多个人文交流机制，成立了上合组织大学。上合组织扩员后，成员国由六个增加到八个，已成为除联合国之外世界上人口最多的国际组织。该组织成员国社会制度不同，汇集了多种人类文明，文化差异较大，传统习俗也不尽相同。

“国之交在于民相亲”，民心相通是上合组织发展的社会基础。为此，成员国代表团团长强调：“进一步深化在文化、卫生、教育、科技、旅游、民间手工艺、环保、青年交流、媒体和体育等领域合作具有重要意义，将为上合组织成员国人民带来更多福祉。”

李克强总理指出，睦邻友好成为共同心声，人文交流拉紧感情纽带。我们要继续加强教育、文化、卫生、环保、体育、旅游、青年等领域交流与合作，不断促进民心相通、增进彼此信任。要加强上合组织大学建设，扩大在纳米技术、信息技术、生态学等领域的人才联合培养。要切实落实《上海合作组织成员国环保合作构想》，加紧制订落实措施计划，推动上合组织地区绿色发展。要扩大防灾减灾合作，完善重特大灾害预警预报和信息交流机制，提高人员培训和防灾减灾合作的科技含量。中方建议依托上合组织医院联盟开展成员国医疗机构合作，愿发挥新疆国际医疗服务中心作用，为上合组织国家提供跨境远程医疗等服务。中方将继续办好青年交流营等品牌项目，建议机制化举办本组织妇女论坛和媒体峰会，支持建立上合组织地方领导人论坛并愿明年在重庆市举办该论坛会议，让上合组织

① 《上海合作组织成员国政府首脑（总理）理事会第十七次会议联合公报》，《人民日报》2018 年 10 月 13 日。

国家友谊之树世代长青。[①] 上合组织成员国认为，应进一步加强上合组织国家间的人文合作。

俄罗斯总理梅德韦杰夫指出，上合组织成员国对发展人文合作有着共同立场。上合组织成员国拥有丰富的历史、文化和独特的传统，我们必须尽一切努力更好地了解对方。10 年前成立的上合组织大学是本组织人文合作的成功范例，它聚集了成员国近 80 所高等教育机构，成员国应该全力支持这样的项目。

四　会议的重要意义

2018 年，上合组织进入全新发展阶段。2017 年 6 月，印度和巴基斯坦在上合组织阿斯塔纳峰会上成为正式成员国，从此，上合组织已成为最具潜力的国际组织：包括中国和俄罗斯两个联合国安理会常任理事国，四个有核国家；人口总量大幅增加，占世界人口近一半；合作范围更广，面积占欧亚大陆的 3/5；经济实力进一步增强，占全球经济总量的 30% 左右。进一步整合资源，充分挖掘潜力，是提升上合组织实力的重要途径，既符合成员国的预期，也能满足成员国人民对美好生活的期待。首先是增加政治互信，新老成员国形成高度政治互信需要磨合期，磨合期过长必然会影响上合组织的发展。其次是机制建设还有待完善。

扩员后的总理会议机制面临新的问题，由于成员国政治体制差别，使得上合组织成员国总理会议受到影响。2017 年上合组织总理索契会议，印度派外长率团参加，2018 年上合组织总理杜尚别会议印度和巴基斯坦均派外长率团参会，印度和巴基斯坦参会级别与总理会议不符，势必影响外界对上合组织总理会议的期待。尽管如此，上合组织经过 17 年的发展，已成为最具活力和影响力的国际组织，本届上合组织总理会议取得了丰硕成果，为上

---

① 《李克强在上海合作组织成员国政府首脑（总理）理事会第十七次会议上的讲话（全文）》，http://www.xinhuanet.com/2018-10/12/c_1123552584.htm。

合组织发展奠定了坚实基础。

进一步明确了上合组织下一步合作方向。面对新形势新任务新挑战，上合组织总理会议对本组织未来合作方向做了明确规定，目的是使上合组织的发展与成员国的规划相向而行，整合成员国潜力，发挥“集约效应”。本次会议回应了成员国的共同关切，会议就推进经贸、产能、互联互通、人文等领域合作深入交换意见，达成新的重要共识，推动上合组织各领域合作走深走实，造福地区各国人民。会议签署并发表了“联合声明”，就国际和地区重大问题发出共同声音，签署了涉及组织建设和有关领域合作的多项文件。如签署了《关于制定新版上海合作组织成员国多边经贸合作纲要》和《关于制定上海合作组织成员国地方合作发展纲要》，明确了上合组织下一步合作方向。

完备的基础设施是扩大上合组织成员国经贸合作的重要保障，不仅可以缩短运输路线，还可以减少运输成本，是提高成员国经贸合作效率的有效途径。为此，成员国代表团团长指出：“应进一步切实落实2014年9月12日在杜尚别签署的《上海合作组织成员国政府间国际道路运输便利化协定》，并继续就《上海合作组织成员国公路发展规划》草案开展工作。”

进一步弘扬了“上海精神”。经过17年来不断的发展和探索，上合组织已成为具有广泛影响和最具活力的国际组织。在复杂多变的世界格局中，上合组织始终能够保持旺盛的生命力和强劲的合作动力，根本原因在于本组织始终践行“上海精神”，即互信、互利、平等、协商、尊重多样文明、谋求共同发展。在“上海精神”指引下，上合组织成员国不断加强政治、安全、贸易等领域合作，推动建设相互尊重、公平正义、合作共赢的新型国际关系，朝着构建人类命运共同体的方向发展，携手迈向持久和平、普遍安全、共同繁荣、开放包容、清洁美丽的世界。

政 治 合 作

Political Cooperation

Y.4
上海合作组织成员国构建命运共同体的有利条件

赵常庆*

摘　要： 构建人类命运共同体符合世界发展潮流和绝大多数人的利益，被写入联合国文件和上合组织成员国峰会宣言等文件中。该理念的核心思想是坚持彼此尊重、和而不同，使生活在同一个地球上的各国人民能相互帮助、相向而行，让铸剑为犁、永不再战的理念深植人心，让发展繁荣、公平正义的理念践行人间。政治、经济、文化、社会、生态文明建设是构成人类命运共同体的主要方面。上合组织具备构建人类命运共同体的有利条件，“一带一路”倡议为构建人类命运共同体搭

* 赵常庆，国务院发展研究中心欧亚社会发展研究所副所长、研究员，中国社会科学院俄罗斯东欧中亚研究所中亚研究室特聘研究员。

建了很好的平台。由于上合组织成员国国情各异，很难同步推进命运共同体建设，可以考虑中国与哈萨克斯坦先行一步，发挥示范作用。构建人类命运共同体是定会实现的美好愿景，实践中存在很多困难，还有很长的路要走，需要成员国共同努力，以使美好愿景早日成为现实

关键词： 上合组织 “一带一路” 人类命运共同体

2017 年上合组织成员国峰会“阿斯塔纳宣言”中指出：“在世界政治和经济发生深刻变革背景下，成员国应以相互尊重、考虑彼此利益、合作共赢、不冲突、不对抗、平等和不可分割等国际法原则和准则为基础，构建更加公正合理、符合各国共同及各自利益的多极世界格局，推动构建人类命运共同体。”2018 年上合组织成员国“青岛宣言”写道：“成员国重申恪守《上海合作组织宪章》的宗旨和任务，遵循《上海合作组织 2025 发展战略》，继续加强政策沟通、设施联通、贸易畅通、资金融通、民心相通，发展安全、能源、农业等领域合作，推动建设相互尊重、公平正义、合作共赢的新型国际关系，确立构建人类命运共同体的共同理念。”上述文件表明，推动构建人类命运共同体得到与会成员国的认同。

一 上合组织推进人类命运共同体建设顺应时代潮流

“人类命运共同体”理念是在世界复杂多变和处在十字路口的情况下，习近平主席为世界治理提出的中国方案。它的核心思想是坚持彼此尊重、和而不同，使生活在同一个地球上的各国人民能够相互帮助、相向而行，让铸剑为犁、永不再战的理念深植人心，让发展繁荣、公平正义的理念践行人间。

2018 年 4 月 8 日，习近平主席在会见联合国秘书长古特雷斯时说：“国际形势近年来有了新的发展变化，国际上的问题林林总总，归结起来就是要

解决好治理体系和治理能力的问题。我们需要不断推进和完善全球治理，应对好这一挑战。中国正在统筹推进政治、经济、文化、社会、生态文明建设‘五位一体’总体布局，这五方面也是构建人类命运共同体的主要内容。”①

对习主席关于构建人类命运共同体五项主要内容可以做如下解读。

第一，政治与安全方面，不干涉各国内政，允许世界各国采用符合本国国情的政治体制和治理方式；国家不分大小贫富，应该相互尊重、平等相待，坚持公平正义，妥善解决矛盾分歧；和平共处五项原则应该成为处理国家关系的基本准则，大国之间应该建立新型关系。将维护世界和平作为共同的目标。在安全问题上各国都很难独善其身，应秉持共同、综合、合作、可持续的安全理念，反对“我赢你输”的胁迫式、零和式安全观，应该以合作谋和平、以合作促安全。安全具有综合性和整体性，政治安全、国土安全、经济安全、文化安全、社会安全、科技安全、信息安全、生态安全、资源安全、核安全等对世界各国都非常重要，需要共同维护。

第二，经济方面，推动经济全球化健康发展，践行平等合作、互利共赢的理念；赞成实行开放经济和多边主义、反对贸易保护主义和单边主义；允许各国采用符合本国国情的发展模式，不将自己的经济模式强加给对方，促进经济发展繁荣，提高人民福祉。

第三，社会方面，坚持以人民为中心的思想，对人们最关注和最现实的问题予以关注，并在发展中加以解决。满足人们对教育、医疗、养老、住房等方面的需求，把增进民生福祉作为发展的根本目的。要做到社会公平公正，发展成果共享，实现共同富裕。

第四，文化方面，坚持多种文明并存和发展，促进各种文明有序交流和互学互鉴，反对厚此薄彼，强加于人。

第五，生态文明方面，人类生活在同一个地球上，应该相互珍惜和爱护，树立绿色、低碳、可持续发展理念，将建设美丽家园和美丽世界作为共同的理想和追求。

---

① 新华社 2018 年 4 月 8 日电。

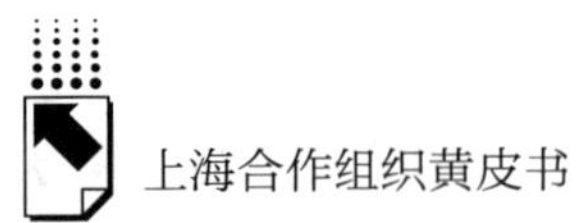

习近平主席提出的构建人类命运共同体是凝聚中国智慧、为世界未来走向指明方向的中国方案，因其符合世界潮流和绝大多数人的利益，得到世界各国的广泛赞誉，为多国所接受。构建人类命运共同体的理念于2017年2月10日写入联合国决议，稍后于3月17日写入联合国安理会决议，3月23日联合国人权理事会决议也将这一理念载入其中。如本文篇首所示，上合组织成员国2017年和2018年峰会都将这个理念写入峰会宣言。这表明，构建人类命运共同体理念，顺应时代发展潮流，符合人民意愿和利益，也包括上合组织成员国的意愿和利益。

二 上合组织成员国具备构建人类命运共同体的有利条件

“一带一路”倡议提出5年来，在成员国中取得的早期收获证明：上合组织构建人类命运共同体是可行的，也是必需的，是时代发展的要求，也是各国人民的企盼。上合组织将构建人类命运共同体写入自己的文件不是毫无根据的，它具备构建这一理念的诸多有利条件。

第一，各国面临的各种问题具有共同性，包括经济问题、安全问题、社会问题、生态问题等，在当前复杂的国际形势下，仅靠自己的力量很难应对这些问题，都不能独善其身。携手合作、抱团取暖才是最佳选择。上合组织成员国峰会宣言对上述问题表明了成员国的共同立场。

第二，促进国家发展和提高人民福祉是各国的共同追求，在这方面有共同的语言，也有共同的诉求。中国提出的“一带一路”倡议和俄罗斯提出的“大欧亚战略”为成员国合作提供了很好的平台。由上合组织一些成员国组成的欧亚经济联盟建设与“一带一路”建设对接，哈萨克斯坦提出的“光明之路”新经济政策与“一带一路”对接等，都将各国的发展联系在一起，有利于人类命运共同体的构建。

第三，成员国经济存在很强的互补性，可以优势互补、互利共赢、共同发展。成员国在基础设施联通、产能合作、贸易畅通、金融融通等方面存在巨大的需求和可以提升的空间。上合组织不断完善的合作机制为政策沟通提供了可能性。

第四，有良好的国家关系，中国与俄罗斯为战略协作伙伴关系，与中亚四个成员国和巴基斯坦互为全面战略合作伙伴关系，与印度为战略伙伴关系。除部分成员国之间存在尚未解决的领土争议等问题外，不存在尚未解决的影响彼此关系的重大问题，对地区和国际问题持相同或相近的立场，这一点相当重要，“家和万事兴”。一个家庭是这样，一个国际组织也是如此。只有良好的国家关系才能保证将彼此的利益和命运联系在一起，大道至远，携手同行。

第五，安全的国内外环境、良好的生态和清洁美丽的家园，是各国共同追求的目标，与生态和环境有关的许多问题都需要成员国共同应对与维护。

第六，上合组织已经形成的运行机制为成员国相互沟通提供了便利。人类命运共同体构建中遇到的问题可以在峰会、政府总理理事会以及其他会议机制上加以讨论和解决。

第七，成员国互为邻里，基础设施已经或正在联通，为构建人类命运共同体的经济基础提供了方便。

三　“一带一路”倡议为构建人类命运共同体搭建了平台

2013 年 9 月 7 日，习近平主席在哈萨克斯坦提出共建丝绸之路经济带的倡议，同年 10 月 3 日，习近平主席在印度尼西亚提出建立 21 世纪海上丝绸之路倡议，两者合在一起统称为“一带一路”倡议。

该倡议一经提出，首先在哈萨克斯坦、印度尼西亚两国引起巨大反响，受到热烈欢迎。2013 年 9 月，习主席在访问哈萨克斯坦之后又到访乌兹别克斯坦等国。9 月 9 日，乌总统卡里莫夫在与习主席会谈时，也对该倡议表示支持。他表示，乌方希望同中方加强贸易、通信、交通基础设施、人文等领域的互联互通，共筑当代丝绸之路，造福两国人民。[①] 同年 9 月 11 日，吉尔吉斯斯坦总统阿坦巴耶夫在与习主席会谈时，表示吉方支持习近平主席建设丝绸之路经济带的倡议，愿同中方扩大经贸、能源、互联互通、人文等领域合作。[②] 2014 年 9 月 13 日，塔吉克斯坦总统拉赫蒙在与习主席会谈时，表示塔方希望积极参与丝绸之路经济带建设。[③]

上合组织成员国除表示对“一带一路”建设的支持外，还将本国的发展战略与“一带一路”对接。这首先表现在哈萨克斯坦 2014 年制定的“光明之路”新经济政策和 2015 年出台的“百步计划”。此后，2015 年乌兹别克斯坦发布《2015 ~2019 年深化改革、结构调整和经济多元化国家纲要》，2016 年塔吉克斯坦发布《2030 年前国家发展战略》，2018 年吉尔吉斯斯坦发布《2018 ~2040 年可持续发展战略》等，都包含与“一带一路”倡议对接的内容。

这里特别需要提到的是，2015 年 5 月 8 日中国与俄罗斯签署的《中华人民共和国与俄罗斯联邦关于丝绸之路经济带建设与欧亚经济联盟建设对接合作的联合声明》和《中华人民共和国与俄罗斯联邦关于深化全面战略协作伙伴关系、倡导合作共赢的联合声明》，这是由俄、哈、吉等国组成的地区性国际组织和上合组织主要成员国俄罗斯愿意参加和积极推动“一带一路”建设的表态。2017 年 5 月，俄、哈、乌、吉、巴（基斯坦）四国领导人参加了在北京举行的“‘一带一路’国际合作高峰论坛”，再次表明上合组织主要成员国对“一带一路”建设的积极态度。

在“一带一路”倡议推动下，上合组织成员国之间的关系得到提升，国家关系定位上了新台阶。继中哈于 2011 年 6 月 13 日建立全面战略伙伴关系以后，中乌于 2016 年 6 月 22 日、中塔于 2017 年 9 月 1 日、中吉于 2018 年 6 月 6 日先后建立全面战略伙伴关系。国家关系定位的提升说明，成员国在政治、经济、对外关系等各方面进一步走近，共同方面越来越多，在朝更

---

① 新华网 2013 年 9 月 11 日电。

② 新华网 2013 年 9 月 2 日电。

③ 《习近平同塔吉克斯坦总统会谈制定全方位合作路线图》，中新网，2014 年 9 月 3 日。

加密切的方向发展。

“一带一路”倡议给上合组织成员国带来丰硕成果。例如，中巴经济走廊、中蒙俄经济走廊、中俄北方航道等建设，为世界所瞩目的中欧班列联通和常态化运行，乌兹别克斯坦多姆奇克隧道和哈萨克斯坦的东哈州阿克托盖铜选矿厂、奇姆肯特石油炼制厂二期工程等大型项目的竣工，以霍尔果斯边境国际合作中心和阿斯塔纳国际金融中心为代表的贸易和金融合作的成功运作以及人文合作规模的扩大，特别是在世界大变局情况下，成员国间经贸合作的不断提升，都用事实表明，上合组织成员国在“一带一路”建设合作方面已经取得初步成功。

“一带一路”建设与构建人类命运共同体有什么关系呢？中国《人民日报》载文指出，“一带一路”建设是促进发展、造福人民、惠及多个国家和地区的行动，是构建人类命运共同体的伟大实践。“一带一路”建设对人类命运共同体的贡献在于，政治上铺垫稳定之基，经济上注入发展之力，社会方面注入人文内涵，人民有了参与感、获得感和幸福感，相信这是一条引导世界通向幸福美好之路。[①]“一带一路”拉近了国家间和人民间的距离，朝共同的目标一起前行。

四　在构建过程中并不要求成员国同步推进，有的可先行一步

构建人类命运共同体是上合组织成员国的共同目标，是伟大的实践。同时也要指出，这项事业艰巨而复杂，不会一蹴而就，需要成员国有耐心、有恒心，不畏艰难、始终不渝地坚持和推进。上合组织现有八个成员国。各国国情不同，谋求的利益也不尽一致，因此，欲同步实现构建人类命运共同体的目标难度较大，譬如，就连对各方都有利并受到世界一百三十多个国家、地区和国际组织欢迎的“一带一路”倡议，也没有为上合组织全部成员国

① 《构建人类命运共同体的伟大实践》，《人民日报》2018 年 10 月 4 日。

所接受。面对这种情况，可以考虑在实现的时间上有先有后，实施的途径有所不同，最终结果的表达形式也不要求完全一致，会存在差异，只要能做到和而不同、符合各国共同及各自利益即可。

2018 年 6 月，习主席在北京与前来访问的哈萨克斯坦总统纳扎尔巴耶夫会谈时指出，中国愿同哈方在构建人类命运共同体道路上先行一步，为开创人类更加光明的未来凝聚智慧和力量。习主席还表示愿同纳扎尔巴耶夫总统一道为中哈友好事业这艘巨轮掌舵领航。① 这就意味着，在上合组织构建人类命运共同体问题上并不要求同步进行，可以有先有后。

中国所以考虑和哈萨克斯坦在构建人类命运共同体上先行一步，除两国具备在本文第二部分列举的有利条件外，更重要的是，两国都对“一带一路”建设充满信心和态度积极。纳扎尔巴耶夫总统 2018 年 2 月 12 日对中国中央电视台记者说：“丝绸之路经济带是个伟大的构想。2012 年全球还没有摆脱危机，世界各国经济仍处在水深火热之中，困难重重。在此背景下，‘一带一路’倡议恰逢其时。很多国家积极响应，欣然接受这一能帮助它们摆脱危机的良策。也正是这一构想，促使哈提出‘光明之路’新经济政策，牢牢把握这一发展契机。”他还强调：“丝绸之路经济带的提出符合时代要求，高瞻远瞩，并且惠及哈萨克斯坦广大民众。”纳扎尔巴耶夫总统在 2018 年 10 月 5 日所做的国情咨文中再次表达对中国的友好和对“一带一路”倡议的支持。他说：“哈萨克斯坦与中国之间的全面战略合作伙伴关系不断加强，‘一带一路’倡议为两国合作关系的发展带来了新的动力。”②

“一带一路”倡议在哈国受到热烈欢迎，是因为它确实给哈带来巨大的红利。如今已经常态化和制度化的经哈通往欧洲的中欧班列，不仅有利于哈参与地区一体化和经济全球化进程，而且每年仅过境费就可以使其得到 50 亿美元的收益。连接中哈俄三国的“双西公路”基本完工，哈成为连接中国与欧洲公路的枢纽。中哈输油管道从 2006 年至今已经向中国输油 1.1 亿

---

① 中国驻哈大使张霄：《全方位推进中哈共建“一带一路”》，人民网，2018 年 9 月 7 日。

② 哈萨克斯坦国际通讯社 2018 年 10 月 5 日电。

吨。中哈两国签署了总值约270亿美元的51项工程大单，一些项目已经竣工或者正在进行，这些项目有的属于哈国最大的项目，有的具有世界先进水平，有的属于进口替代型，有的则与民生有关。中哈双边贸易额不断增长。特别是中哈两国通过互联网和物流中心建设，实现了“网络丝绸之路”，方便了两国企业和居民的需求。具有自贸区性质的霍尔果斯边境合作中心的建立，使两国经济呈现一体化发展的趋势。另外，哈萨克斯坦近年来强调发展要以人民为中心，要不断提高人民的生活水平和福祉。2018年10月5日，纳扎尔巴耶夫总统所做的国情咨文就是以“提升哈萨克斯坦公民福祉，提高收入和生活质量”为题，强调国家发展的目的性。这与习主席提出的构建人类命运共同体的社会内容完全契合。中哈民间往来之密切也对构建人类命运共同体起到“润物细无声”的作用。对于两国关系的现状，哈战略研究所所长扎列玛·沙乌克诺娃在2018年9月7日举行的哈中智库人文交流论坛上评价说，随着哈“光明之路”新经济政策与“一带一路”倡议深入对接，哈中贸易额不断增长，民间交往持续升温，两国关系也达到历史最高水平，“我们已经成为不可分割的命运共同体”①。

中哈两国在构建人类命运共同体道路上的先行效应，必将影响上合组织其他成员国，例如，乌兹别克斯坦也与中国实现直达专列运输，准备大幅度提升与中国的贸易水平。在2018年上合组织成员国杜尚别政府总理理事会会议上，各成员国都表达了与中国加强经济合作和参与“一带一路”建设的强烈意愿。

五　美好愿景在前，尚须各方共同努力，争取早日实现

构建人类命运共同体是破解世界治理难题的中国方案，为人类发展的美好未来指明前进方向。构建人类命运共同体在目前尚属一个理念，虽然和平、发展、安全、幸福是各国普遍追求的目标，但利益不同使然，在人类发

① 哈驻华使馆网站，2018年9月10日。

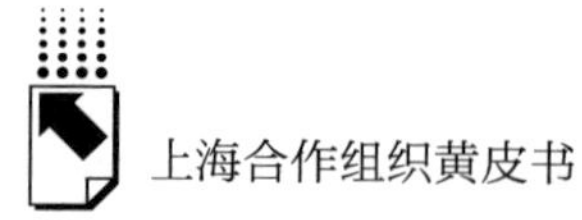

展史上冲突、对立、战争始终形影相随，当今世界仍是如此。这表明，构建人类命运共同体并不是一件容易的事情。人类在政治、经济、文化、社会、生态文明领域的共同点和治理方式在逐渐增多和接近，对美好世界的憧憬在不断接近，但由于国家、民族在文明等各方面存在的差异和利益不同，在形成共同体的过程中会遇到很多障碍，这就是在全世界或者在不同国家间构建人类命运共同体不能一蹴而就的原因。这种情况在上合组织成员国中同样存在。

上合组织八个成员国有很多共同点，有相同或相似的发展要求和理念，对世界和地区问题的看法相同或相近，有诸多共同的利益契合，这是上合组织作为一个地区性国际组织得以产生、存在和发展的决定性因素。但是，八个国家毕竟国情不同，政治体制不同，经济发展模式和经济状况相差较大，民族宗教各有特点，在世界和地区所处的地位与追求的目标也不完全一致，这些因素决定了八个国家对一些事务的看法并非完全相同，会出于维护本国利益考量，在一些问题上做出不同的决定。如果考虑到一些成员国间迄今仍存在领土争议等涉及本国核心利益的问题，就不难理解上合组织要想构建起人类命运共同体并非易事，尚需时日。

在构建人类命运共同体问题上能够满足各方利益相当重要。这种利益并非单指经济利益，也包括其他方面利益，如政治利益、安全利益、文化利益、生态利益等。只有各方能够获得自己需要的利益，才会心往一处想，劲往一处使，利益捆绑会将彼此的命运联系在一起。一个国家和地区是这样，一个企业和部门也是这样。中国提出“一带一路”建设要本着“共商、共建、共享”原则进行，这个“共享”就是利益共享。假如在一项事业、一项工作，或者在国家间推行的是“我赢你输”“零和博弈”，各方是不会心心相印、携手同行的，更谈不上形成命运共同体。

利益对各方都很重要，但如何切割利益蛋糕也不可忽视。在这方面，中国提出的“共商”原则是有效和可行的解决办法。国家不分大小贫富，只有平等协商才能取得各方满意的结果，即互利共赢。霸权主义、单边主义、尔虞我诈、老子独大等都不得人心，也很难交上真心朋友，当然更谈不上结成命运共同体了。

“共商”是达到利益平衡的前提条件，“共享”是利益各方获得的结果，“共建”则是实现利益的具体行动与过程。没有“共建”，“共商”会使大量决议停留在纸面上，使会议成为清谈馆，结果一事无成；没有“共建”，“共享”会成为水中月、镜中花，带来的不是希望而是失望。因此，“共商、共建、共享”是三位一体、不可偏废的原则，是习主席提出的全球治理观的核心内容之一。“一带一路”建设是这样，构建人类命运共同体也是如此。

在构建人类命运共同体道路上会遇到很多困难，虽然道路曲折，但前景是美好的。世界的实践已经证明这个方案的可行性。例如，中国和老挝都明确表示要构建“中老命运共同体”，中国和包括很多国家在内的非盟也宣布构建“中非命运共同体”。上合组织在峰会宣言中也将构建“人类命运共同体”写入其中。这些事例已经超越理念的范畴，已成为实实在在的现实。上面提到的中哈两国先行一步并取得很多耀眼成果，也是构建人类命运共同体的具体实践。

习近平主席在2018年上合组织成员国青岛峰会演讲中说：“我们要继续在‘上海精神’指引下，同舟共济，精诚合作，齐心协力构建上海合作组织命运共同体，推动建设新型国家关系，携手迈向持久和平、普遍安全、共同繁荣、开放包容、清洁美丽的世界。”① 千里之行，始于足下。为世界治理提出的中国方案正在为世界所认同和接受，显示出它的魅力和耀眼光彩。上合组织成员国也加入了践行的行列。实践已经并将继续证明，上合组织不仅接受构建人类命运共同体理念，而且正在将其所具备的有利条件转化为实际行动，从全球视野来看和与众多国际组织相比较，可以看作在构建命运共同体方面已经先行了一步。这是一条光明之路、必由之路，相信这会为人类历史发展所证明。

① 新华网2017年6月11日电。

Y.5
上海合作组织与“一带一路”的平台建设与合作

韩　璐*

摘　要： 上海合作组织覆盖区域是“一带一路”沿线核心区域，两者具备天然的合作基因。上海合作组织成功扩员后，成为人口最多、地域最大的区域性组织，拥有巨大的经济合作潜力。“一带一路”建设也迎来了第一个收获满满的5年之期。双双进入发展新时代，互相提供发展新机遇。在此背景下，应发挥各自优势，彼此借力，克服对接合作进程中面临的挑战和困难，共同打造政治互信、持久和平、互利共赢、文化包容的命运共同体。

关键词： 上海合作组织　“一带一路”　对接合作

“一带一路”倡议自诞生之日起，就与上海合作组织有着天然、紧密的联系。上海合作组织各成员国、观察员国和对话伙伴国基本上是“一带一路”沿线国家，也是“一带一路”的支持者和参与者。上海合作组织自成立以来，已建立一套较完备的运作机制与合作机制，可为“一带一路”的“五通”建设提供平台和机制支撑。以共商、共建、共享为原则的“一带一路”倡议，则是深化上海合作组织经济合作的强劲动力。两者相辅相成，

---

* 韩璐，中国国际问题研究院欧亚所副研究员。

互相成就。未来上海合作组织与“一带一路”都将迈入新的发展阶段，在这一阶段中，双方应克服在平台建设与合作进程中面临的挑战，充分发挥各自优势，互相借力，实现协同发展，造福于上海合作组织与“一带一路”沿线国家的全体人民。

一　上海合作组织与“一带一路”建设相互提供平台和助力

上海合作组织与“一带一路”建设相互促进。一方面，上海合作组织已建立一套较为完备的政治、经济、安全、人文各领域合作机制，为“一带一路”持续推进提供了必要的前提与保障；另一方面，近年来，单边主义、贸易保护主义抬头，全球经济形势不佳，上海合作组织各成员国经济亦不可避免地或多或少受到冲击。在此背景下，各成员国愈加认识到加强区域经济合作的必要性，对上海合作组织经济合作提出更高的要求和期待。而“一带一路”建设恰恰可为上海合作组织经济合作提供新的可能性和动力。

第一，上海合作组织与“一带一路”建设发展理念相契合。上海合作组织发展遵循以互信、互利、平等、协商、尊重多样文明、谋求共同发展为内涵的“上海精神”；“一带一路”建设则秉持“和平合作、开放包容、互学互鉴、互利共赢”的丝路精神，两种精神有异曲同工之妙，都是对构建新型国际关系和人类命运共同体的尝试，可以实现相互融合和促进。“上海精神”在加强上海合作组织国家政治互信、平等互利、文明交流，促进区域认同与和谐区域建设的同时，也有助于“一带一路”建设中的“互联互通”和“民心相通”。同时，丝路精神在推动上海合作组织国家共同繁荣、增强上海合作组织凝聚力方面亦起到重要作用。由于发展理念的契合，上海合作组织在政治、经贸、人文等领域与“一带一路”的“五通”更易实现对接合作。

第二，上海合作组织为“一带一路”建设提供机制保障。上海合作组织经过 17 年的发展，在政治、安全、经济、人文等领域已经建立了比较完备的合作机制。安全领域，上海合作组织以“新安全观”为核心，建立了严密高效的执法安全合作网络，在打击“三股势力”、贩毒、跨国犯罪以及保障边防稳定等方面取得了实实在在的成果，为中亚地区的长治久安和发展繁荣做出了重要贡献。上海合作组织秘书长阿利莫夫曾表示：“没有安全稳定，就不可能实现经济的持续发展。”① 可以想见，拥有健全的安全合作机制以及丰富的安全合作经验的上海合作组织，将为“一带一路”建设在中亚及南亚地区的推进发挥重要的维稳作用。

经济领域，上海合作组织经济合作法制化及机制化建设基本完成，签署了一系列经济合作的基础性文件与中长期合作纲要，建立了经贸、交通、财政、央行、农业及科技等多个部长级协调机制。同时各国将能源、基础设施、贸易投资便利化作为经济合作的重点领域，并开始进行建立上海合作组织自贸区的可研工作，这些实际上也为“一带一路”建设的顺利起步和发展奠定了坚实的基础。正因为有上海合作组织的存在，“一带一路”建设在上海合作组织覆盖区域的推进最为迅速，取得的早期成果也最多。因此，从经济合作这个角度来看，上海合作组织为“一带一路”建设提供了重要的机制与协调保障。

人文领域，上海合作组织人文合作内容极其丰富，范围从文化、教育、救灾拓展至卫生防疫、体育、旅游、媒体、环保、青年交流、文物保护等，特别是一些招牌项目，包括文化艺术节、音乐会、画展、电影节、旅游等，对增进上海合作组织各国之间的相互了解、相互理解起到重要作用，这也为“一带一路”建设在欧亚地区的顺利推进，并得到各方特别是民间的支持打下了坚实基础，进一步加强了民心相通对“一带一路”建设的路基作用。

第三，“一带一路”建设为深化上海合作组织区域经济合作注入动力。务实合作一直是上海合作组织重点合作领域。各国在经济利益需求、资源禀赋、经济体量、发展阶段等方面存在巨大差异，加之缺乏融资平台，导致上

① http://news.sina.com.cn/o/2017-06-07/doc-ifyfzaaq5517490.shtml.

海合作组织多边经济合作发展相对滞后。已提出多年的上海合作组织自由贸易区、上海合作组织开发银行建设迟迟难以取得实质性进展，也说明了推进多边经济合作制度的难度。[①] 近年，受国际经济形势的影响，各成员国经济形势不可避免受到冲击，对区域经济合作有了更多的期待。“一带一路”倡议提出后，哈萨克斯坦、乌兹别克斯坦、吉尔吉斯斯坦、塔吉克斯坦等上海合作组织成员国纷纷将本国发展战略与“一带一路”进行对接，亦直接带动了上海合作组织区域经济合作的发展。正如哈萨克斯坦总统纳扎尔巴耶夫所称，这种对接可以为建立上海合作组织自由贸易区创造良好条件。[②] 特别是“一带一路”建设优先倡导的基础设施、国际产能、贸易投资便利化以及亚洲基础设施投资银行、丝路基金等新融资机制的存在，都给上海合作组织区域经济合作注入新的动力。总之，“一带一路”建设经济职能更为健全，方式更为灵活，参与主体更加多样，资金来源更为广泛，对上海合作组织成员国区域经济合作起到不容忽视的推动作用。

二 上海合作组织与“一带一路”对接合作现状

随着“一带一路”建设深入推进，上海合作组织与“一带一路”建设的关系从原先的上海合作组织仅提供平台转变为相互对接合作。多边层面，上海合作组织各国就共建“一带一路”达成共识；双边层面，各成员国纷纷将本国发展战略同“一带一路”建设相对接，并取得一定的进展。

自 2015 年起至今，上海合作组织历届峰会发布的元首宣言以及总理会议发布的会议公报均明确提出支持“一带一路”建设。2015 年 7 月乌法峰会期间，各成员国就共建“一带一路”首次达成共识，标志着上海合作组织区域经济合作进入与“一带一路”建设融合发展的新阶段。2016 年上海合作组织峰会发表公报，对支持共建“一带一路”表述得更为详细：“成员

① 许涛：《青岛峰会后的上海合作组织：新职能、新使命与新挑战》，《俄罗斯学刊》2018 年第 6 期。

② http：//www. rmzxb. com. cn/c/2018 -06 -01/2073987. shtml.

国重申支持中华人民共和国关于建设丝绸之路经济带的倡议，将继续就落实这一倡议开展工作，将其作为创造有利条件推动区域经济合作的手段之一。”[①] 2017 年上海合作组织成员国元首理事会会议公报高度评价 2017 年 5 月在北京举行的“一带一路”国际合作高峰论坛成果，各成员国表示将共同落实论坛成果，支持在相互尊重、平等互利原则基础上促进可持续发展的各项国际、地区和国别倡议对接合作。[②] 2018 年上海合作组织青岛峰会的新闻公报中重申了哈、吉、巴、俄、塔、乌支持中国提出的“一带一路”倡议，肯定了各方为共同实施“一带一路”倡议，包括为促进“一带一路”和欧亚经济联盟对接所做的工作。[③]

对接合作助力上海合作组织区域经济合作发展。上海合作组织成员国将本国发展战略与“一带一路”建设进行对接，在助推本国经济发展的同时，也给该组织区域经济合作带来活力。2018 年，中国与上海合作组织成员国的贸易额为 2116 亿美元。中国与各成员国贸易商品结构逐渐优化，机电产品和机械设备的比重不断提高。投资与承包工程成果丰硕。截至 2018 年底，中国对上海合作组织成员国各类投资存量约为 852 亿美元，中国在上海合作组织成员国工程承包累计营业额达到 2263 亿美元。在对接合作中，中国与各成员国之间的一大批公路、电站、管线工程成为区域示范性项目，有利于上海合作组织区域内初步形成涵盖公路、铁路、油气和通信的复合型基础设施网络，进一步拉紧了成员国间的利益纽带。

（一）俄罗斯主导的欧亚经济联盟与“一带一路”实现对接合作

2015 年 5 月，中国与俄罗斯签署《关于丝绸之路经济带建设和欧亚经济联盟建设对接合作的联合声明》，宣布启动中国与欧亚经济联盟经贸合作

---

① 《上海合作组织成立十五周年塔什干宣言》，http：//www. xinhuanet. com/world/2016 – 06/25/c_ 129088765. htm。

② 《上海合作组织成员国元首阿斯塔纳宣言》，http：//news. haiwainet. cn/n/2017/0610/c3541083 – 30959572. html。

③ 《上海合作组织成员国元首理事会会议新闻公报》，https：//www. mfa. gov. cn/ce/ceka/chn/zhgx/t1469435. htm。

协定谈判。经过中俄五轮谈判、三次工作组会议和两次部长级磋商，2018年5月17日，中国与欧亚经济联盟签署了经贸合作协定，并于同年12月11日正式生效。

该经贸协定的主要内容涉及海关合作、贸易便利化、知识产权、电子商务、部门合作以及政府采购等议题。其中，政府采购、知识产权、质检方面合作取得突破，扩大了彼此相互市场准入。此举主要目标是进一步减少中国与联盟成员国非关税贸易壁垒，提高贸易便利化水平，为双边经贸合作提供制度性保障，以项目带动转入制度引领，对于推动“一带一路”建设与欧亚经济联盟建设对接合作具有里程碑意义，为今后升级建设自贸区打下基础。在“一带一路”建设与欧亚经济联盟对接合作的引领下，中俄经贸合作也取得重要进展。

一是双边贸易取得巨大成绩。中国继续保持俄罗斯第一大贸易伙伴国的地位。2018年，中俄双边贸易额达到1070.6亿美元，同比增长27.1%，首次突破1000亿美元，创历史新高。① 双边贸易结构持续优化，中俄机电和高新技术产品贸易额同比分别增长15%和29%，农产品贸易额增长31%，双方还积极打造电子商务、服务贸易等新的贸易增长点。② 在第四届东方经济论坛上，普京总统还特别提到阿里巴巴与俄三巨头成立合资公司的事宜，强调此举是俄中深化“一带一路”建设和欧亚经济联盟建设对接合作的高效成果。③

二是战略性大项目合作成效显著。中俄原油管道复线建成并已启动供油，东线天然气管道正加快建设，首个装载亚马尔液化天然气的船只已通过北极东北航道运抵中国。联合研制远程宽体客机项目合资公司启动运营，研制工作进入了实质阶段，联合研制重型直升机项目合作顺利推进。

---

① 《海关总署：中国2018年进出口总值逾30万亿美元》，https://baijiahao.baidu.com/s?id=1623231045713038209&wfr=spider&for=pc。

② 《商务部就中美在京举行经贸问题副部级磋商等答问》，http://www.gov.cn/xinwen/2019-01/10/content_5356819.htm。

③ 《驻俄罗斯大使李辉接受俄RBC电视台采访》，https://www.fmprc.gov.cn/web/dszlsjt_673036/ds_673038/t1610467.shtml。

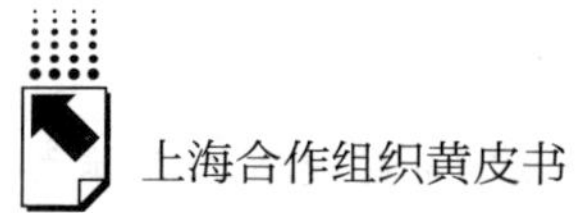

三是地方合作继续走深走实。双方以地方合作交流年为契机，签署了《中俄远东地区合作发展规划（2018～2024年）》和《中国东北和俄远东及贝加尔地区农业发展规划》，为两国在远东地区进一步合作指明了方向。同江铁路大桥、黑河公路桥建设总体进展顺利，将进一步助力中国东北与俄远东地区的合作；中俄地区合作发展投资基金正式成立，将为双边合作项目提供融资支持。

（二）哈萨克斯坦“光明之路”新经济政策与“一带一路”建设的对接合作

2016年9月，中哈两国签署《丝绸之路经济带建设与“光明之路”新经济政策对接合作规划》。近来，“一带一路”建设与“光明之路”新经济政策对接方面取得了重大进展。中国是哈萨克斯坦第二大贸易伙伴，2018年，中哈贸易额为198.85亿美元，同比增长10.1%。[①] 中国也是哈第四大投资来源国。截至2018年6月底，累计对哈投资超过290.1亿美元。[②] 双方产能合作快速推进，达成了总额为270亿美元的51个重点合作项目清单，成立了20亿美元的产能合作基金。截至2018年底，已有3个项目竣工投产，同时总金额近120亿美元的17个产能合作项目已经或即将启动，为哈国当地提供了2万个新的工作岗位。2018年，中国过境哈的中欧货运班列已达2792列，同比增长31.72%，完成货运量123.16万吨，同比增长48.78%[③]。2018年中哈霍尔果斯国际边境合作中心游客人数达到122.2万人次，较上年增长8%。[④]

---

① 《中国海关：2018年12月进出口商品国别总值表》，http：//www.customs.gov.cn/customs/302249/302274/302276/2278978/index.html。

② 《截至2018年6月底中国对哈萨克斯坦累计投资290.1亿美元》，全球经济数据网，http：//www.qqjjsj.com/show101a28906。

③ 《2018年过境哈萨克斯坦的中欧班列开行近3000列》，http：//lenta.inform.kz/cn/2018－3000_ a3486723。

④ 《2018年中哈霍尔果斯国际边境合作中心游客人数增长8%》，http：//kz.mofcom.gov.cn/article/jmxw/201901/20190102825443.shtml。

（三）乌兹别克斯坦行动战略与“一带一路”建设对接合作

2015 年 6 月，乌兹别克斯坦与中国签署了《关于在落实建设丝绸之路经济带倡议框架下扩大互利经贸合作的议定书》。2017 年，乌国颁布《乌兹别克斯坦五个优先发展方向：2017～2021 年行动战略》，主要内容和规划方向与中国的“一带一路”倡议高度契合，为中乌共建“一带一路”带来新机遇。截至 2018 年底，中国是乌国第一大贸易伙伴。2018 年，双方贸易额达 62.67 亿美元，同比增长 48.5%，创历史新高。[①] 中国还是乌兹别克斯坦第一大投资来源国、第一大棉花出口目的国、第一大电信设备和土壤改良设备供应国。双方合作实施的天然气管道、工业园、碱厂、轮胎厂、钾肥厂、铁路隧道等标志性项目，都获得了良好的经济和社会效应。“安格连—帕普”铁路隧道使乌国费尔干纳盆地 1000 万民众摆脱交通困境，鹏盛工业园是中国民营企业在乌投资建立的首个中乌合资工业园区，该园区现已入驻 10 余家企业，为当地创造了 1300 多个就业岗位，提供了 20% 的税收。

（四）吉尔吉斯斯坦稳定发展战略与“一带一路”建设对接合作

吉尔吉斯斯坦通过 2012 年颁布的《吉尔吉斯斯坦 2013～2017 年稳定发展战略》与“一带一路”建设对接合作。在此背景下，中吉经贸合作蓬勃发展。

一是贸易、投资规模不断扩大。中国是吉尔吉斯斯坦第一大贸易伙伴和第一大投资来源国。2018 年，中吉双边贸易额为 56.11 亿美元，[②] 与 1992 年建交时的 3548 万美元相比，增长超过 157 倍。中国对吉尔吉斯斯坦累计直接投资已达到 38.6 亿美元。

二是互联互通取得早期收获。伊塞克湖环湖路比什凯克至巴雷克奇路

① 《中国海关：2018 年 12 月进出口商品国别总值表》，http：//www.customs.gov.cn/customs/302249/302274/302276/2278978/index.html。

② 《中国海关：2018 年 12 月进出口商品国别总值表》，http：//www.customs.gov.cn/customs/302249/302274/302276/2278978/index.html。

段、北南公路及中吉乌国际公路的通车等，大大节约了交通运输成本，盘活了整个区域经济。2017 年 12 月，吉国公布 2018 ~ 2040 年可持续发展战略第一阶段（2018 ~ 2023 年）规划，计划实施 89 个项目，重点领域就是交通基础设施，这为与“一带一路”建设持续开展对接合作注入动力。

（五）塔吉克斯坦国家发展战略与“一带一路”建设对接合作

《塔吉克斯坦共和国至 2030 年国家发展战略》与“一带一路”建设对接合作取得一定的进展。特别是互联互通建设，艾尼—彭基肯特高速公路、瓦亚铁路项目、中塔公路、塔乌公路、哈特隆隧道、亚湾—瓦赫达特铁路隧道、连接南北的 500 千伏输变电线路等基础设施的成功修建，不仅有力地改善了塔吉克斯坦基础设施落后状况，而且进一步加快了中国与中亚地区的互联互通。截至 2018 年底，中国是塔国第二大贸易伙伴和最大投资来源国。2018 年，中塔贸易额为 15.04 亿美元，同比增长 3.5%。[①] 截至 2018 年 6 月，中国对塔各类累计投资近 20 亿美元，占塔吸引外资总额的约 30%。[②] 在塔注册的中资企业已达 400 余家，为当地创造了大量的税收和就业岗位，为推动两国经贸务实合作发挥了积极作用。如塔中矿业 2017 年产值达 3.54 亿美元，占塔全国工业产值的 15.1% 和 GDP 的 5%，纳税 7300 万美元，是塔国内最大矿企和纳税机构，为当地民众提供了 3100 人次的就业岗位。[③] 由新疆中泰集团和新疆生产建设兵团共同投资的中泰农业纺织产业园一期成功运营。2017 年公司累计销售纱线 7186.6 吨，完成销售额 2144.3 万美元，[④] 解决当地 700 余人就业，助推塔国的纺织工业取得跨越式发展，为塔实现由农工业国向工农业国转变的战略目标做出重大贡献。

---

① 《中国海关：2018 年 12 月进出口商品国别总值表》，http://www.customs.gov.cn/customs/302249/302274/302276/2278978/index.html。

② 《聚焦上合总理会，谱写中塔合作新篇章》，中国政府网，2018 年 10 月 12 日，http://www.gov.cn/xinwen/2018-10/12/content_5330102.htm。

③ 《中塔经贸合作行稳致远》，http://mini.eastday.com/bdmip/181012000910709.html。

④ 《中国 20 亿美元投资中亚最大纺织产业园》，https://www.sohu.com/a/230431901_418233。

（六）巴基斯坦与中国共建中巴经济走廊

中巴经济走廊将中国的新疆与巴基斯坦的瓜达尔港连接起来，是“一带一路”南部的重要节点。走廊于2013年启动建设，以交通基础设施、瓜达尔港、产业、能源为四大重点合作领域，均取得显著成果。在能源电力领域，15个早期收获项目中已有6个建成完工，为巴基斯坦新增了3140兆瓦的发电能力，极大缓解了巴电力短缺问题。[①] 在基础设施领域，喀喇昆仑公路二期改扩建工程以及拉卡公路木苏段的施工作业将在2019年实现提前竣工；瓜达尔东湾快速路也进入全面施工阶段，有望在2020年完工，实现瓜达尔港与巴国家公路网的直接联通。瓜达尔港方面，港口基础设施进一步完善，其航运功能显著提升，靠港货船频度大增。2018年成功举办了第一届瓜达尔博览会，更标志着瓜达尔作为航运和商业枢纽已具雏形。[②] 总之，中巴经济走廊建设带动巴基斯坦经济每年增长1%～2%，给巴国创造了7万个就业机会，极大造福了当地人民。[③]

三　上海合作组织与“一带一路”平台建设面临的挑战

虽然上海合作组织与“一带一路”平台建设与对接合作“天时、地利、人和”，但在实践过程中仍面临一系列障碍，影响两者的协同发展，主要有如下几点。

第一，上海合作组织缺乏融资机制。金融合作是推动上海合作组织区域经济一体化的重要推手和后盾。通过密切的金融合作，可促进上海合作组织成员国的重大基础设施建设、产业发展和经济结构转型。上海合作组织成立

① 《中巴经济走廊行稳致远》，今日中国网站，http：//www. chinatoday. com. cn/zw2018/sp/201809/t20180905_ 800140684. html。

② 《中巴经济走廊行稳致远》，今日中国网站，http：//www. chinatoday. com. cn/zw2018/sp/201809/t20180905_ 800140684. html。

③ 《中国和巴基斯坦将加强中巴经济走廊建设》，俄罗斯卫星通讯社，http：//sputniknews. cn/opinion/201809101026316906/。

18 年来，金融合作逐渐加强，包括建立了财长和央行行长会晤机制，设立上海合作组织银联体作为组织金融合作的主要平台。但是从多年发展来看，上海合作组织银联体并未真正发挥对项目融资的作用，它实际上是一个松散的机构而并非一个实体。虽然部分成员国曾提出要建立上海合作组织开发银行、上海合作组织发展基金（专门账户）等融资机制，但由于中俄对于上海合作组织定位不同，特别是俄罗斯担心建立上海合作组织开发银行会冲击其主导的欧亚开发银行，对上述两类融资机制反应冷淡，二者一直处于设想之中。上海合作组织缺乏融资机制，融资渠道狭窄，不仅不能满足成员国日益增长的投资需求，也限制上海合作组织与“一带一路”建设的对接合作进程，包括“一带一路”建设与欧亚经济联盟的对接。

第二，贸易便利化滞后阻碍上海合作组织与“一带一路”的协同发展。相比于上海合作组织其他合作领域，经济合作发展相对滞后。其主要原因还在于各国海关程序、标准一致化、营商环境、市场准入度等方面仍存在着各种各样的壁垒。[①] 比如，在标准一致化方面，俄罗斯、中亚国家基本继承苏联标准，与中国技术标准存在明显差异。在营商环境方面，大部分成员国经过一系列改革，营商环境不佳的状况得到一定的改善，在世界 190 个国家中的排名大幅提升，大部分成员国排到了 50 名之前，但在纳税、获得信贷、跨境贸易等关键性指标方面排名靠后（见表 1），且在实际情况中，大部分成员国公共服务体系滞后，职能部门效率低，权力寻租和官僚腐败等问题依然突出，极大影响投资合作的开展。此外，上海合作组织各成员国经济实力和发展水平不齐，利益诉求不同，加之该组织采取协商一致的原则，导致上海合作组织多边经贸合作项目难以开展，建立上海合作组织自贸区问题更是久拖不决，上述因素造成上海合作组织成员国发展战略与“一带一路”建设对接合作进展缓慢，上海合作组织与“一带一路”建设互为平台的作用未得到充分发挥，双方未能实现协同发展。

---

① 龚新蜀、刘庆岩：《上海合作组织框架下经济合作制约因素及原因分析》，《重庆工商大学学报》2009 年第 26 卷第 3 期。

表 1　上海合作组织成员国营商环境指标排名

国家＼排名	综合	开办企业	办理施工许可证	获得电力	登记财产	获得信贷	保护中小投资者	纳税	跨境贸易	执行合同	办理破产
中国	46	28	121	14	27	73	64	114	65	6	61
俄罗斯	31	32	48	12	12	22	57	53	99	18	55
哈萨克斯坦	28	36	35	76	18	60	1	56	102	4	37
乌兹别克斯坦	76	12	134	35	71	60	64	64	165	41	91
吉尔吉斯斯坦	70	35	29	164	8	32	38	150	70	131	82
塔吉克斯坦	126	60	135	173	91	124	38	136	148	61	146
印度	77	137	52	24	166	22	7	121	80	163	108
巴基斯坦	136	130	168	167	161	112	26	173	142	136	53

资料来源：世界银行：《2019 年营商环境报告》，http：//chinese. doingbusiness. org/content/dam/doingBusiness/media/Annual – Reports/English/DB2019 – report_ web – version. pdf。

第三，上海合作组织内部对“一带一路”建设的立场并不完全一致。迄今为止，上海合作组织与“一带一路”建设的对接合作是以该组织成员国与中国之间双边展开，而不是以上海合作组织为平台的多边合作，也不存在具体的方案和项目。虽然上海合作组织大部分成员国对“一带一路”倡议表示坚定支持，但亦有个别国家仍存疑虑。比如，印度从地缘政治和国内政治的角度出发，对中国提出的“一带一路”倡议持保留态度，不愿以成员国的身份支持和参与“一带一路”建设，将有可能对上海合作组织与“一带一路”平台建设进程产生一定影响。

俄罗斯是上海合作组织主导大国之一，也是“一带一路”沿线重要国家。俄罗斯对“一带一路”和上海合作组织的核心地区——中亚地区拥有传统影响力，是影响“一带一路”建设与上海合作组织合作的重要因素之一。由于乌克兰危机引发俄罗斯内外环境恶化，俄对“一带一路”的态度由疑虑到支持，其主导的欧亚经济联盟与中国签署了欧亚经济联盟与“一带一路”对接经贸合作协定，开启“一带一路”建设与欧亚经济联盟对接进程。上海合作组织则是“一带一路”建设与欧亚经济联盟对接的重要平台。从目前来看，俄罗斯对这个设定持正面积极态度。但毋庸置疑的是，欧亚经济联盟与上海合作组织之间合作与竞争并存。俄罗斯重欧亚经济联盟，轻上海合作组织经济合作，将导致后者平台作用发挥有限。此外，俄罗斯主导的欧亚经济联盟与“一带一路”建设的对接更多限于双边，该联盟出于其对内部市场的保护，并不愿与中国建设自由贸易区，这也是“一带一路”建设与欧亚经济联盟深入对接所面临的最主要障碍之一。

四　上海合作组织与“一带一路”平台建设的路径选择

当前，上海合作组织与“一带一路”建设都处于新的历史发展节点。2017 年上海合作组织成功实现扩员，迎来了八个成员国的新时代，2018 年青岛峰会则为上海合作组织下一阶段健康发展指明了方向。而“一带一路”建设经过 5 年的发展，也到了承前启后的新阶段。上海合作组织与“一带一路”建设应充分发挥各自优势，进一步优化功能与定位，推动双方在新发展阶段互相促进、联动发展。

第一，巩固和强化上海合作组织政治互信。印、巴正式加入上海合作组织后，创始成员国 17 年来所建立的政治互信水平与合作默契程度客观上有所下降。同时印巴、中印之间的矛盾与纠纷也将对上海合作组织成员国的凝聚力和整合力产生影响，各国“协商一致”难度进一步加大，不利于上海合作组织发挥“一带一路”建设平台的作用。2018 年 6 月 10 日，习近平主席在青岛峰会大范围会谈上，号召各成员国尊重各自发展道路，兼顾彼此核心利益和重大关切，通过换位思考增进相互理解，通过求同存异促进和睦团结，不断增强组织的凝聚力和向心力。在这一倡议指引下，上海合作组织在新历史时期应继续坚定不移弘扬“上海精神”，提升元首会晤机制作用，巩固和扩大成员国各个层级之间的对话、协商和沟通，促进有效的政治互信。同时对内部现有运行机制和法律基础做出调整，比如修改完善《上海合作组织宪章》《上海合作组织睦邻友好合作条约》等基础法律文本，使之更切合时代特征，提高其权威性，让新成员国尽快适应自己在上海合作组织中的角色。上海合作组织成员国之间加强政治互信，可为“一带一路”政策沟通顺利进行提供重要保障。

第二，以新安全观指导和创新下一阶段上海合作组织安全合作。若没有安全保障，“一带一路”建设就不能持续地向前发展和推进。当前，上海合作组织所在区域安全威胁与政治社会危机相互交织、复合发酵，对“一带一路”在该地区的建设亦带来极大安全风险。2018 年，上海合作组织青岛峰会就如何应对该地区面临的主要四大威胁（恐怖主义、毒品犯罪、跨国有组织犯罪、信息安全）制定了新的举措。在此背景下，未来一段时期，上海合作组织安全合作重点应包括：（1）加强新安全观在各成员国中的宣示，提高其对新安全观的认识水平，并能付诸实践；（2）落实峰会批准的《上海合作组织成员国打击恐怖主义、分裂主义和极端主义 2019～2021 年合作纲要》《2018～2023 年上海合作组织成员国禁毒战略》，推动《上海合作组织反极端主义公约》尽快生效；（3）以上海合作组织地区反恐机构为依托，进一步深化成员国在打击宗教极端势力、跨国犯罪，预防地区冲突，生态环境保护和非法移民管理等方面的沟通与合作；（4）建立保护合作项目安全的有效机制，实现安全与发展的良性互动。

第三，继续推进上海合作组织框架下区域贸易投资便利化与金融合作。上海合作组织贸易便利化工作组应积极开展工作，加快商签《上海合作组织贸易便利化协定》。在积极落实世贸组织《贸易便利化协议》的基础上，多制定一些海关通关、检验检疫、物流运输、标准认证、支付结算等便利化措施，这不仅有利于整个区域经济发展，也便于“一带一路”建设在该地区深入持续地推进。另外，还要加快金融务实合作。在进一步发挥上海合作组织银联体、亚洲基础设施投资银行、丝路基金、中国—欧亚经济合作基金等本地区现有多边银行和金融机构作用的同时，持之以恒地推动建立上海合作开发银行和专门账户等上海合作组织自己的融资机制，尽快实现多边项目零的突破，使上海合作组织与“一带一路”平台建设更进一步。

第四，提升上海合作组织人文合作水平，力促民心更为相通。近 5 年来，“一带一路”建设在民心相通领域取得了不俗的成绩，但是由于文化传统不同、发展诉求各异、国家间交往水平不同，对“一带一路”建设的误解、怀疑、分歧在欧亚地区并未完全消失，“经济扩张论”“生态破坏论”“黄祸论”等种种反华论调仍有市场。搞好民心相通工作是“一带一路”建设稳步推进的重要保障，也可借助上海合作组织这个平台。人文合作是上海合作组织发展的第三支柱，未来，应继续开发上海合作组织人文合作的新模式，除了继续互办文化年、语言年、旅游年、艺术节等，还要进一步加强民间交往，重点推动教育培养（语言教育、学历教育、职业教育），青年人才交流和媒体合作，让人文交流更加接地气，在潜移默化中增进各国彼此的互信和了解，也有利于在“一带一路”沿线国家民众中形成一个相互欣赏、相互理解、相互尊重的人文格局。①

第五，加快推动“一带一路”建设与上海合作组织成员国发展战略之间的对接合作。当前，除了“一带一路”建设与哈萨克斯坦“光明之路”新经济政策对接进展比较快以外，其他对接合作进展相对滞后，这实际上对整个区域经济发展不利。应结合各国实际需求，加强重点领域合作。如在欧亚经济联盟与“一带一路”对接方面，除尽快对接国际贸易投资规则外，还宜加强在投资金融、产能、交通基础设施、旅游、跨境电商等优先领域的合作，以点带面，促使两者对接合作取得实际成果，也间接地带动上海合作组织经济合作进入“快车道”。

① 《习近平在中共中央政治局第三十一次集体学习时强调：借鉴历史经验，创新合作理念，让“一带一路”建设推动各国共同发展》，http：//tv. cctv. com/2016/04/30/VIDEleGx9RXdYjp0bygeRyIh160430. shtml。

Y.6
俄罗斯对上海合作组织的认知

庞大鹏*

摘　要： 由于国内外形势的变化，俄罗斯对上海合作组织的设想、定位、发展前景等问题的认知在不同时期有很大的变化。上海合作组织成立后，经历了“9·11”事件、伊拉克战争、独联体地区的“颜色革命”、俄格冲突、金融危机、乌克兰危机等重要国际政治事件，这些事件对于俄罗斯的国际观和国家利益观都产生了深刻影响。在治国理政观念发展变化的同时，俄罗斯对上海合作组织的认知也经历了从关注上合组织外部影响到兼顾上合组织内部建设的过程，进而经历了从上合组织是变化的世界秩序中地缘政治新主体的看法到上合组织应作为大欧亚新共同体中心力量的定位变化。研究俄罗斯与上海合作组织的关系，也需要从中国发展的全局以及中国外交的总体要求着眼，才能更好地观察上合组织的发展，更好地理解俄罗斯对上海合作组织的认知。

关键词： 俄罗斯　上海合作组织　国际形势　国家利益　“一带一路”

2001年6月15日，上海合作组织成立。这是21世纪初国际关系中的大事。以《上海合作组织宪章》《上海合作组织成员国长期睦邻友好合作条约》为遵循，上合组织构建不结盟、不对抗、不针对第三方的建设性伙伴

---

* 庞大鹏，中国社会科学院俄罗斯东欧中亚研究所俄罗斯研究中心主任，研究员。

关系。这是国际关系理论和实践的重大创新，开创了区域合作新模式，为地区和平与发展做出新贡献。上海合作组织已经是世界上面积最广、人口最多的综合性区域合作组织，成员国的经济和人口总量分别约占全球的20%和40%。上海合作组织拥有四个观察员国、六个对话伙伴，并同联合国等国际和地区组织建立了广泛的合作关系，国际影响力不断提升，已经成为促进世界和平与发展、维护国际公平正义不可忽视的重要力量。①

上海合作组织是我国与邻国探索建立新型安全模式、新型国家关系和新型区域合作模式的产物。上海合作组织是新时代中国特色大国外交的重要组成部分。“上海精神”是新时代中国特色大国外交理念的鲜明体现。“上海精神”在新时代与时俱进。2018年青岛峰会后，在“上海精神”的发展观、安全观、合作观、文明观和全球治理观的指引下，上海合作组织开启发展新征程。

那么，俄罗斯是如何认识由中国倡导建立并伴随中国改革开放和社会主义现代化建设而成长的上海合作组织？这种认知有没有发展变化？本文拟就该问题进行探讨。

一 “9·11”事件后，俄罗斯对上海合作组织的最初设想

2001年6月上海合作组织成立不久，“9·11”事件爆发。“9·11”事件之前，俄罗斯对在“上海五国”机制下达成的双边军事监督和边境纵深透明的制度协定感到满意，因此响应了中国成立上合组织的倡议。俄罗斯认可成立上合组织的动机是显而易见的：需要一个打击宗教极端主义、维护地区稳定的组织；上合组织可以对车臣和其他极端主义挑战做出相应回答。但是“9·11”事件后，局势发生了变化。

“9·11”事件后，美国在乌兹别克斯坦、吉尔吉斯斯坦和塔吉克斯坦

① 《习近平在上海合作组织成员国元首理事会第十八次会议上的讲话》，http://www.xinhuanet.com/world/2018-06/10/c_1122964013.htm。

建立军事基地。在俄罗斯看来，上合组织本来应当谴责车臣恐怖主义，但车臣恐怖主义在“9·11”事件后已由俄罗斯的内部问题变成国际问题。而在加入上合组织的中亚国家看来，“9·11”事件后的局势表明，美国迅速和有效地打击宗教激进主义和恐怖主义的斗争比上合组织单纯发表相关声明更为有力。

不仅如此，由于普京执政之初奉行战略收缩政策，致力于改善俄美关系。“9·11”事件后，北约组织和俄罗斯关系迅速升温。经过一系列外交活动，2002年5月28日，普京总统与北约成员国领导人签署《罗马宣言》，正式成立“北约—俄罗斯理事会”。

在这种国际形势背景下，针对布什提出的“邪恶轴心”论，普京提出“稳定弧”概念，上合组织被俄罗斯视为地缘政治的工具。2002年4月19日，普京在与冰岛总统会晤后的新闻记者招待会上谈到俄罗斯与北约关系时，正式提出“稳定弧”思想①。2002年6月5日，普京在接受《人民日报》记者采访时再次明确解释了“稳定弧”的含义。②

普京认为，“稳定弧”由三部分组成：西部是北约，东部是中国占主导地位的上海合作组织，中部是由独联体六个国家建立的集体安全条约组织。普京标出“稳定弧”的地理轮廓：北约国家、俄罗斯、中亚国家和中国。“稳定弧”设想可能成为既证明集体安全条约组织有必要存在，又不让东西方之间发生新的对抗的第三条路。普京认为，俄罗斯和北约建立起来的“20国”合作机制及俄罗斯同亚洲国家的合作能够建立起从大西洋延伸到太平洋、以俄罗斯南部为中腰的世界“稳定弧”。普京选择“弧”这个术语绝非偶然，布什在阐述国际安全问题时提出了“邪恶轴心”概念，“弧”就是

① Заявление для прессы и ответы на вопросы журналистов по итогам российско-исландских переговоров，19 апреля 2002 года，http：//www. kremlin. ru/events/president/transcripts/21570.

② Интервью китайской газете «Жэньминь Жибао»，5 июня 2002 года，http：//www. kremlin. ru/events/president/transcripts/21624.

解决这个问题的一个方案。[①]

这一时期，俄罗斯对于上合组织的认知鲜明地体现在俄罗斯国内对上海合作组织的前景存在两种设想。第一种，使该组织转变为包括中、印在内的“新华约”来抵制北约和西方。但是这与普京的“稳定弧”主张相悖，普京这一时期的政策是俄罗斯力求同北约融为一体，美俄接近，并签署削减进攻性战略武器的条约，而且中、印两国也都不想加入反西方联盟，因为它们都需要西方。第二种，是在上海合作组织基础上建立另一种组织，根据地区化主张同西方机构融为一体，由广泛的观察员身份的国家和参加国所组成。这种方案明确体现出俄罗斯的利益，因为较开放的组织形式有助于俄罗斯在建立欧亚安全体系中起关键作用。该方案同时还可带来战术性好处，使上海合作组织作为一个组织更积极地参与阿富汗和平进程，在同盟友机构紧密接触的情况下，免遭宗教极端主义的威胁。它还有利于消除一个微妙的问题，即谁可以或谁不可以成为这个组织的新成员。[②]

从俄罗斯对于上合组织的举措看，俄罗斯从一开始就积极推动第二设想，即推动上合组织扩员，并将上合组织视为实现俄罗斯国家利益的重要地缘政治平台。2002 年 6 月 7 日，第二届上海合作组织峰会在俄罗斯的圣彼得堡举行。这次峰会六国元首签署了《上海合作组织宪章》。对经历了“9·11”事件后国际形势变化的上海合作组织来说，签署组织宪章具有定航指引的含义。在谈到签署基本文件问题时，普京表示，这不仅对亚洲来说，而且对世界来说都是重要事件。[③] 在俄罗斯看来，组织宪章在一定意义上改变了上合组织的职能性质。上海合作组织的前身——“上海五国”机制是为了解决复杂的边界和军事问题，随后扩展到应对宗教极端主义和分立主义。边界军事问题和“三股势力”问题出现在苏联解体后，这种战略真

① Андрей Миловзоров, Согнем ось зла в дугу стабильности! 27 май 2002 года, https: //utro. ru/amp/articles/2002/05/27/79962. shtml.

② Сергей Лузянин, “Шанхайская шестерка” уже никого не устраивает, http: //www. ng. ru/world/2002 – 06 – 06/7_ shanhai. html? id_ user = Y.

③ Владимир Путин принял участие в саммите Шанхайской организации сотрудничества, 7 июня 2002 года, http: //www. kremlin. ru/events/president/news/27109.

空对中国、俄罗斯和中亚都构成威胁，上合组织成立的共同动力强劲。但是，阿富汗塔利班政权在“9·11”事件后垮台和有美军驻扎的中亚国家开始直接与美国发展关系，对上海合作组织既有的功能设计产生了一定影响。

俄罗斯遵循第二种上合组织的发展设想，根据具体变化的国际形势要求和自身外交政策需求的变化，在圣彼得堡峰会上积极推动组织宪章和元首宣言通过，将被外界视为具有抗衡美国色彩的上合组织定位为“不针对个别国家或国家集团”的开放性联盟。不仅如此，遵循第二种设想的原则，俄罗斯公开宣称上海合作组织是亚洲多边合作的基石。① 同时，圣彼得堡峰会发表的元首宣言强调，该组织的合作中心已从安全问题转移到了经济问题上，认为上海合作组织未来工作的另一个有发展前途的领域是经济合作。能源、管道、自然资源利用和水资源等合作是上合组织总理会晤机制讨论的主要内容，为今后地区合作奠定物质基础。至此，上海合作组织发展的“两个轮子”——安全合作与经济合作，初具雏形。

二　伊拉克战争后，俄罗斯对上海合作组织面临问题的看法

国际组织的成长和发展与国际形势的变化密切相关。2002 年 9 月 20 日，布什政府公布了《美国国家安全战略报告》，放弃了在冷战时期的威慑和遏制战略，转而采取了所谓“先发制人”的战略。美国认为，《不扩散核武器条约》未能防止伊拉克取得大规模杀伤性武器。美国的这一判断具有三个意义：其一，正式明确了下一个军事打击目标就是伊拉克；其二，明确了美国军事打击伊拉克的战略思想基础；其三，对大规模杀伤性武器的核查问题成为战前的关键问题。伊拉克时间 2003 年 3 月 20 日晨 5 时 30 分左右，美英联军发动了所谓“斩首行动”，向伊拉克首都巴格达萨达姆总统住所等

① Дмитрий Косырев, Шанхайская организация сотрудничества-фундамент для многостороннего сотрудничества в Азии, 7 июня 2002 года, https: //ria. ru/20020607/169304. html.

目标发射了40多枚巡航导弹，伊拉克战争爆发。

战前，俄罗斯在联合国内外进行了反战游说。俄罗斯一直主张应在联合国范围内寻求尽快政治解决伊拉克问题，反对美国单方面使用武力推翻萨达姆政权。2003年3月17日，普京表示，俄罗斯反对美国等国对伊拉克动武，俄罗斯在伊拉克问题上的立场是明确、坚定的，那就是通过和平的方式解决。俄罗斯还和法国、德国在联合国安理会展开斡旋，组成三国反战联盟。三国的态度在很大程度上源于对经济现实和国家利益的考虑。[①] 俄罗斯在伊拉克的经济利益与普京执政之初外交实用主义的经济需求基本吻合。[②]

美国不顾国际社会多数国家的强烈反对，绕开联合国安理会对伊拉克发动了“先发制人”的军事行动。美国的这一行径违背了《联合国宪章》和国际法基本准则，是对联合国权威的严重挑战，并且破坏了冷战结束后所确立的国际安全体系和以主权国家为基础的国际政治体系，严重危及其他主权国家的安全利益。这些对正在寻求借助联合国权威整合外交资源的俄罗斯来说，无异于迎头一击。换句话说，伊拉克战争反映了美国强调本国主权的政治风格，也反映了俄美价值取向上的分歧。究竟用战争还是用和平手段解决伊拉克问题，已经不再是战术问题，而是选择何种战略的问题。[③]

伊拉克战争对俄罗斯认识上海合作组织的定位和前景产生了重要影响。俄罗斯学者认为，伊拉克战争暴露出上海合作组织成员国对外政策的不一致。俄罗斯和中国绝对反对战争；塔吉克斯坦、哈萨克斯坦、吉尔吉斯斯坦在“维持国际法框架内”持中立立场；乌兹别克斯坦则表示无条件地支持美国的军事行动。在伊拉克战争之后，俄罗斯、中国和塔吉克斯坦都最终批准了《上海合作组织宪章》，而乌兹别克斯坦、吉尔吉斯斯坦和哈萨克斯坦暂未批准。

俄罗斯认为，伊拉克战争还暴露出上海合作组织的发展存在一系列尖锐

---

① F. Bowers, Driving forces in war - wary nations, *The Christlan Science Monitor*, February 25, 2003.

② D. G. Victor and N. M. Victor, Axis of Oil? *Foreign Affairs*, March-April, 2003.

③ Л. Шевцова, Россия между Америкой и Европой, Московские новости, №. 7, 2003г.

的问题，包括未来的成员国名单、发展战略和乌兹别克斯坦的特殊立场，这些问题的解决将决定该组织的命运。在俄罗斯看来，可能成为新成员的国家非常多，有印度、巴基斯坦、伊朗、蒙古国、韩国和土库曼斯坦。因为上海合作组织缺少一系列加入机制的章程性文件，巴基斯坦和印度的正式申请被拒绝。俄罗斯认为这是上合组织的战略定向问题，上合组织面临选择：要么让它成为一个开放的自由组织，要么依然保留半封闭的俄中模式。俄罗斯认为，上合组织的发展战略是同独联体集体安全条约组织在反对恐怖主义、极端主义、毒品走私以及在中亚建立与北约相似的军事政治组织方面接近。上海合作组织是否会成为中亚国家之间矛盾和冲突的调解者也是一个有争议的问题。乌兹别克斯坦、哈萨克斯坦、塔吉克斯坦、吉尔吉斯斯坦四国在政治、经济、边界划定和资源分配上积累着大量的潜在冲突，而乌兹别克斯坦和哈萨克斯坦激烈争夺地区领袖地位，加剧了潜在冲突。上合组织还需要解决乌兹别克斯坦问题。乌兹别克斯坦没有出席上合组织 2013 年 4 月在阿拉木图举行的外交部长会议。乌兹别克斯坦不是独联体集体安全条约组织和欧亚经济共同体成员国。①

三　“颜色革命”后，俄罗斯对上海合作组织内部协作的需求

2005 年 7 月，俄罗斯总统上海合作组织事务特别代表沃罗比约夫在接受采访时认为，上合组织的工作重点首先是完善法律章程，其次是草拟经济合作方案。对于在吉尔吉斯斯坦发生的“郁金香革命”和乌兹别克斯坦发生的“安集延骚乱”中上合组织没有发挥出巨大作用，沃罗比约夫认为可以理解。他认为决定上合组织能力空间的是客观现实。上合组织并非军事政治联盟，亦非经济集团，无力解决众多难题。上合组织成员国具有不同的历

① Сергей Лузянин，На пути к“азиатскому НАТО”，http：//www. ng. ru/dipkurer/2003 – 05 – 26/10_ shos. html.

史命运、迥异的发展潜力及物质和智力资源。组织内部奉行协商原则，唯有各方同意，决议方能通过。经验证明，上合组织内部是可以达成一致的，包括对一系列复杂问题。

对于中国提出的上合组织自由贸易区的建议，沃罗比约夫认为，上合组织并未将成立自由贸易区作为工作目标。在本组织的长期纲领中提到，经济合作的目的是为内部资源、资本和人员的自由流动创造有利条件。这是相当复杂的问题，因为成员国身处不同的经济组织之中。中国与吉尔吉斯斯坦已加入世贸组织，该地区还有欧亚经济共同体和独联体的经济合作机构，不久前还成立了中亚合作组织。因此，俄罗斯认为上合组织自由贸易区的建议暂时不具有现实性。①

俄罗斯对上海合作组织内部协作的需求，与独联体地区 2005 年前后爆发的“颜色革命”密切相关。2005 年，俄罗斯反对派借助社会福利货币化改革给社会和民众带来的不满情绪以及独联体地区不断爆发“颜色革命”的势头，在西方势力支持下，挑动民众进行街头抗议活动，以扩大政治影响，甚至改变俄罗斯的政治发展方向。俄罗斯政治领域存在的这种不确定性，促使普京政权从 2005 年开始逐步采取既立足俄罗斯政治实际又面向俄罗斯未来发展的一系列卓有成效的举措，从制度和机制的各个层面，确保俄罗斯政治体系的稳固。正是基于上述国内政治的需要，俄罗斯对上海合作组织内部沟通与协作的需求显著增强。

俄罗斯对于加强上合组织内部的协作有具体的设想。俄罗斯认为，上合组织框架内的合作应当也势必扩大。重要的是，不要单纯追求数量，有必要列出若干优先领域，集中力量发展。上合组织内部各成员国经济实力和国际地位已经发生明显分化，各成员国在组织内部的地位出现了以下三大层次：影响力最大的是中国和俄罗斯；影响力居中的是哈萨克斯坦和乌兹别克斯坦两个地区大国；影响力居末位的是吉尔吉斯斯坦和塔吉克斯坦。可以将乌兹

---

① Александр Ломанов, «ШОС еще находится в младенческом возрасте», http：//www. vremya. ru/2005/118/5/128948. html.

别克斯坦和哈萨克斯坦单列出来，让它们负责维护中亚地区的安全与稳定。而俄罗斯和中国作为该组织的主要国家，由于其地缘政治和经济地位，应该负责上合组织总战略路线的制定以及与世界其他国家的交往。俄罗斯建议在维持上合组织领导机构现有的法律、事实上地位平等和集体决议机制不变的情况下，讨论在其内部实施三级责任机制的问题。对机构进行结构功能调整，一方面，能够在中长期内缓和较为尖锐的哈萨克斯坦与乌兹别克斯坦之间的矛盾，平衡中亚这两大力量中心；另一方面，也能将上合组织内部的实力差距制度化。这一差距是引发组织内部各种分歧的源头。

俄罗斯对于上合组织的人文合作也予以充分重视。俄罗斯认为，各成员国都有其独具特色的民族文化、传统和社会心理。既然上合组织成立的基础是互相尊重文明多样性，就必须将这一观念付诸实践。这不仅将推动组织内部各成员国的联合，也将把上合组织变成连接东西方文明的纽带。上合组织已具备了相当高的国际威望。2004 年 6 月，在上合组织塔什干峰会上，各成员国的联合声明在国际舞台上引起了强烈反响。为此，需要加强设计上合组织内部的组织原则、目标和作用空间，这将决定其对于其他国家具有多大的吸引力。①

与此同时，这一时期的俄罗斯对于上合组织扩员的热情低于对上合组织内部协作的热情。俄罗斯指出，共同抗击恐怖主义、分裂主义和极端主义是上合组织的主要任务之一。2006 年的上合组织元首峰会签订了反恐和禁毒合作协定。普京表示：上合组织是在 2001 年 9 月 11 日之前成立地区反恐机构的第一个国际组织。如今成员国的强力部门进行集体协作，以制止贩毒活动。禁毒被俄罗斯视为在上合组织中的重要利益。②

对于上合组织扩大问题，俄罗斯表示这是一个很复杂的问题。如果伊朗加入上合组织，对上合组织会有什么影响呢？世界会如何看待这个组织呢？

---

① Сергей Лузянин, Российско-китайское взаимодействие в XXI веке. Мировая экономика и международные отношения, 2005, № 5.

② ШОС-новая модель успешного международного сотрудничества, 14 июня 2006 года, http://www.kremlin.ru/events/president/transcripts/23633.

很难想象印度和巴基斯坦谁先加入上合组织，两国对各自国际地位的变化通常很敏感。两国一起加入上合组织又会怎么样？竞争对手的加入会给上合组织造成什么样的影响？联合着世界一半并不富裕人口的国际组织能否有效地发挥作用呢？应该使上合组织以现有状态更有效地加强合作，首先是在经济上，这是成立上合组织时的初衷。①

在上合组织成立5周年之际，俄罗斯终于对于上合组织内部的协作问题高度重视起来。普京表示，上合组织是成功的国际合作新模式，“上合组织因素”是广袤的欧亚地区稳定的重要因素，这是地区政治和全球政治的现实。对于上合组织内部协作问题，普京明确表示：“下一个合乎逻辑的行动是在制止贩毒活动方面进行协作，强力部门之间也会相应地密切合作。地区稳定问题始终处于上合组织成员国的密切关注之下。我们在这方面为最广泛的合作敞开大门。显而易见，上合组织范围很广的活动不仅仅局限于政治领域。我们有内容丰富的经济问题的议事日程。经济合作对上合组织来说正变得越来越重要。本地区拥有进行有效的互利合作的巨大潜力。这种合作能够大大提高人民的生活水平，把中亚变成世界最发达的地区之一。我认为，只有地区一体化机制才能够有效地实现上合组织成员国自然的竞争优势。这涉及能源行业、资源基础、运输、传统和创新工业部门、科学和技术等领域。人文领域在上合组织内越来越受重视。毫无疑问，这方面的工作将会丰富上合组织，将会以科学、文化、青年和人际等方面的联系充实上合组织。”②

2007年上合组织国家元首比什凯克峰会召开前夕，俄罗斯第一副外长杰尼索夫继续阐明俄罗斯对于上合组织内部协作重要性的观点。杰尼索夫认为，上合组织是个年轻的组织，还处在形成的阶段。暂停扩大上合组织是因为必须加强组织内部的关系，确定通过何种方式与哪些有兴趣的国家进行接触或合作。还存在着一些组织和技术方面的问题，这些问题涉及如何确定对

---

① Артур Блинов，ШОС на перепутье，http：//www. ng. ru/world/2006 – 06 – 15/10_shos. html.

② ШОС-новая модель успешного международного сотрудничества，14 июня 2006 года，http：//www. kremlin. ru/events/president/transcripts/23633.

话伙伴国和上合组织观察员国的地位以及它们的潜力和权力范围。①

在加强内部协作的氛围下，2007 年 8 月 16 日，上海合作组织成员国元首理事会第七次会议——比什凯克峰会举行。六国元首共同签署了《上海合作组织成员国长期睦邻友好合作条约》。长期睦邻友好合作条约是一个宪法性的文本，它是规范成员国相互关系准则的重要政治法律文件，对促进上合组织成员国互利合作具有重要意义。

四　俄格战争后，俄罗斯对上海合作组织与世界秩序关系的认识

2008 年 8 月，俄格战争爆发。俄罗斯总统梅德韦杰夫高调宣布了外交政策五项原则。梅德韦杰夫认为不能接受单极化。他说，俄罗斯不能接受由一国做出所有决定的世界格局，就连美国这样的大国也不能这样做，这种世界格局不稳定，会面临各种冲突的威胁。梅德韦杰夫强调，正如世界其他国家一样，俄罗斯也有自己利益攸关的地区势力范围。新的国际安全体系应以多极世界秩序为基础。② 俄罗斯地缘政治科学院院长伊瓦绍夫上将认为，俄格冲突背后的地缘政治目标是削弱俄罗斯，使俄罗斯无法妨碍美国建立世界新秩序。美式世界秩序是牺牲他国利益来满足美国对世界关键地区和资源的控制，这对人类发展构成威胁。

在这种认识前提下，俄罗斯认为，只有上海合作组织呈现了健康的地缘政治新主体的轮廓。俄罗斯认为，组建上合组织的思想基础是“单极世界秩序对人类来说是不稳定和危险的，并且具有建立军事暴力专制的趋势”。在全球范围内建立自由市场关系可能导致世界经济失衡，使全球资源争夺更加尖锐化，大量人口会因饥饿、疾病和武装冲突而丧生。上合组织致力于营

① Содержательная работа со странами-наблюдателями ШОС пока не сложилась，http：//www. vremya. ru/2007/145/5/184889. html.

② Тамара Шкель，Пять принципов президента Медведева，http：//www. rg. ru/2008/09/01/princypi. html.

造各个国家和文明之间的和谐关系，在平衡力量和潜力以及巩固严格的国际法体系基础上构建安全体系。上合组织汇聚了五种文明：俄罗斯文明、中华文明、伊斯兰文明、印度教文明和佛教文明。它们拥有很多共同点：首先，思想精神原则和集体主义原则高于个人狭隘实用主义的原则；其次，这些文明一致反对单极世界体系，反对货币主义思想占统治地位，支持维护《联合国宪章》确立的国际关系原则。

俄罗斯建议，为了确定未来世界的轮廓和人类发展的方向，必须在上合组织的主持下召开国际地缘政治大会，邀请反对单极世界体系和自由货币主义思想的国家和国际组织参加。国际社会的健康力量夺取地缘政治主动权的时刻已经到来。上合组织有义务领导这一历史性的必然进程，以便消除威胁人类文明存在的消极因素。①

俄格冲突前后，金融危机席卷全球，俄罗斯也深受其害。俄罗斯政治研究中心主任布宁认为，金融危机既检验上合组织稳定性，也给上合组织带来变革机会。在布宁看来，金融危机对全世界很多国家来说可谓“试金石”。一方面，危机暴露了一大堆在相对繁荣时期可能被忽视的问题，并使得它们变得异常尖锐。这些问题显示出一些国家缺乏效率，而对于另一些国家而言，它们是不可避免的。另一方面，危机一如既往地扮演了“防疫”角色，提供了制定更为有效的新方案的机会。这一切都和上合组织有关。危机也将成为检验该组织稳定性、暴露其内部问题的“试金石”。同时，它给上合组织带来了变革的机会。

上合组织的前景与其性质息息相关。该组织的任务之一，是创造并维持一种关系体系，消除或减少中亚可能发生的地缘政治竞争。上合组织的经验展示出一种基于可以接受的妥协的解决方案。俄罗斯和中国在中亚应如何发展的问题上拥有相似的见解。它们都认为，应当保持中亚国家非政教合一的体制，避免出现破坏政治稳定的分裂运动和宗教极端主义。同时，不能让美

① Леонид Ивашов, Этот безумный мир-и ШОС, 26 августа 2008 года, https: //rian.com.ua/analytics/20080826/77985262.html.

国和西方在该地区积极活动。最后，在必须扩大该地区经济合作问题上保持一致。扩大经济合作的潜力和这方面的积极势头无疑是存在的，特别是在开展投资合作，发展交通运输、过境直运和现代化信息通信技术方面。发展上合组织在东西和南北方向巨大的过境运输潜力尤其重要。在这方面，上合组织成员国的地理位置给它们带来了得天独厚的机会，通过中亚可以在欧洲和东亚经济中心之间实现最短距离的货物运输，南北走廊也具有潜在的前景，建设交通基础设施曾不止一次地成为摆脱危机的良好手段。能源也是一个天然的合作领域。上合组织中既有能源供应大国，也不乏能源消费大国。

但重要的问题不在于拥有潜力，而在于正确地发挥这些潜力。在这方面，上合组织还存在不少问题。其中的一些问题带有客观性，它们很难在可预见的未来得到解决。比如，上合组织成员国在发展水平和经济优先任务的性质上存在巨大差异，这对各国协调行动和理顺合作产生了消极影响。一方面，中国多年来展示出创纪录的经济发展速度；另一方面，塔吉克斯坦和吉尔吉斯斯坦还属于世界上最贫穷的国家，面前的发展道路并不平坦。另一个问题在于，俄罗斯、哈萨克斯坦和乌兹别克斯坦严重地依赖能源出口，它们客观上希望世界石油和天然气价格上涨；而中国、塔吉克斯坦和吉尔吉斯斯坦则恰恰相反，它们缺乏足够多的能源供应来源，世界能源价格的降低更符合它们的利益。上合组织内部还存在不少直接冲突的经济利益。它们使得各国在制定上合组织工作重点时出现分歧，并在实施一些联合项目的合理性和特殊性问题上各持己见。①

五　“一带一路”倡议提出后，俄罗斯对上海合作组织的新定位

经过近 10 年的相互适应，金融危机后，俄罗斯对上合组织的认知基本

① Игорь Бунин，ШОС-пространство экономического взаимодействия и противодействия глобальному кризису，5 июня 2009 года，http：//politcom. ru/8285. html.

成型。上合组织对于俄罗斯实现国家利益有重要意义：其一，上合组织是俄罗斯多极化国际战略的重要支点；其二，上合组织在确保俄罗斯南部边界安全方面可以发挥一定作用；其三，打击毒品犯罪。俄罗斯对上合组织的政策：一是更关注上合组织的外部影响，兼顾上合组织内部建设；二是重点突出安全合作，经济合作则是有所选择，以不损害俄罗斯在中亚的利益并从属于欧亚一体化的整体要求；三是坚决主张上合组织扩员，意图让上合组织结构发生重大变化，以服务于俄罗斯的外交战略需要。

2013 年，中国提出“一带一路”倡议，同时俄罗斯也在经历乌克兰危机后国际观的调整。国内外形势的变化再一次促使俄罗斯对上海合作组织做出新定位。欧亚经济伙伴关系成为当前中俄关系的新议程，这一议程将对上海合作组织的发展产生重要影响。2017 年以来，俄国内有关上合组织遵循均势原则、将上合组织建设成落实大欧亚共同体项目核心机构的提法越发明确。

实际上这一想法与前述上合组织的官方定位并不相符。上合组织更多的是一种交流的平台，相关各方就地区安全、经济合作和人文交流等问题进行沟通与协作。如果像俄罗斯所提出的要以上合组织为基础重新构建面向整个欧亚大陆的新规则与新制度，这个定位并不适合中国。

2018 年青岛峰会的主旋律是弘扬“上海精神”。扩员后的上合组织重温了互信、互利、平等、协商、尊重多样文明、谋求共同发展的“上海精神”。不仅如此，习近平主席全面论述了“上海精神”的内涵实质，开启了上合组织发展壮大的新征程。第一，提倡创新、协调、绿色、开放、共享的发展观，实现各国经济社会协同进步，解决发展不平衡带来的问题，缩小发展差距，促进共同繁荣。第二，践行共同、综合、合作、可持续的安全观，摒弃冷战思维、集团对抗，反对以牺牲别国安全换取自身绝对安全的做法，实现普遍安全。第三，秉持开放、融通、互利、共赢的合作观，拒绝自私自利、短视封闭的狭隘政策，维护世界贸易组织规则，支持多边贸易体制，构建开放型世界经济。第四，树立平等、互鉴、对话、包容的文明观，以文明交流超越文明隔阂，以文明互鉴超越文明冲突，以文明共存超越文明优越。第五，坚持共商、共建、共享的全球治理观，不断改革完善全球治理体系，推动各国携手建设人类命运共同体。①

俄罗斯认为，上合组织青岛峰会和2018年的G7峰会展现了两条不同的发展道路，这是两种全球主义模式之间的竞争。在类似欧亚经济联盟和中国“一带一路”倡议的框架内，相关平台将会因更多国家的参与变得更加壮大。这恰好也是该模式与西方模式之间的原则性区别所在。西方领导人正在打造某种意义上的封闭式俱乐部，而上合组织成员国之间的合作并不针对其他国家。②

青岛峰会也是普京2018年总统就职后的首次国事访问。普京在评价青岛峰会时强调：“上合组织所在地区的经济增长较之世界平均速度要高得多，其前景势必非常光明，所有国家都会对此感兴趣……由于我们今日已明确了对自由贸易和打击贸易保护主义原则的拥护，这对于整个国际贸易、整个全球经济来说都具有非常重要的意义。”③

六　结语

研究俄罗斯与上海合作组织的关系，也需要从中国发展的全局以及中国外交的总体要求着眼，只有这样，才能更好地观察上合组织的发展，才能更好地理解俄罗斯对上海合作组织的认知。

上海合作组织是新时代中国特色大国外交的重要组成部分。随着2010年中国稳居世界第二大经济体，中国全球性大国的属性也逐渐显现。如果说过去中国在外交上遇到的问题和麻烦主要是外部世界的变化引起的，那么现在遇到的问题和麻烦在一定意义上是中国的迅速崛起带来的。对于这种快速发展，世界和中国自己都没有做好心理和政策上的准备。可以说，时代的发

① 庞大鹏：《“上海精神”与中国特色大国外交》，《人民论坛》2018年第6期。

② Анна Седова，Тяньцзиньские деликатесы на фоне драчливой G7 – Визит Путина в КНР：в Квебеке и Пекине миру предложены противоположные пути развития，9 июня 2018，https：//svpressa. ru/politic/article/202336/.

③ Путин оценил итоги визита в Китай，10 июня 2019 года，https：//tass. ru/vef – 2018/articles/5280999.

展要求中国回答一个问题：中国如何全面均衡地处理与外部世界的关系。研究中国崛起对世界的影响成为观察国际形势必不可少的视角。只有这样，才能得出比较全面的认识和正确的结论。党的十八大以来，中国领导人在观察国际形势时，就特别注意把“中国自己”摆进去。在中国特色大国外交思想的指引下，上合组织取得了丰硕成果。上合组织不仅在安全、经济、人文等合作领域取得巨大成绩，在机制建设方面也迈出历史性步伐。

“上海精神”追求的是互利共赢的理念。正因为如此，上合组织成为“一带一路”与欧亚经济联盟对接的平台。上合组织发展的新征程与新形势下欧亚大陆迎来合作机遇最大的历史时期相互交会。国际和地区形势正在经历深刻复杂的变化，欧亚各国迎来了共同利益最多、合作机遇最大的历史时期。青岛峰会展现的“上海精神”，给地区发展振兴带来了前所未有的机遇。包括俄罗斯在内的欧亚国家正以更加坚定的决心、更加务实的举措，推动区域合作向更大范围、更宽领域、更高水平拓展，带动整个欧亚大陆发展、合作、繁荣。上海合作组织将以更加开放的胸襟、更加包容的心态、更加宽广的视角，为推动人类进步做出应有贡献。

Y.7
身份认同视域下上海合作组织凝聚力辨析

杨　进*

摘　要： 新时期上海合作组织凝聚力问题备受关注，尤其扩员后组织工作效率、议程制定以及执行力面临诸多挑战。由于成员国的情况复杂多样和各自不同的国际身份认知，成员国对待组织的立场、态度和选择各有不同。集体身份的构建对于加强组织建设、形成强大凝聚力至关重要，国家利益的理性需求成为上海合作组织集体身份构建的重要因素，但是更重要的是组织框架内的法制建设和共同价值观营造。上海合作组织应着重规范建设，以清晰的共同行动规范、认同的共同价值重构上海合作组织文化，使“上海精神”内化为成员国紧密合作的意识自觉，以此强化上海合作组织内部治理和国际行动能力。

关键词： 上海合作组织　身份认同　规范　凝聚力

2018 年 6 月在中国青岛举办的上海合作组织峰会无疑将成为本组织发展历史上具有重大意义的事件。这是扩员后的首次峰会，印度和巴基斯坦的加入，不仅使成员国数量增加到八个，而且议题更加丰富，最终达成的成果

* 杨进，中国社会科学院俄罗斯东欧中亚研究所中亚研究室副研究员。

也比以往更为突出。峰会前后，一个备受学界关注的话题是，扩员后的上海合作组织在议事日程、组织效率、执行力等方面的问题相比过去是否会变得更多，上海合作组织的战略定位相比以往是否会变得更加模糊不清，上海合作组织的凝聚力是否更加分散。本文以建构主义国际关系理论为出发点，从身份认同视角对上海合作组织发展进程中，尤其是印巴加入后有关组织凝聚力问题进行述评，解析上海合作组织成员国在组织平台的国际行为与自身国际身份互动之间产生的影响。

一 身份认同对上海合作组织成员国的重要性

在社会学研究里，身份指的是行为体是谁或者是什么的内容。身份认同则是对主体自身的一种认知和描述，包括很多内容，如文化认同，国家认同，地区认同，等等。在国际政治研究中，关于国际组织的成长研究往往以物质或观念为基础，构建不同理论和解释途径。从物质主义出发的研究缺乏对身份认同等观念性因素的解析，仅仅从权力、利益等层面分析国家行为体参与国际组织或一体化进程的动力因素，忽视了国家行为体自身在国家演化进程中会依据对自身和他者的身份认知，自主选择加入或者拒绝加入国际组织或某个一体化进程。建构主义理论认为，利益和身份相一致，“每一种身份都有与之相关的需求和客观利益，行为体对这些需求和利益的认识又构建了驱动行为的主观利益”①。这表明，国家追求利益是客观存在，但是国家在做出行动时选择何种态度和立场，与自我国际身份认知有关，作为理性国家不会做出超出自身国际身份的选择。

上海合作组织的发展历程很好地反映了成员国对自身国际身份的认知以及对组织发展的需求。从 20 世纪 80 年代中苏关于在边境地区裁军的谈判，到苏联解体后中国与俄罗斯、哈萨克斯坦、吉尔吉斯斯坦以及塔吉克斯坦关于

---

① 贺刚：《自传体叙述与身份进化的动力：克罗地亚与塞尔维亚的欧洲化进程比较研究》，外交学院 2015 年博士学位论文。

在边境地区构建军事互信，最终形成20世纪90年代“上海五国”机制，共同的安全利益需求，尤其是冷战后新独立国家追求国际舞台平等成员身份，对于“上海五国”这一上海合作组织雏形顺利成熟发挥了正向作用。除中国和俄罗斯外，后苏联空间其他几个国家，在国家利益追求和国际身份认知中，都是“崭新”的国际成员，需要与周边国家重新构建国家关系，获取其新的国家身份。它们与中国的共识在于，通过“上海五国”共同行动，在冷战后国际格局中，彻底抛弃中苏对抗时期形成的沉重历史包袱，重新构筑与中国和平友好关系，降低各国安全威胁并促进区域合作，强化其新主权国家的多元国际身份，这是各国积极参与“上海五国”机制的认同动力。

上海合作组织的成立符合成员国在区域身份、价值取向，以及对国家发展前景的预期。所谓区域身份，是指依托上海合作组织，把本国国际事务的参与空间推向亚太地区并立足欧亚，强化本国的地区国际身份，提高本国国际地位。《上海合作组织宪章》明确把本组织定位为面向欧亚地区的区域性国际组织，这在空间上符合成员国追求的国际身份与地缘定位（但不是唯一定位）。所谓价值取向，是指上海合作组织成员国认可上海合作组织谋求共同安全和共同繁荣的基本价值，换言之，以互信、互利、平等、协商、尊重多样文明、谋求共同发展为核心的“上海精神”，是成员国在国际交往中普遍认同和遵循的基本原则。在冷战后多极格局形成的历史时期，大国博弈日趋激烈，上海合作组织之所以吸引成员国积极参与公共事务，与上海合作组织所遵循的基本价值与信仰符合历史潮流有关。非军事化、不针对第三国、平等协商、淡化国际合作意识形态因素、追求互利互惠的务实效率，上海合作组织的基本特征充分体现了本组织的核心价值观。

上海合作组织成立之初并没有特意设定对本组织成员国经济社会发展水平的要求，但在客观上，无论最初的创始成员国，还是后来加入的观察员国和对话伙伴国，以及新扩员成员，无一例外都属于发展中国家和转型国家，这一身份属性意味着本组织框架内，成员国经济社会发展水平相近，所承担的权利和义务具有平等性，合作的利益目标具有相向而行的特点，也意味着本组织在国际体系扮演的角色与成员国追求的国家身份基本一致。

二　上海合作组织成员国的身份认知异同

构建主义理论认为，在国际体系中，国家与国际体系进行互动的方式是“国家社会化”，即成员国或国际组织各自以国际体系规范的方式来适应变动中的国际体系；而成员国互动体现为“身份互构”，成员国或者国际组织分别通过持续调整自身国际身份并同时建构与对方的关系来适应体系。就上海合作组织而言，成员国自我身份认知的异同直接影响它们参与上海合作组织的立场、态度与方式，并促使成员国进行自身身份构建以适应国际体系的变动。因此，分类讨论成员国身份认知的意义在于借此厘清它们参与上海合作组织行动的基本动机。

（一）俄罗斯

俄罗斯是上海合作组织创立的主要推动者之一。冷战结束后，俄罗斯一直在寻求全球新格局下的自我身份定位与国家利益目标，从参与“上海五国”机制到积极创建上海合作组织，俄罗斯的相关外交努力锁定大国复兴与重建全球影响力目标。其东方政策的重要实现路径则是重修与东方最大邻国中国的关系，通过上海合作组织平台与中国实现互动，构建其欧亚大陆新的权力和利益格局。

俄罗斯在历史上一直为本国国际身份纠缠不已，无论是大西洋主义、斯拉夫主义还是欧亚主义，哲学层面的讨论时常使这几大主义在政策层面此消彼长又互为影响。俄罗斯是谁，俄罗斯去向何方，是俄罗斯政治家和学者殚精竭虑思量的问题。叶利钦执政时期在外交政策上曾经一面倒地偏向大西洋主义，在没有得到欧美等西方国家的积极响应后，斯拉夫主义和欧亚主义在实际操作层面开始占据重要地位，普京时代这一特征尤其明显。为塑造欧亚地区大国身份，普京不仅强化了独联体、集安组织和欧亚经济联盟这些俄罗斯主导的国际机制，而且也对上海合作组织投入了巨大精力，俄罗斯不仅是上海合作组织的积极参与者，也是上海合作组织的积极塑造者。

俄罗斯对上海合作组织的立场与态度，与自身国际定位及其追求的国际身份一致。俄罗斯认为冷战后世界处于多极格局演变进程中，俄罗斯有能力而且必然成为世界一极。恢复全球影响力大国，是俄罗斯长期追求的国家目标。俄罗斯认为，无论是东亚、西亚、南亚和中亚，都存在俄罗斯的国家利益。参与不同国际机制，选择不同国际合作平台，通过规则制定来灵活塑造俄罗斯在这些地区的利益格局，是俄罗斯实现战略目标的现实选择。上海合作组织既包含东方大国中国，也有中亚主要国家哈萨克斯坦、乌兹别克斯坦、塔吉克斯坦和吉尔吉斯斯坦，还先后吸纳了阿富汗、伊朗等西亚观察员国和对话伙伴国，尤其是印度和巴基斯坦于 2017 年成为上合组织成员国，实现了本组织向南亚地区深度拓展，都为俄罗斯的外交战略工具箱增添了新内容。

俄罗斯对上海合作组织的战略定位存在矛盾心理，这同样与俄罗斯的身份定位有关。尽管俄罗斯对国家身份的定位存在所谓三大主义，但是在实际国际战略定位上，俄罗斯时常陷入自相矛盾中。从深层次看，俄罗斯更加认同其欧洲身份，希望获得欧洲认同，回归欧洲俱乐部是俄罗斯精英数百年孜孜以求的战略目标。但是在欧亚地区，俄罗斯认为蒙古统治时期的文化浸润又使其具有东方色彩，获得欧亚大国影响力，也是俄罗斯精英层根深蒂固的观念。既然上海合作组织包含中国和四个地处欧亚内陆核心位置的中亚国家，那么俄罗斯就必须把上海合作组织作为其在欧亚地区发挥影响力的主要平台之一。

俄罗斯对上海合作组织的理解，不仅包含了通过与中国在组织框架内合作，安排其全球战略布局中的俄中关系因素，还包含了与中国在欧亚地区竞争的因素。一方面，普京执政时期俄罗斯与西方关系整体恶化，欧美持续制裁使俄罗斯国家战略空间进一步压缩，俄罗斯进入所谓“百年孤独”；以上海合作组织为平台，加强与中国在多边和双边领域的战略伙伴关系，有助于拓展俄罗斯这一时期的全球战略空间。另一方面，在俄罗斯看来，中国通过上海合作组织进入中亚，尽管属于后来者，但是中国与中亚国家关系发展迅猛，俄罗斯未来主导中亚国际事务的最大竞争对手可能就是中国，因此，俄罗斯必须主动参与，积极塑造上海合作组织，使其组织规则、组织文化和行动与俄罗斯的外交政策相得益彰，互为补充。

俄罗斯的复杂身份定位和国家利益观，形成了俄罗斯对上海合作组织的复杂心态和立场，即一方面支持上海合作组织发展，主动塑造上海合作组织使之成为俄罗斯主导的地区国际机制的有机部分；另一方面极力避免上海合作组织在本地区形成优势，从而弱化俄罗斯主导的其他机制影响力。这可以解释俄罗斯在对待上海合作组织开发银行、自贸区建设和扩员等事项上何以采取复杂多变的立场。

（二）中亚成员国

笼统谈中亚未免失范和缺乏解释力，但是作为后苏联空间国家的中亚各国在地缘、政治形态、经济社会发展水平以及文化类型等身份因素方面都具有相似性，因而它们对于在上海合作组织框架内追求的国家利益和身份目标具有高度相似性，其态度和立场也有颇多共同之处。

从中亚国家地缘认知看，各国普遍视本国为“中央亚洲”国家。这一概念不仅具有地理属性，即中亚国家在地理位置上处于亚洲中心，而且还具有政治、宗教和文化属性，即纳扎尔巴耶夫所总结的处于“突厥伊斯兰文明”的核心地带[1]。因而，在中亚国家认知中，中亚是一系列文化和文明综合体之间进行联络的桥梁：一是同西方；二是同阿拉伯—伊朗世界；三是同俄罗斯；四是同中国。[2] 基于此，中亚国家对上海合作组织的首要认知是，这一组织囊括了中亚主要国家，并包含周边大国俄罗斯和中国。上海合作组织与中亚国家对地缘政治和多元文化连接点的自我认知相一致，这是中亚国家认同上海合作组织的地缘和文化心理因素。

从各国追求的国家利益和国际身份看，作为后苏联空间国家，中亚各国普遍处于经济社会大转型时期，巩固主权独立、维护国家安全、构建符合本国历史条件的民主政治体制并大力发展市场经济是各国的共同追求。中亚各

① 〔哈〕纳扎尔巴耶夫：《在历史的长河中》，民族出版社，2005，第 86 页。

② 〔哈〕纳扎尔巴耶夫：《在历史的长河中》，民族出版社，2005，第 86 页。

国的转型进程，是把参与全球化和区域一体化作为基本途径的，具体到外交层面，则遵循多元平衡外交战略，加入重要国际机制，形成本国参与国际政治、经济、安全和文化体系的网络。中亚参与的国际合作网络丰富多元，但是从多边合作视角看，与中国进行合作的主要平台是上海合作组织，“上海合作组织已成为中国和中亚国家间多层次相互协作的有效平台”①。通过上海合作组织与中国的合作，中亚国家巩固了其在国际舞台上的独立国家身份，获得了更多保障国家安全和经济发展的资源。

在中亚各国多元平衡和务实外交战略框架下，上海合作组织所扮演的角色与俄罗斯完全不同。中亚各国视上海合作组织为实现其多元平衡和务实外交战略的主要政策工具之一，而不仅仅是补充。需要强调的是，中亚成员国对上海合作组织始终抱有积极立场与态度，这不仅基于合作带来的物质利益，从主权和安全视角看，中亚成员国期待组织内平等合作的成员身份不断强化，在降低俄罗斯戒心的情形下引入中国合作伙伴，提升各国在大国外交中的地位，并使中国这样的大国成为平衡俄罗斯的重要力量之一。中亚国家在构建独立国家身份的历史进程中，将始终重视主权独立和国家安全，在国际合作中把其置于首要地位，这是中亚各国对上海合作组织认知的出发点。

（三）新扩员国家

印度和巴基斯坦2018年6月首次以正式成员国的身份参加上海合作组织峰会，使得青岛峰会格外引人注目。上海合作组织首次扩员意义重大，是组织发展史上具有里程碑意义的事件，上海合作组织的影响力进一步扩大。但是，由扩员引起的诸多争议和问题也日渐显现。本文之所以再次述及上海合作组织凝聚力这个老议题，与扩员后凸显的新问题不无关系。

作为南亚最具影响力的两个区域性大国，印度和巴基斯坦无论是国家发展道路、经济社会发展水平还是国际影响力都存在较大差异，两国国际身份

---

① 《乌兹别克斯坦学者：“上海精神”已成鲜明的当代国际语汇》，环球网，2018年6月11日，http：//www. sohu. com/a/235022468_ 162522。

定位和对外政策也完全不同。在印度自我认知中，其视本国为具有世界影响力的大国，是亚太地区重要国家和新兴市场之一。巴基斯坦则视本国为重要的南亚地区大国，伊斯兰世界重要国家。两国都是不结盟运动的参与者，印度的外交战略更加灵活，几乎同时与世界主要国家建立了良好的外交关系，追求全球影响力的努力十分明显。而巴基斯坦更加重视与伊斯兰国家和中国的国家关系。

由此，印度和巴基斯坦对加入上海合作组织的立场和态度有微妙差异。印度看重上海合作组织涵盖的地区和国家可能带来欧亚地区重大地缘影响力的前景。印度总理莫迪认为："只要印中两国相互信任、照顾彼此利益，亚洲和世界就会有更美好的未来。""俄罗斯和欧洲诸强等都是印度崛起的借助力量，印度也愿意'东进'寻求与东南亚近邻互利合作。"① 通过上海合作组织，印度能够同时在区域层面增加与中国和俄罗斯在多边框架内的合作机会。可以认为，印度加入上海合作组织，是印度追求全球大国身份、主动参与塑造亚太国际秩序的重大考量。但是，从印度传统外交理念看，作为不结盟运动主要发起者之一，印度对上海合作组织的认知应该是其全球战略政策工具之一，印度始终不会把上海合作组织作为其参与全球和地区事务的主要途径。

巴基斯坦近年来的外交政策也在发生显著调整，除了强化与伊斯兰世界及中国的传统友好关系，巴基斯坦越来越重视发展与欧美、日本、俄罗斯等其他大国关系。有学者认为，巴基斯坦加入上海合作组织有平衡印度的考虑，但是必须看到，巴基斯坦在上海合作组织有诸多切身利益：首先是上海合作组织可以成为巴基斯坦协调与中国、俄罗斯两个大国关系的新的多边平台；其次，巴基斯坦通过上海合作组织可以拓展其与中亚邻国的合作空间，扩大地区影响力；最后，巴基斯坦需要上海合作组织在安全和经济领域的合作，为本国安全和经济发展提供新动力。巴基斯坦学者苏尔坦·哈利认为：

① 傅小强：《携手中国实现亚洲复兴，印度很清醒》，海外网，http：//nanhai. haiwainet. cn/n/2018/0611/c3542184 - 31332284. html。

“在上合组织的框架下，所有这些不那么发达的成员国都会因更大的平台而得到更多的发展机会。”①

印度和巴基斯坦对各自国际身份认知的细微差异，是它们认知和对待上海合作组织的心理基础。整体而言，印度的大国地位使其在国际格局中拥有更多腾挪空间，上海合作组织是印度参与塑造欧亚地区国际秩序的新途径，但不是唯一手段，这决定了印度对上海合作组织的政策具有灵活性。印度甚至可以随时利用上海合作组织成员国身份，遂行特定外交目标，2017 年中印之间发生的洞朗事件是印度该政策的直接表达。

（四）中国

中国 2010 年成为全球第二大经济体，是世界最大的新兴市场国家和发展中国家。习近平总书记在党的十九大上宣布中国进入新时代，同时指出中国依然处于社会主义初级阶段。中国把实现“两个一百年”、完成中华民族伟大复兴作为未来一个时期国家发展的总目标。中国在外交上承诺始终走和平发展道路，永不称霸，这是中国的国际身份定位。中国对待上海合作组织的基本立场和态度与中国国家利益和身份定位相一致。在中国看来，上海合作组织作为全球化时代的区域性国际组织，目标和宗旨十分明确，那就是通过上海合作组织国家的合作，推动地区和平与繁荣，提升成员国经济社会发展水平，改善成员国民生福祉，使之成为公正合理国际新秩序的有机组成部分。

中国是上海合作组织建设的积极参与者，并不是因为该组织以中国城市命名，也不是因为上海合作组织秘书处设在中国。按照《上海合作组织宪章》，以及上海合作组织运行规则，成员国身份一律平等，在工作机制上实行协商一致原则，中国与其他成员国享有完全相同的权利和义务。中国之所以高度重视上海合作组织，在于上海合作组织的确是最能体现中国外交理念的区域国际组织。上海合作组织成立以来，中国提出的一系列重大议题、倡

① 《“上海精神”指引上合组织发展也是上合组织初心所在》，国际在线，http：//baijiahao. baidu. com/s？id = 1602852863989264437&wfr = spider&for = pc。

议和项目，基本反映了中国和平发展、平等协商、互利互惠，维护共同安全，推动共同繁荣的外交政策。

中国重视上海合作组织的建设与发展，与中国一贯主张的建设公平合理的国际新秩序立场相吻合。中国所指的国际新秩序，并非挑战和改变现存国际秩序，而是指当今全球治理需要参与式、分享式和包容式发展，在国际事务上应该更加强调公平、合作以及大国责任，避免在国际规则制定上搞一言堂，广泛照顾发展中国家的利益，等等。上海合作组织尽管只是区域性国际组织，但是自成立以来，始终不渝贯彻上述理念，是中国向本地区乃至全球宣示外交理念、争取国家利益、塑造大国形象的最佳平台。因而，中国将始终把上海合作组织建设置于外交政策的重要位置。

二 上海合作组织成员国集体身份构建与凝聚力

集体身份是社会学概念，指某一个群体共同拥有的身份。建构主义国际关系理论借助社会学对国家行为进行分析时，这一概念被用于解释行为体参与国际行为的心理学认知。具体而言，如果某一国际组织成员拥有共同价值观，认同和接受共同制定的国际规范，那么这些成员认同的身份，就是集体身份，它有助于组织向更高层次合作。在分析上海合作组织成员国自身国际身份认知之后，有必要对成员国构建集体身份的路径进行讨论，以期对新时期上海合作组织凝聚力议题提出有益构想。

（一）以“上海精神”为同心圆的共同价值观及其建设

上海合作组织成员国所处地缘位置、民族构成、文化心理和历史记忆各不相同。从文明角度看，按照亨廷顿的划分，各国分属斯拉夫文明、伊斯兰文明、印度文明和儒家文明等不同类型。在这样一个多样文明地带构建区域国际组织，必然会出现核心价值观的一致性问题。国际组织的发展与壮大有赖于其承载的核心价值观呈现的共同追求。上海合作组织从成立起，尽管没有提炼并明确共同价值观概念，但是在组织发展的具体实践中，始终践行着组织的基本价值观。具体而言，“互信、互利、平等、协商、尊重多样文明、谋求共同发展”的“上海精神”就是上海合作组织的基本价值观。

冷战后，国际格局进行着深刻调整，多极化与全球化成为潮流，同时两种趋势又为世界秩序带来一系列新的严峻挑战。多极化未必意味着世界更安定，而全球金融危机则促使国际经济格局重新洗牌。边缘国家铤而走险，拥核自重，引发地区危机；一些国家内战不止，族群深陷冲突；恐怖主义、极端主义、分裂主义、毒品走私和跨国犯罪四处蔓延；单边主义和贸易保护主义成为大国博弈工具，逆全球化暗潮涌动。这些因素在上海合作组织涵盖区域或周边均不同程度存在，严重威胁地区稳定与发展。如果说上海合作组织成员国在应对这些威胁与挑战时具有相近或相同的利益目标，那么构建上海合作组织基本价值观就能够趋于一致。合作增互信，合作求互利，合作遵循身份平等和协商一致原则，在合作中求同存异，追求最大公约数，谋取共同安全和共同繁荣，淡化国家意识形态，对彼此文明采取相互尊重和互学互鉴态度，归纳起来就是“上海精神”。这是上海合作组织基本价值观所在，也是上海合作组织能够得到大小成员国一致认同的根本。今后，无论上海合作组织如何发展，这些基本价值必须长期坚持，使之成为组织成长的生命线。

上海合作组织的价值观构建也存在随时代发展而不断丰富其内涵的必要。当提到“上海精神”时，实际上应该把“互信、互利、平等、协商、尊重多样文明、谋求共同发展”的基本表述作为内核，以其为核心，构建上海合作组织精神与文化的“同心圆”。2018 年青岛峰会，中国领导人倡议构建上海合作组织新的“五观”，即创新、协调、绿色、开放、共享的发展观；共同、综合、合作、可持续的安全观；开放、融通、互利、共赢的合作观；平等、互鉴、对话、包容的文明观；共商、共建、共享的全球治理观，这些新理念，不仅是对上海合作组织核心价值观的有力补充，而且是丰富和扩大“上海精神”同心圆内容的有益做法。

（二）上海合作组织的共同规范及其建设

规范是指对行为体持有的适当行为的共同预期。规范被看成协调理性行为体之间行为的手段，既包含规定作用，也具有构成作用。规范或者构成认同，或者规定行为，或者两者兼有。建构主义理论认为，即使组织规范趋于虚转，但是规范一旦被成员认同和接纳，那么这些规范即便不能兑现为直接利益，仍然可以强化成员共同接受的价值与身份。规范建设是国际组织强化身份认同和提高凝聚力的有效途径。上海合作组织的共同规范，主要指成员国共同遵循的制度和机制。

上海合作组织成立 17 年来的历程，也是组织规范建设的历程。从《上海合作组织成立宣言》《上海合作组织宪章》开始，17 年来，上海合作组织批准的条约、协议、声明、备忘录等各种文件成百上千。这些文件构成了成员国、观察员国和对话伙伴国之间的责任和权利，规定了它们应该做什么，怎么做，对地区和国际事务采取何种立场与态度，等等。这些规范性文件是指导成员国在组织框架内进行不同领域合作的基本遵循。

随着上海合作组织职能定位不断拓展，在组织框架内，政治、经济、安全和文化合作的内容也在不断丰富，在合作机制方面也日益显现灵活性和多样性。成员国外长会议、国防部长会议、安全会议秘书会议、最高法院院长会议、文化部长会议，旅游部长会议、妇女论坛、政党论坛、媒体峰会、文化艺术高峰论坛，等等，近年来这些会议与会晤机制，扩大了成员国不同层次、不同领域和不同部门合作与交流的渠道，是对上合组织制度性规范的机制性补充。

上海合作组织与一些成熟的国际组织相比，在规范建设方面存在的缺陷还显而易见。例如组织范围内协商一致原则，在很大程度上对组织的协调力和行动力具有阻碍作用。尽管从国际政治民主价值观和照顾弱小成员国利益等方面看这一原则具有正义性，但是在一些复杂的、涉及各方重大利益的合作事项上，可能出现某成员国基于自私目的滥用协商一致原则阻碍协议达成或者执行，从而损害本组织共同利益的风险。再比如扩员制度，尽管上海合作组织在文件上对扩员条件做出了原则规定，但是由于本组织没有对上海合作组织成员国区域、成员国关系、申请和批准等重要准入条件做出更明确和更细化规定，更有扩员价值的国家可能受阻于本组织的进入门槛，而对本组织发展可能带来“麻烦”的国家又被过早提上扩员议程。因此，规范建设对于上海合作组织健康发展至关重要，存在巨大空间。

（三）上海合作组织凝聚力辨析

上海合作组织自成立起，凝聚力话题就成为学界热烈讨论的内容。有学者认为每年召开的上海合作组织峰会议题不够集中，制定的文件执行力不足，成员国利益迥异，观点立场有差别，向心力弱，务虚多于务实，等等，简言之，认为凝聚力不足。应该说学者所指现象客观存在，但是不能由此得出消极结论。本文认为，上海合作组织以“上海精神”为核心，在发展观、合作观、安全观、利益观、文明观等最能体现成员价值观认同的方面已经取得高度一致性，这是上海合作组织吸引成员国积极参与区域合作的认同要素。在规范建设领域尽管存在诸多缺陷，但是作为年轻的国际组织，上海合作组织在探索中不断完善规范，使规范不仅成为成员国在组织框架内进行合作的共同遵循，而且使规范能够为成员国带来其追求的国家利益，包括自我国际身份塑造。规范建设仍是上海合作组织未来应着重探索的问题。

上海合作组织务实与务虚的关系符合辩证法原则。上海合作组织定位区域国际组织，但不意味着组织功能单一。事实上，上海合作组织的功能定位从政治合作、经济合作、安全合作到人文合作，涉及国际合作组织的几乎所有领域。如前文所述，上海合作组织成员国所处地缘环境不同，国家发展模式、发展阶段和经济体量有异，文明类型和参与的国际机制网络也各不相同，对国家利益的追求目标以及自身国际身份定位必然存在显著差异，因而对上海合作组织的基本诉求也大相径庭，很难要求成员国中的小国和大国承担相同责任，也很难要求大国在定位上不把上海合作组织作为其主导的其他国际机制的补充性平台。因而，在相关合作领域，上海合作组织制定的文件、达成的协议难以执行，只要不损害成员国利益，就属于可以接受程度。也就是说，在某些领域的务虚，不意味着上海合作组织凝聚力存在问题。

相反，上海合作组织应该避免在某些领域的“务实”。比如，应该长期坚持避免上海合作组织的军事政治一体化。上海合作组织的发展目标在于谋求地区稳定与繁荣，并非高度一体化，更不是要建成军事政治一体化组织。上海合作组织也不应该像欧盟那样追求超国家身份，更应避免提出一些高度政治化和具有意识形态意味的口号。上海合作组织成员国遵循“上海精神”基本价值观，通过上海合作组织塑造本国在国际体系中平等成员的国际身份，确保主权安全和经济社会发展，认同上海合作组织，使上海合作组织成为本国外交战略的重要组成部分，就是上海合作组织的成功，就是上海合作组织“务实”的根本体现。

印度和巴基斯坦加入上海合作组织后，本组织面临的新问题在于新老成员关系磨合、新成员对本组织的身份认同与规范遵循。印巴两国关系的复杂性，尤其是围绕主权领土问题的争端和边界冲突，使印巴关系走向具有高度不确定性，这在合作层面对上海合作组织议程设置以及协商一致原则都提出了新挑战。安全合作范围是否扩大到协调双边关系，中亚议程是否还是上海合作组织始终关心的话题，多边经贸制度安排如何推进到新成员，等等，相关规范依然有待完善。

四　结论

上海合作组织是诞生于21世纪的全新区域性国际组织，其凝聚力来源于成员国对组织遵循的基本价值观“上海精神”的一致认同，其活力来源于上海合作组织为成员国持续提供的规范和一系列公共产品。上海合作组织与成员国都属于国际体系的有机组成部分，它们之间的互动不仅塑造了上海合作组织在国际体系中的角色与位置，同时也塑造着成员国在国际体系中的身份与定位。

上海合作组织价值观构建始终事关本组织长远发展大计，共同价值观是国情差异巨大的成员国在心理层面形成集体身份认同的基本要素。因而，以“上海精神”为核心，构筑上海合作组织价值观同心圆，不断充实“上海精神”内涵，形成成员国广泛认可的组织文化和精神，才能使成员国始终把上海合作组织作为本国和本地区迎接新挑战、解决新问题的最佳平台。

规范应该成为上海合作组织建设的重要方向，除了新机制建设，理顺现有制度和规则，加强上海合作组织法制建设，构筑明确、清晰和可执行的上海合作组织行动规范，形成特色鲜明的上海合作组织文化，使成员国无论大小强弱，均能自主按照既定规范承担相应责任与义务，这是上海合作组织提高议事效率和强化凝聚力的根本途径。

上海合作组织框架内的合作有务实的一面，也应该存在务虚的一面。务实的一面应该集中在成员国追求国家利益的具体领域，如打击“三股势力”、保证共同安全的联合行动，如经贸领域的便利化制度安排，等等。务虚的一面应该属于象征性合作领域，高度复杂化的成员国利益在特定机制下难以消化，虚化合作同样可以达到成员国利益保障的目标，如成员国对国际身份的追求。上海合作组织甚至应该避免在军事和政治领域形成高度一体化的合作关系，敏感领域“虚实结合”的合作有助于进一步增强上海合作组织的凝聚力。

Y.8 上海合作组织扩员与中印巴关系发展

林民旺 *

摘　要： 2018 年开启了上合组织扩员后的新里程。一年多来，作为上合组织新成员的印巴两国，其外交都进行了相应调整，带来了中印、印巴双边关系以及中俄印三边关系的部分进展。不过，由于印巴分歧和矛盾的根深蒂固，短期内仍然没有实质性的改善，特别是 2019 年 2 月印控克什米尔普尔瓦马地区的自杀式恐怖主义袭击事件，让印巴再度进入冲突局面。中印关系在印度加入上合组织后有所改善，但是战略基础仍然需要进一步巩固和夯实。

关键词： 印巴关系　中印关系　中俄印三角　上海合作组织

在 2017 年 6 月的上海合作组织阿斯塔纳峰会上，印度与巴基斯坦被正式接纳为上合组织成员国，实现了上海合作组织成立后的首次扩员。2018 年 6 月 10 日，在中国青岛举行的第十八次上合组织元首理事会上，印度总理莫迪和巴基斯坦总统侯赛因首次参加，开启了上合组织发展的新里程。

一年多来，成为上合组织正式成员国这一身份对印巴两国的外交都产生了积极影响，主要体现在中印、印巴等双边关系以及中俄印三边关系都有了部分进展。不过，2019 年 2 月印控克什米尔普尔瓦马（Pulwama）地区发生的自杀式恐怖主义袭击事件，使印巴两国进入紧张对峙和冲突局面，上合组

* 林民旺，复旦大学国际问题研究院研究员、院长助理，南亚研究中心副主任。

织的内在局限性暴露了出来，这一事件也为扩员后上合组织的发展指出了努力的方向。

一　印巴关系仍是扩员后上合组织的最大挑战

印巴两国从申请到最终加入上合组织，经历了一个较长时期。在这一过程中，对于印巴加入的争议一直存在。其中主要争论的问题之一就是：印巴两国的加入，不仅将上合组织的地域范围扩大到南亚，也将南亚国家之间复杂的竞争与矛盾带到了上合组织内部。最核心的矛盾仍然是印度和巴基斯坦之间的分歧。

自 1947 年印巴分治以来，这两个国家就一直存在严重矛盾，曾发生多次战争，在实控线上的小冲突更是不断。加入上合组织后，如果两国仍然是持续不断的冲突，将严重影响上合组织的整体团结和发展。莫迪政府 2014 年上台以来，尽管试图改善印巴关系，但是最终又回到了两国相互失望的路上。

在 2014 年 5 月的就职仪式上，莫迪邀请了巴基斯坦总理谢里夫参加，两人借机在新德里会晤，同意要恢复两国和解进程。只是几个月后，由于巴基斯坦驻印度高级专员会晤了印控克什米尔分离主义领导人，印度强硬回应地中断了对话。2015 年 12 月 25 日，莫迪在访问阿富汗的回国途中突访巴基斯坦拉合尔，出席谢里夫孙女的婚礼，表示要继续印巴和平进程，重启全面对话。此举被认为两国的“破冰”之旅，是印度总理时隔 12 年后对巴基斯坦的访问，一时间两国改善关系的大门似乎要开启。但是，一个星期后，在印度帕坦科特（Pathankot）发生了恐袭案。印度认为这是巴境内的“穆罕默德军”（Jaish-e-Mohammed）及其领导人马苏德·阿兹哈尔（Masood Azhar）策划所为，暗指袭击事件受巴基斯坦幕后支持。

随后，更具破坏力的是，2016 年 9 月 18 日印控克什米尔地区的陆军军营乌力基地遭到恐怖主义自杀式袭击，导致 19 名印度士兵死亡。据印度军方称，此次袭击是 26 年来印度陆军在恐袭事件中伤亡最惨重的一次。事件发生后，印度对此做出强烈反应，指责巴基斯坦是恐袭背后的支持者，印度内政部部长辛格甚至在推特上直接把巴基斯坦称为“恐怖主义国家”。莫迪称“这一可耻行为后面的人，必然要被惩罚”。印人党总书记兰姆·马达夫（Ram Madhav）更暗示说，过去印度在不断遭受恐袭的情况下，选择保持对巴基斯坦的克制，现在已经暴露了这一政策是无效和没有能力的，印度应该证明自己有报复能力了。于是，莫迪政府在9月底对巴基斯坦采取了冒险的“外科手术式”打击。之后，莫迪政府采取了在全球孤立巴基斯坦的政策，在2018年8月巴基斯坦新总理伊姆兰·汗上台前，谢里夫政府与莫迪政府也有过一些接触的尝试，但是都没有取得突破。伊姆兰·汗上台后，频频向莫迪政府表达重启对话、缓和关系的意愿，莫迪政府予以积极回应，但是尚没有任何实质性的举动。

上合组织在启动接收印度、巴基斯坦加入上合组织的程序后，各成员国就试图努力为改善印巴关系做工作。2015年7月10日的乌法峰会上，上合组织成员国共同通过了《上海合作组织至2025年发展战略》，通过了关于启动接收印度、巴基斯坦加入上合组织程序的决议。2016年6月的塔什干峰会上，签署了关于印度、巴基斯坦加入上合组织义务的备忘录，随后成员国同印、巴就履行备忘录义务等相关法律程序展开了工作。

俄罗斯积极为扩员后的上合组织发展做准备，发展同巴基斯坦的关系，提升两国外交关系。2016年9月，就在印度发动“孤立”巴基斯坦行动时，俄罗斯与巴基斯坦在9月24日正式举行了双方首次联合军事演习“友谊2016”，尽管规模较小，但是所发出的信号耐人寻味。在2016年10月举行的果阿金砖峰会期间，俄罗斯也没有为印度谴责巴基斯坦“恐怖主义”背书。中国方面同样表达了希望印巴两国改善关系的愿望。王毅外长在2017年上合组织阿斯塔纳峰会前访问俄罗斯时表态：“我们希望印、巴加入之后，严格遵守《上海合作组织宪章》和《长期睦邻友好合作条约》规定，相向而行，友好合作，秉持‘上海精神’，改善彼此关系，共同为上合组织发展注入新的活力。”

加入上合组织并参加上合组织的活动本身，也给印、巴两国改善关系提供了一个平台和契机。2017年6月的阿斯塔纳峰会期间，印度总理莫迪和巴基斯坦总理谢里夫在休息室互致问候，这是自2016年1月克什米尔局势再度恶化以来，17个月后印巴领导人的首次握手。由于巴基斯坦总理谢里夫刚做完心脏手术不久，莫迪还询问了谢里夫的健康状况，并问候了其家人，为两国关系“破冰”提供了基础。同样，2018年6月，印巴领导人首次参加青岛峰会，之前的5月29日，双方军队同意在克什米尔地区停火。青岛峰会期间，印度媒体敏锐地捕捉到了莫迪与巴基斯坦总统马姆努恩·侯赛因微笑握手寒暄的一幕。

上海合作组织提供的多边机制下的合作，也可能为印巴改善关系提供契机。2018年8月24日，印度和巴基斯坦首次共同参加在俄罗斯举行的2018上合组织“和平使命”反恐演习，这是印巴两国自独立后首次同时参加同一个军事演习，引发了外界的普遍关注。印巴间的许多交流机制常常会由于不断发生的边境摩擦而中断，上合组织提供的反恐演习有助于促进两国两军的积极互动，也部分有助于缓解两国之间的紧张关系。

不过，由于印巴双边矛盾根深蒂固，要改善两国关系注定不可能一蹴而就。未来上合组织要面对的更重要的挑战在于，扩员已经打破了上合组织内部的权力架构。以印度目前及未来的经济体量，肯定会成为上合组织的核心成员之一。而要承认和尊重印度作为上合组织核心成员的话，就会涉及上合组织权力架构平衡的问题，特别是怎么平衡巴基斯坦利益的问题，同时又要防止中亚国家担心被边缘化。

二　中印关系“重启”有助于上合组织发展

只有良好的中印双边关系，才能保证扩员后的上合组织得到发展。然而，近年来中印关系的发展，却经历了从高期待到互相失望的过程，以至于2017年爆发了长达72天的洞朗对峙。2013年初，中国产生新一届领导层，更加重视对印外交。当年5月，李克强总理将印度作为其担任总理后的首访国。2014年5月，莫迪当选印度新总理后，中国史无前例地派出外交部部长王毅作为特使拜访莫迪。2014年9月，习近平主席对印度进行了成功访

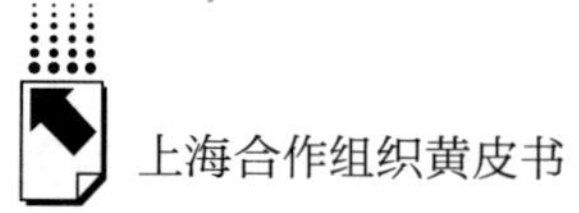

问，2015 年 5 月，印度总理莫迪对中国进行了访问。两国高层互动频繁，中国对印投资热情也空前高涨。

不过，在这些积极趋势之下，消极面逐渐浮现。边境对峙不时发生。2013 年、2014 年都发生了较大规模的边境对峙。另一个因素则是印度对“一带一路”的消极态度。加上莫迪政府偏离不结盟外交政策，与美国形成“准同盟”，两国在防务领域的合作“突飞猛进”，签署新版美印《防务合作框架协议》和《后勤保障协定》，宣布印度成为美国的“主要防务伙伴”。

在此背景下，2016 年，中印关系进入“多事之秋”，分歧聚焦在两个问题上。一是恐怖主义分子的列名问题。印度要将 2008 年孟买恐怖袭击的嫌疑人拉赫维和“穆罕默德军”的马苏德列入联合国 1267 委员会的制裁名单。中国基于“印度提供的信息不足”，多次以技术性手段搁置了印度申请。二是印度在加入核供应国集团的问题上受挫，认为中国是其最大障碍。为此，印度逐步对华采取一些“反制”举措。例如，2016 年 10 月的排灯节期间抵制中国货，邀请达赖喇嘛访问中印争议地区达旺，美国驻印度大使理查德·维尔马到访达旺，印度总统史无前例地在总统府接见达赖喇嘛等。

这一系列消极的发展趋向，导致了 2017 年 6～8 月长达 72 天的洞朗对峙，使得两国关系降到了冷战结束后的历史低点。两国领导人都在积极扭转这一事件可能造成的消极影响。2017 年 9 月 5 日，在厦门金砖峰会期间，国家主席习近平同印度总理莫迪举行了双边会晤。习近平主席特别指出，中印两国要坚持双方互为发展机遇、互不构成威胁的基本判断。希望印方能够正确、理性看待中国发展。要向世界表明，和平相处、合作共赢是中印两国唯一正确的选择。2017 年 12 月 11 日，外交部部长王毅在新德里出席中俄印外长会议时表示，中印双方都要切实将两国领导人的这些重要判断落到实处，形成更广泛的共识，变成更具体的举措，不断扩大双边关系的积极面，不断积累两国交往的正能量，让两国关系朝着“再出发”的方向发展。

2018 年 2 月以来，中印双方开始释放积极信号，为武汉非正式会晤进行预热。4 月 22 日，国务委员兼外交部部长王毅与来华访问的印度外长斯瓦拉吉最终确定了领导人会晤的安排后，共同对外宣布了两国领导人将举行武汉会晤。

2018 年 4 月 27 日至 28 日举行的首次中印领导人武汉会晤，增进了两国领导人之间的友谊，增进了两国的战略互信，促进了在一系列双边问题上的合作。在国际地区问题的协调上，双方同意首先在阿富汗开展“中印 +”合作，然后再扩大双方的合作范围，同意在孟中印缅框架下加快经济合作，在应对全球形势的变化上双方也取得共识。对于两国的分歧，双方同意通过协商予以管控。

在预热或落实武汉会晤的精神下，印度官方香客经由乃堆拉山口赴藏朝圣得以恢复，中方重启向印方提供雅鲁藏布江的汛期数据。中印边境事务磋商和协调工作机制、中印军控磋商机制、中印海上安全合作对话机制、高级别人文交流机制都在 2018 年得以开启。10 月 22 日，中国与印度首次执法安全高级别会晤在新德里举行。中国国务委员、公安部部长赵克志与印度内政部部长辛格共同签署了《中华人民共和国公安部与印度共和国内政部合作协议》。

与此同时，中印两军的交流得以加强。2018 年 7 月 2 日至 6 日，中国西部战区副司令员刘小午中将率战区边防代表团访问印度。8 月 21 日至 24 日，中国国务委员兼国防部部长魏凤和上将对印度进行正式友好访问。中印第七次“携手”陆军联训也于 2018 年 12 月在成都顺利举行。此外，在缓解贸易逆差、缓和“一带一路”问题上的分歧等方面，中印都达成了共识，并为此进行了初步努力，有不少突出的亮点。这预示着中印关系走出了洞朗对峙的阴影，逐渐走向趋暖的态势。

不过，中印关系继续发展的战略基础需要夯实。过去，中印在全球层面是合作占主流，中印都追求多极化世界，要求改革全球金融机制，在全球气候变化、全球能源合作等方面积极合作。但是，目前双方在全球问题上的合作在减弱；在地区层面，中印竞争渐渐加剧。中国经济影响力在南亚大幅提升，同南亚国家的军事防务合作不断加强，在印度洋的存在也不断增加，印度在心理上还没有适应中国的存在，对“一带一路”倡议疑虑甚深。

在双边层面，两国传统的分歧依然存在，如边界问题、贸易不平衡的问题等。武汉“东湖会晤”有望推动印度对华关系的大调整，但不能忽视的是，中印关系的大问题都还在，其可能在未来对上合组织的合作构成影响。

伴随中印关系的改善，印度正式加入上合组织后也调整了其对俄政策。继 2018 年 5 月同普京在索契举行非正式会晤后，在 10 月举行的印俄领导人第十九次年度会晤时，印度不顾美国特朗普政府 2017 年通过的《以制裁反击美国敌人法》（CAATSA）的压力，拒绝了美国提供的萨德系统，坚持同俄罗斯签署购买俄罗斯 S－400 防空导弹系统的协议，交易额超过 50 亿美元。俄罗斯对印度也给予积极回报，双方在能源、航天、经贸等多个领域签署合作协议，俄罗斯甚至要帮助印度完成其首个载人航天任务。

伴随印度对中、俄更加积极的外交，中俄印的三边合作也在 2018 年得到了加强。2018 年 11 月在阿根廷首都布宜诺斯艾利斯举行的 G20 峰会期间，三国领导人举行了非正式会晤，一致同意加强三方协调，凝聚三方共识，增进三方合作，并且同意要进一步加强中俄印合作机制。2019 年 2 月 27 日，第十六次中俄印外长会晤在中国浙江乌镇举行。三方一致认为，中俄印三国领导人于 2018 年 11 月在布宜诺斯艾利斯举行的非正式会晤具有重要里程碑意义，此次非正式会晤为中俄印合作注入了新的动力。[①] 三国外长重申将共同加强在此次非正式会晤所讨论的重要议题上的合作，推动中俄印合作不断迈上新台阶。[②] 共同认为世贸组织改革应坚持其核心价值和基本原则，尤其是“特殊与差别待遇”。在信息技术领域和网络安全问题上，应充分尊重公平竞争和非歧视原则。同时建议年内在多边场合再次举行三国领导人会晤，为三方合作持续提供重要政治引领。三方同意，继续巩固和拓展三方务实合作，研究适时设立三国防长会晤机制。[③]

总之，随着印巴两国加入上合组织，借助这一多边平台，印巴关系、中

---

① 中华人民共和国外交部：《中华人民共和国、俄罗斯联邦和印度共和国外长第十六次会晤联合公报》，https：//www. mfa. gov. cn/web/zyxw/t1641465. shtml，2019 年 3 月 7 日访问。

② 中华人民共和国外交部：《中华人民共和国、俄罗斯联邦和印度共和国外长第十六次会晤联合公报》，https：//www. mfa. gov. cn/web/zyxw/t1641465. shtml，2019 年 3 月 7 日访问。

③ 中华人民共和国外交部：《王毅谈中俄印外长会晤八点共识》，https：//www. mfa. gov. cn/web/wjbzhd/t1641453. shtml，2019 年 3 月 7 日访问。

印关系都在2018年有所改善，尤其中印关系改善为中俄印三方合作注入了新动力。然而，不论是印巴关系还是中印关系，其合作的战略基础和固有矛盾仍然存在。

印巴矛盾根深蒂固，只有印巴实现和解和矛盾管控，才能推动上海合作组织在地区安全和经济发展中扮演更加重要的角色。2019年2月印巴爆发了普尔瓦马事件，一度使形势濒临战争边缘，也暴露了上合组织还不足以承担化解印巴矛盾的能力。双边层面上，虽然中国或许能在一定意义上影响巴基斯坦，但是俄罗斯能在多大程度上影响印度就比较难说了。俄罗斯尚且难以影响印度，那么上合组织的规则能否更有效地阻止印巴分歧并最终避免战争呢？这也许是上合组织未来发展的一个方向。

中国、印度、俄罗斯在多个多边平台上合作，如金砖集团、上海合作组织，但是，上合组织是唯一可以推动欧亚大陆经济发展、地区稳定和互联互通的地区平台，在当前印度仍然对“一带一路”倡议持反对态度的情况下，上合组织需要务实地推动三方实质性发展对接，融合各方的发展诉求，才能使三方合作真正地走实、走深。

印巴加入上合组织后，可能还需要同中、俄及中亚国家进行相当长时间的磨合。在政治制度方面，印度和巴基斯坦继承的是代议民主制，它和中国、俄罗斯、中亚国家的政治体制的差别是非常明显的。这就可能带来很多对具体问题理解上的差异，给很多具体议题合作带来障碍和分歧。印巴的外交也常常由内政因素主导，加上民主制度，使得内部政党之争常常会“外溢”到外交，这也和上合组织其他成员国的国情存在很大差异。而这些差异，随着时间推移有可能会日益凸显出来。

安全合作

Security Cooperation

Y.9 上合组织与新安全观：上合实践对完善新安全观的贡献

许　涛*

摘　要： 2018年上海合作组织青岛峰会是2017年阿斯塔纳峰会完成组织扩容后，新老成员国元首首次全程参与所有正式活动的一次盛会，是标志着这一综合性地区合作组织进入全新发展阶段的里程碑。青岛峰会产生的成果不仅是对上合组织精神和宗旨的再诠释，也是从政治和战略上完成了发展方向与机制功能的再定位。这既是上合组织经过17年发展后走向壮大和成熟时期的必然结果，也是成员国在当今世界格局和地区形势出现重大变化后做出的集体反应。在本届峰会上，中国作

* 许涛，中国现代国际关系研究院研究员，国务院发展研究中心欧亚社会发展研究所特聘研究员，上海合作组织研究室主任，俄罗斯东欧中亚学会理事，上海合作组织国家研究中心常务理事。

为轮值主席，主场协商各成员国共同对“上海精神”赋予新的时代内涵，并系统阐述了以“新发展观、新安全观、新合作观、新文明观、新全球治理观”为核心的新时期国际关系理念，在为上合组织进一步明确了未来发展方向的同时，也给国际社会面对全球大发展大变革大调整建立公正合理关系格局提供了重要启示。其中，作为伴随上合组织存在与发展的“新安全观”经中国领导人深刻诠释和各成员国高度认同后被载入峰会共同文件，无疑将对上合组织今后的发展，尤其是新时期的地区安全合作具有指导意义并产生深远影响。从上合组织正式成立前的“上海五国”时期开始，被称作“上海进程”的地区安全合作实践始终秉持着一种不同于冷战时期盛行的安全理念，并经各国共同努力不断完善、丰满。结合上合组织的发展历程，追溯“新安全观”产生发展的过程，有助于准确理解这一理念的核心内涵和时代意义。

关键词： 上海合作组织　青岛峰会　新安全观　中亚

2018 年 6 月，上海合作组织成员国元首理事会第十八次会议在青岛举行。这届峰会是上合组织历史上颇具创新意义的盛会，仅从媒体为青岛峰会总结出的若干个“第一”，就可以看出这次会议对上合组织未来发展所做的建树。比如，阿斯塔纳峰会扩容后有印、巴两个新成员正式参加的第一次峰会，中共十九大提出新时代大国外交理念后中国主场举办的第一次上合峰会，中国首次在京沪以外城市举办上合峰会，等等。国际舆论以敏感视野向人们准确、及时提示的这些新闻看点足以说明这次峰会不同以往的收获。然而，从长期观察和研究上合组织发展的学术视角评估，与“新合作观”“新发展观”“新文明观”“新全球治理观”一并提出的“新安全观”，无疑是青岛峰会的亮点之一。结合世纪之交上合组织诞生和发展的全球政治格局与地区安全形势，用历史发展与现实条件相结合的维度梳理这一重要理念的形成和完善，不仅有助于深刻理解青岛峰会的重要贡献，而且对上合组织在新时期不改初心、与时俱进、健康发展有益。

一 “上海进程”共同安全理念的时代创新

作为上合组织前身的“上海五国”产生于中国与苏联毗邻四国（俄罗斯、哈萨克斯坦、吉尔吉斯斯坦、塔吉克斯坦）边境军事安全谈判与磋商的最高会晤机制，这一被视为“上海进程”（Шанхайский процесс）的早期阶段中开展的务实、有效的安全合作方式与思路，为后来的上合组织推出新式安全合作理念奠定了重要的政治信任基础。① 20 世纪 90 年代，持续了近半个世纪的冷战结束。全球战略力量博弈以苏联东欧集团解体为标志出现重大逆转，尤其对欧亚地区地缘政治版图带来了颠覆性的改写。曾经受到冷战次区域对抗影响的中苏关系此时也受到冲击：从意识形态论战到军事对抗，再到实现关系正常化的一对主体发生了历史性变化，曾经恃强为全球超级大国之一的苏联从国际法意义上不复存在，而继承其与中国构建新型关系的是领土、人口、实力相差甚远的四个新获独立国家。已经开启改革开放十年的中国，内部生产关系及与世界联系的调整正进入关键时期。基于对世界和周边形势的基本判断，中国国家安全观开始发生根本性转变。从 20 世纪 80 年代就启动了百万大裁军，大批靠国家生存的军工企业也转向民用产品生产。而作为苏联法定继承人的俄罗斯及历史上第一次成为现代国家主体的哈萨克斯坦、吉尔吉斯斯坦、塔吉克斯坦四国，面临着由一部超级霸权机器上解体下来后重新自我定位的困惑，必须从原有经济体系断裂冲击和民族国家关系

① Трофимов Дмитрий：Шанхайский процесс—от “пятерки” к “организации сотрудничества”：итоги 1990 – х，проблемы и перспективы развития，Центральная Азия и Кавказ，№ 2（20）2002 г. https：//www. ca – c. org/journal/2002/journal_ rus/cac – 02/11. troru. shtml.

重构的双重危机中制定全新的国家安全战略框架。如此一来，怎样对待和解决从冷战对抗时期共同继承下来的负面遗产，就成为双方（以中国为一方，俄、哈、吉、塔四国为另一方）亟待解决的问题。

首先是双方边境地区的军事安全问题。自20世纪60年代末中苏边境东段和西段分别发生武装冲突后，双方互设为战争假想敌，并动员了相对强大的军力做足战争准备。[①] 数千公里的中苏边境（加上实际上受苏联控制的蒙古人民共和国，军事对峙带长达7000多公里）维持了近十年的准战争状态。虽然苏共总书记勃列日涅夫于1982年3月在塔什干主动发出了改善中苏关系的信号，中国领导人做出积极回应的同时，也将改变边境地区紧张状态作为重要前提之一郑重提出。但由于苏联领导集团仍坚持霸权主义的国家关系理念，并未放弃超级大国地位和沙文主义的对华政策，中苏边境的军事压力没有得到根本缓解。1986年7月，新任苏联领导人戈尔巴乔夫在符拉迪沃斯托克发表讲话，表示将有计划地从中苏边境苏方和蒙方一侧撤军。[②] 1987年2月，中苏间重启包括边境争议地区和边境地区裁军的谈判。至此，中苏关系经过“解冻期”转入正常化的协商与互动阶段。[③] 从这一时期的中苏边境安全互动过程来看，国内条件和国际环境均使中苏双方先后意识到存在通过必要的政治协商达成共同安全的可能性。

1991年苏联解体之前，中苏之间关于边境问题的谈判已进行了多次，产生了《中苏联合公报》（1989年5月、1991年5月）、《中苏国界东段协定》（1991年5月）等重要成果。1991年底苏联解体后，中国第一时间与包括俄、哈、吉、塔在内的独联体国家建立了正式外交关系，并表示愿意继续履行与苏联政府签署的各项条约、协定和有关文件所规定的义务，同时希望原苏联各加盟共和国在独立后仍能履行此前苏联政府与中国政府签

---

① 1969年初，苏联在中苏边境地区已部署了12个机械化步兵师。在1969年2月中苏边境东段的“珍宝岛事件”和发生在西段的“铁列克提事件”之间的数个月之内，苏军又增加了陆军55个师，空军、防空军24个师，海军13万人。

② 周晓沛：《中苏中俄关系亲历记》，世界知识出版社，2010，第45页。

③ 吴跃农：《从“塔什干讲话”到“符拉迪沃斯托克讲话”：中苏关系正常化历程》（下），中国社会科学网，http：//www. cssn. cn/ddzg/ddzg_ ldjs/wj/201201/P02013 1031386209855531. pdf。

署的各项条约与协定。同年2月，中俄两国立法机构分别批准了以《中苏国界东段协定》为蓝本的《中俄国界东段协定》。9月，与中国领土接壤的俄、哈、吉、塔四国代表在明斯克举行会议，决定在尊重中苏间已有成果的基础上，继续进行与中方的边境问题谈判。根据当时的特定地区形势，四国商定首先与中方讨论削减军事力量和实现边境地区军事互信问题。四国会议形成了内部协定，组成联合代表团。1993年2月，中国与俄、哈、吉、塔以“五国两方”的新形式重启会谈。[①] 在1994年签署《中俄国界西段协定》《中哈国界协定》后，谈判的焦点集中到冷战时期遗留下来的军事安全问题上。1995年11月，“五国两方”代表在1990年4月中苏两国政府《关于在中苏边境地区相互裁减军事力量和加强信任的指导原则协定》基础上草签了《中、俄、哈、吉、塔五国关于在边境地区加强军事领域信任协定》。1996年4月，五国领导人在上海共同签署了《中、俄、哈、吉、塔关于在边境地区加强军事领域信任协定》。接着又在1997年4月于莫斯科签署了《中、俄、哈、吉、塔关于在边境地区相互裁减军事力量的协定》。

回顾苏联解体后“上海进程”前期致力于边境地区军事安全问题的外交活动及其成果，能看到这一系列安全合作不仅使中国与俄、哈、吉、塔边境地区的紧张状态得到大大缓解，而且首倡和践行了一种新的安全合作理念。这种理念摒弃了将自身安全建立在对别国安全威胁基础上的安全模式，以共同的安全需求为务实合作目标，超越国家制度、意识形态、文化传统、经济体量、发展阶段等方面制约国家关系发展的差异性因素，开创了一种以政治信任为基础、以共同利益为驱动、以协商合作为方式的新型国际安全观念和安全合作模式。这一创新性的安全合作实践不仅为后来的“上海五国”和上合组织奠定了重要的政治基础，而且为冷战后的欧亚地区和国际社会争取和平与稳定提供了宽广思路和实践平台。

---

① 中国现代国际关系研究所民族与宗教研究中心：《上海合作组织——新安全观与新机制》，时事出版社，2002，第124页。

二　新安全观在上合安全实践中的完善

随着冷战后欧亚地区安全形势出现的多元性、复合性、跨国性特征，继上海和莫斯科两个协定之后，中、俄、哈、吉、塔五国在初步建立起来的政治互信关系基础上组成了继续协商解决地区安全问题的元首会晤机制，“上海进程”进入了“上海五国”时期。在成功化解冷战遗留的军事安全问题后，处在不同社会转型阶段的五国区域内，伴随着经济形势恶化和社会关系重构出现了民族分裂主义、宗教极端主义、国际恐怖主义等非传统安全因素的威胁。1998 年 7 月，五国元首共同签署《阿拉木图联合声明》，赋予“上海五国”机制担负起“携手反对民族分裂主义、国际恐怖主义和其他跨国犯罪等地区恶势力的共同职责”。并明确提出：“任何形式的民族分裂、民族排斥和宗教极端都是不能接受的，不允许利用本国领土从事损害五国中任何一国的国家主权、安全和社会秩序的活动。”[①] 接着，五国元首在 1999 年 8 月共同签署《比什凯克声明》，针对当年乌兹别克斯坦伊斯兰运动（简称“乌伊运”）制造的“巴特肯事件”，提出共同打击各种形式的分裂势力和极端主义势力，共同打击国际恐怖主义、偷运武器、贩卖毒品等跨国犯罪活动的要求，并建议召开五国安全执法部门领导人会议，建立由上述部门领导人组成的“比什凯克小组”会晤机制。根据地区形势的变化，五国安全合作实践开始转向更广泛的领域。

2001 年 6 月，上合组织正式成立。从“上海五国”元首会晤机制到建立正式的国际合作平台，以多边合作方式应对本地区共同安全威胁成为最主要的动力之一。上合组织成立后优先签署《打击恐怖主义、分裂主义和极端主义上海公约》本身及其内容，均反映出各成员国领导人对本地区安全合作及其工作重心转向非传统安全领域的共识。上合组织成立是“上海进

① 中国现代国际关系研究所民族与宗教研究中心：《上海合作组织——新安全观与新机制》，时事出版社，2002，第 144 页。

程”的重要发展阶段，在这一合作升级的关键时刻，经过地区形势考验和外交实践强化的各成员国间的政治互信构成了重要前提。而在此基础上追求共同安全和综合安全的合作理念与合作路径逐渐清晰。时任中国国家主席江泽民在上合组织成立大会上发言指出：“‘上海五国’进程是当代国际关系中一次重要的外交实践。它首倡了以相互信任、裁军与合作安全为内涵的新型安全观，丰富了由中俄两国始创的以结伴而不结盟为核心的新型国家关系，提供了以大小国共同倡导、安全先行、互利协作为特征的新型区域合作模式。”[①] 中国领导人为上合组织发展和地区安全构建提出的重要思想，很快得到各成员国的认同。2002 年初，在北京举行的上合组织外长会议上，各国外长将对“新安全观”概念的共同理解和推动新型安全合作关系的希望写入联合声明：“呼吁国际社会树立以互信、互利、平等、协作为原则的新型安全观，推动解决发展问题和地区冲突问题，从根本上减少不安全因素，铲除恐怖主义根源。”[②] 同年 6 月在圣彼得堡举行的第二次上合组织峰会上，江泽民再次从冷战历史教训和当代国际秩序的角度，阐述了推动新安全观的重要性和现实性，以及上合组织应该承担的历史使命。“总结历史和现实的经验，最根本的是必须抛弃‘冷战思维’，树立新型安全观，努力建立公正合理的国际新秩序。这是解决当前世界和平与发展这两个最重大课题的正确途径。”[③] 在这次峰会上，中国领导人的观点得到了各成员国元首的认同，并写入了本届峰会的共同宣言：“国际社会需要建立以互信、互利、平等和相互协作为基础的新型安全观。这有利于彻底消除安全破坏因素和新

① 《江泽民主席在“上海合作组织”成立大会上的讲话》，中华人民共和国外交部网站，https：//www. fmprc. gov. cn/web/gjhdq _ 676201/gjhdqzz _ 681964/lhg _ 683094/zyjh _ 683104/t4637. shtml。

② 《上海合作组织成员国外长联合声明》，中华人民共和国外交部网站，https：//www. fmprc. gov. cn/web/gjhdq _ 676201/gjhdqzz _ 681964/lhg _ 683094/zywj _ 683106/t10641. shtml。

③ 《弘扬“上海精神” 促进世界和平——江泽民主席在上海合作组织圣彼得堡峰会上的讲话》，中华人民共和国外交部网站，https：//www. fmprc. gov. cn/web/gjhdq_ 676201/gjhdqzz_ 681964/lhg_ 683094/zyjh_ 683104/t10897. shtml。

威胁的根源。”① 这是在上合组织峰会共同文件中正式提出和初步诠释的“新安全观”概念。2003 年 5 月，中国国家主席胡锦涛在上合组织莫斯科峰会上发表讲话，再次代表中方重申：“中国主张树立新型安全观，以互信求安全，以对话促合作。军事手段可以赢得一时的胜利，但不会带来持久的安全。”② 在此后的上合组织 2006 年上海峰会和 2011 年阿斯塔纳峰会上，中国领导人多次强调“树立互信、互利、平等、协作的新安全观”对地区和平与稳定的重大意义，并对上合组织实践、充实、完善新安全观所做努力予以充分肯定。③ 而在上合组织 2003 年莫斯科峰会、2005 年阿斯塔纳峰会、2009 年叶卡捷琳堡峰会、2011 年阿斯塔纳峰会的共同宣言中，均将树立和推广新安全观作为本组织的基本立场和重要倡议多次高调提出。④

随着地区安全形势的深刻变化和上合组织安全合作的持续深入，得到各成员国认可和推崇的新型安全理念在地区实践中也得到不断完善，并被推广到更加广阔区域的安全活动中。2014 年 5 月，中国国家主席习近平在上海

① 《上海合作组织成员国元首宣言》，中华人民共和国外交部网站，https://www.fmprc.gov.cn/web/gjhdq_676201/gjhdqzz_681964/lhg_683094/zywj_683106/t4509.shtml。

② 《承前启后，继往开来，努力开创上海合作组织事业新局面——在上海合作组织成员国元首莫斯科会议上的讲话》，中华人民共和国外交部网站，https://www.fmprc.gov.cn/web/gjhdq_676201/gjhdqzz_681964/lhg_683094/zyjh_683104/t24657.shtml。

③ 《胡锦涛在上合组织成员国元首理事会第六次会议上的讲话（全文）》，中华人民共和国外交部网站，https://www.fmprc.gov.cn/web/gjhdq_676201/gjhdqzz_681964/lhg_683094/zyjh_683104/t258102.shtml。《胡锦涛在上海合作组织成员国元首理事会第十一次会议上的讲话（全文）》，中华人民共和国外交部网站，https://www.fmprc.gov.cn/web/gjhdq_676201/gjhdqzz_681964/lhg_683094/zyjh_683104/t830978.shtml。

④ 《上海合作组织成员国元首宣言（莫斯科）》，中华人民共和国外交部网站，https://www.fmprc.gov.cn/web/gjhdq_676201/gjhdqzz_681964/lhg_683094/zywj_683106/t24253.shtml。《上海合作组织成员国元首宣言（阿斯塔纳）》，中华人民共和国外交部网站，https://www.fmprc.gov.cn/web/gjhdq_676201/gjhdqzz_681964/lhg_683094/zywj_683106/t206068.shtml。《上海合作组织成员国元首叶卡捷琳堡宣言》，中华人民共和国外交部网站，https://www.fmprc.gov.cn/web/gjhdq_676201/gjhdqzz_681964/lhg_683094/zywj_683106/t568039.shtml。

《上海合作组织十周年阿斯塔纳宣言（全文）》，中华人民共和国外交部网站，https://www.fmprc.gov.cn/web/gjhdq_676201/gjhdqzz_681964/lhg_683094/zywj_683106/t831003.shtml。

举行的亚信峰会（亚洲相互协作与信任措施会议第四次峰会）上做主旨发言时指出："我们应该积极倡导共同安全、综合安全、合作安全、可持续安全的亚洲安全观，创新安全理念，搭建地区安全合作新架构，努力走出一条共建、共享、共赢的亚洲安全之路。"① 同时，对新安全观的内容逐条加以说明，成为中国领导人对新安全观最详尽、最系统、最权威的一次解读。在同年9月的上合组织杜尚别峰会上，习近平代表中方向各成员国郑重号召："作为本组织大家庭中的一员，我们应该坚守合作共赢理念，坚持互信、互利、平等、协商、尊重多样文明、谋求共同发展的'上海精神'，践行共同、综合、合作、可持续的亚洲安全观，以集体之力、团结之力、合作之力，携手应对威胁挑战，共同推动上海合作组织得到更大发展。"② 从多年地区安全合作中获得实际利益的上合组织各成员国积极回应这一号召，得到系统诠释的新安全观概念正式在《杜尚别宣言》中得到完整表述，并向国际社会集体发声："各成员国呼吁在考虑所有国家合法利益的基础上，建设一个没有战争、没有冲突、没有暴力和压迫的世界，发展全面平等互利的国际合作，实现共同、综合、合作和可持续安全。"③

三　新时期上合组织安全观的全球意义

2012年6月，各成员国元首在上合组织北京峰会上发表了《上海合作组织成员国元首关于构建持久和平、共同繁荣地区的宣言》，针对全球金融危机后不确定的国际形势和地区面临的新安全隐患，提出"应在国际关系

① 《习近平在亚信峰会做主旨发言（全文）》，人民网，http：//world. people. com. cn/n/2014/0521/c1002 - 25046234. html。

② 《习近平在上海合作组织成员国元首理事会第十四次会议上的讲话（全文）》，中华人民共和国外交部网站，https：//www. fmprc. gov. cn/web/gjhdq_ 676201/gjhdqzz_ 681964/lhg_ 683094/zyjh_ 683104/t1190748. shtml。

③ 《上海合作组织成员国元首杜尚别宣言（全文）》，中华人民共和国外交部网站，https：//www. fmprc. gov. cn/web/gjhdq _ 676201/gjhdqzz _ 681964/lhg _ 683094/zywj _ 683106/t1190849. shtml。

中推广互信、互利、平等、协作的新安全观，在世界上建立尊重所有国家利益的、不可分割的安全空间”①。新安全观作为上合组织各成员国面对全球形势剧变背景下应对不确定安全环境的重要主张，一方面是本组织地区安全活动的指导性原则，另一方面通过共同宣示积极向国际社会推广。

上合组织成立17年来，全球范围及欧亚地区均发生过多次动荡与骚乱。然而上合组织各成员国基本能够保持国内稳定，在新安全观指导下的上合组织安全合作对此功不可没。据上合组织地区反恐怖机构执委会主任瑟索耶夫介绍，2013～2017年，上合组织各成员国职能部门共制止600多起具有恐怖主义特征的犯罪活动，捣毁了500多个武装分子培训据点，抓获了2000多名国际恐怖分子，缴获了1000多件爆炸装置、50多吨爆炸物、1万多支枪械和100多万发子弹。2016～2017年，上合组织成员国有关部门屏蔽了10万多家涉及恐怖主义和极端主义的网站，删除了这些网站登载的400多万条宣扬恐怖主义和极端主义的信息，有效维护了地区的安全环境。②

当世界进入21世纪的第二个10年后，全球化不平衡发展引起的动荡和冲突频发，原有的世界经济格局和国际关系规则受到冲击，大发展大变革大调整成为新时代的基本特征。2018年7月，习近平主席在南非约翰内斯堡金砖国家工商论坛上指出，当今世界正面临百年未有之大变局，未来10年，将是世界经济新旧动能转换的关键10年，将是国际格局和力量对比加速演变的10年，将是全球治理体系深刻重塑的10年③。在新旧体系交替时期，全球及地区安全风险防范机制尚未健全起来，全球化造成的差异激活政治、经济、文化冲突的可能性大大提升。面对这种剧变带来的风险，包括欧美在内的一些国家重启冷战思维，单边主义、孤立主义、民粹主义盛行，维护和

① 《上海合作组织成员国元首关于构建持久和平、共同繁荣地区的宣言（北京）》，中华人民共和国外交部网站，https：//www. fmprc. gov. cn/web/gjhdq_ 676201/gjhdqzz_ 681964/lhg_ 683094/zywj_ 683106/t939154. shtml。

② 新华社专访：《上合组织反恐怖卓有成效——访上合组织地区反恐怖机构执委会主任瑟索耶夫》，http：//www. xinhuanet. com/world/2018 -05/09/c_ 1122806356. htm。

③ 《习近平在金砖国家工商论坛上的讲话（全文）》，新华社，http：//www. xinhuanet. com/world/2018 -07/26/c_ 1123177214. htm。

平与发展的努力面临考验。在青岛峰会正式吸纳印度、巴基斯坦加入元首理事会所有高层活动后，上合组织安全合作面临更加重大的责任和更加复杂的局面。在新形势下继续发挥上合组织地区安全合作的集体效应与辐射影响，坚持和推广新安全观将是对地区各国和国际社会最好的回答。

2018 年 10 月 19 日，中共中央政治局委员、中央外事工作委员会办公室主任杨洁篪在俄罗斯索契出席瓦尔代国际辩论俱乐部年会时发表讲话指出："当今世界总体和平，大国关系总体稳定，传统与非传统安全威胁总体可控。但这个和平的世界来之不易，需要我们格外珍惜。我们要继续秉持共同、综合、合作、可持续的安全理念，共同努力建设一个普遍安全、持久和平的世界。"① 这一讲话可以看作青岛峰会后中国政府再次宣示奉行和推广新安全观的决心。

① 《杨洁篪在瓦尔代国际辩论俱乐部年会外交议题讨论会上的讲话（全文）》，人民网，http：//world. people. com. cn/n1/2018/1019/c1002 – 30352152. html。

Y.10

上海合作组织安全合作机制的建设成就、不足与建议

曾向红*

摘　要： 上海合作组织通过近18年的发展，取得了诸多成就，特别是在安全领域。截至目前，上海合作组织在安全合作机制的建设方面，大体形成了定期会晤决策机制、条约法律保障机制、联合反恐合作机制三者联动、相互促进的关系。通过这三种具体机制的协同作用，上海合作组织框架内的安全合作取得了不容低估的明显成效，不仅对促进成员国之间的安全合作居功至伟，而且维护地区安全的作用明显。当然，上海合作组织毕竟是一个较为年轻的地区合作组织，在取得一系列成就的同时其也存在不少问题。本文将从梳理上海合作组织安全合作机制的类型与特点出发，在总结其成果的同时分析其不足之处，并提出相应的政策建议，以期对上海合作组织发展和上海合作组织安全合作机制建设有所裨益。

关键词： 上海合作组织　安全合作机制　成就与问题

上海合作组织是历史上第一个以中国城市命名，本部设立在中国境内，奉行“互信、平等、协商、尊重多样文明、谋求共同发展”组织精神，着

* 曾向红，兰州大学政治与国际关系学院、兰州大学中亚研究所教授。

眼于地区安全合作的新型区域合作组织。其前身是“上海五国”机制，主要是为了解决中国与俄罗斯、中亚国家之间的边界争议、边境互信和地区安全等问题。在划界完成后，由于中亚地区“三股势力”（恐怖势力、极端势力、分裂势力）问题，以及毒品问题、武器走私问题等非传统安全威胁进一步凸显，① “上海五国”在此基础上将合作重点从划界与边界安全这一单一议题，扩展到维护地区安全与稳定、促进五国及地区经济合作、打击分裂主义与极端主义等领域，这意味着“上海五国”在功能和身份上实现了转型升级。2001 年 6 月 15 日，中国与俄罗斯、哈萨克斯坦、吉尔吉斯斯坦、塔吉克斯坦、乌兹别克斯坦六国元首齐聚上海，宣布在“上海五国”的基础上成立上合组织。这标志着上合组织作为一个全新的地区性国际组织正式出现在国际舞台上。

上合组织在近 18 年发展和运行的过程中，始终奉行“上海精神”积极参与国际和本地区的重要事务，与联合国、独立国家联合体、欧亚经济共同体、集体安全条约组织等国际组织建立了合作关系，在安全、经济、外交等方面开展一系列合作，并于 2017 年实现了首次扩员。目前，上合组织已成为世界上涵盖人口最多、面积最大的地区性国际组织。上合组织之所以取得如此辉煌的成就，离不开成员国之间的协同努力，更离不开上合组织内部日臻完善的组织制度体系的支撑。特别是在安全合作领域，由于上合组织主要着眼于地区安全合作，因此在打击恐怖主义、极端主义、贩卖毒品、跨国犯罪等非传统安全领域取得一系列突出成果，这些成果同样离不开上合组织框架内安全合作机制的运行和发展。与此同时，由于新形势的变化和成员国之间关系的复杂性，不可避免给上合组织安全合作的平稳开展带来一系列威胁和挑战。本文试图从上合组织安全合作机制组成与特点的基础上，梳理其建设成就及其存在的不足或问题，并据此提出一些初步的政策建议，以期对进一步推进上合组织框架内的安全合作进程提供参考。

① 赵常庆：《论中亚形势与非传统安全问题的相互作用》，《俄罗斯中亚东欧研究》2006 年第 2 期。

一 上海合作组织安全合作机制的组成

在对上合组织安全合作机制的建设成就和存在问题展开分析之前，首先对上合组织安全合作机制的定义、特点、作用及主要类型进行简要讨论。

（一）上合组织安全合作机制的定义、特点和作用

上合组织安全合作机制从本质上来说是一种作用于安全领域的国际机制，是国际机制中的一种类型。因此要明晰上合组织安全合作机制的概念，可以从国际机制这一概念入手，在厘清国际机制含义的基础上确定上合组织安全合作机制的定义。国际机制概念最早在 1975 年由恩斯特·哈斯和约翰·鲁杰提出，并很快成为国际关系研究领域中的流行词语。但不同流派的学者对之定义和解释存在着诸多不同。[①] 直到 1981 年，新现实主义国际政治理论家斯蒂芬·克拉斯纳才给出比较权威的定义，他认为国际机制是“在国际关系特定领域里行为体愿望会聚而形成的一整套明示或默示的原则、规范、规则和决策程序”[②]。新自由制度主义理论家罗伯特·基欧汉同意克拉斯纳的观点，认为国际机制是指“有关国际关系特定问题领域的、政府同意建立的有明确规则的制度”[③]。而国际安全机制是指“在全球、地区和双边范围内为缩减对安全的威胁、增进信赖、创建对话和合作框架而设计的国际法、规范、协定和安排”[④]。罗伯特·杰维斯也认为，安全机制是指“容许国家相信其他国家将予以回报而在它的行为上保持克制的那些原

---

① 殷翔：《国际机制研究与美欧反恐合作》，中国国际关系学会、南开大学国际问题研究院、外交学院：《评价国际关系理论：各界与进步——2007 年博士论坛》。

② Stephen Krasner, “Structural Causes and Regime Consequences: Regimes As Intervening Variables”, *International Organization*, Vol. 36, No. 2, 1982, p. 186.

③ Robert Keohane, *International Institutions and State Power: Essays in International Relations Theory*, Boulder: Westview Press, 1989, p. 4.

④ Gareth Evans, *Cooperating for Peace: The Global Agenda for the 1990s and Beyond*, St. Leonards, Australia: Allen & Unwin, 1993, p. 40.

则、规则和规范”[①]。基于国际关系学者的上述观点，可以将上合组织安全合作机制定义为：在上合组织框架内，成员国就打击“三股势力”、毒品和跨国犯罪等地区安全问题形成的一套明示的原则、规范、规则和决策程序。

首先需要明确的是，上合组织安全合作机制是在上合组织框架内的合作机制，其作用范围局限于上合组织成员国的领土内，因此是一种地区性的国际安全机制。其次，上合组织安全合作机制的特点主要表现在三个方面。其一，上合组织安全合作机制是非联盟性、内向性（相对于针对外部威胁的外向性而言）与开放性的，其安全合作主要致力于提升成员之间的军事互信、共同打击恐怖主义威胁和联合打击毒品、犯罪的能力，同时该机制具有开放性，它通过积极吸纳地区关键成员的方式，扩大组织的影响力，上合组织吸纳巴基斯坦和印度成为成员国就说明了这一点。其二，上合组织安全合作机制不是孤立的，它与其他机制存在着相互辅助的关系，例如上合组织与欧亚经济共同体、集体安全条约组织，包括我国“一带一路”倡议在内的多边合作机制都具有紧密联系，各种机制之间相互配合，共同发展。其三，上合组织安全合作机制作为地区性国际安全机制，必须在上合组织的框架下发展和运行，上合组织是机制运转的前提和载体，脱离上合组织本身，其安全合作机制也就失去了存在的意义。[②] 最后，上合组织安全合作机制的主要作用是促进成员国之间在安全领域的协同合作，提高上合组织在应对非传统安全威胁方面的能力，促进地区合作的发展。

（二）上合组织安全合作机制的主要组成

上合组织安全合作机制主要由三种机制组成：一是定期会晤决策机制；二是条约法律保障机制；三是联合反恐合作机制。其中，定期会晤决策机制是安全合作机制的核心；条约法律保障机制为其运转提供了条约规范和法律依据；联合反恐合作机制为其合作提供了平台。

---

① Robert Jervis, “Security regimes”, *International Organization*, Vol. 36, No. 2, 1982, p. 357.

② 苏长和：《安全困境、安全机制与国际安全的未来》，《世界经济与政治》1998 年第 5 期。

就定期会晤决策机制而言，上合组织具体包含两个核心决策机制和若干专门决策机制。核心决策机制包含元首理事会（也称“元首峰会”）和政府首脑会议（也称“总理会议”）。专门决策机制包含安全会议秘书会议、地区反恐怖机构理事会会议、禁毒部门领导人会议、国防部长会议、总参谋长会议、边防部门领导人会议、防务安全论坛等一系列会议机制。对于定期会晤决策机制，从字面上可以看出，它既是一种会晤制度，又是一种决策机制。首先从会晤制度上来看，元首理事会和政府首脑会议每年定期召开一次，安全会议秘书会议、地区反恐怖机构理事会等专门决策会议也是每年定期召开一次，但遇特殊问题，可视情况和需要而多次召开，其职责主要在于研究有关安全领域的合作问题，并为成员国之间开展具体的安全合作提供指导。其次从决策机制上来看，上合组织元首理事会主要为安全领域提供方向性指导和政策规划，具体由政府首脑会议制定切实可行的政策措施和规则；[1] 而安全会议秘书会议主要就地区安全局势、安全合作方向、迫切的安全问题等提供具体的建议，由此形成一整套从上到下分工明确、协调有序的安全问题决策机制，进而为成员国之间的安全合作提供政策支持。因此，不同级别的会晤制度和决策机制产生了积极联动效应，为上合组织安全合作提供了坚实的组织基础和制度保障。除此之外，上合组织为促进安全合作的常态化、机制化发展，还成立了常设地区反恐机构。如 2002 年通过了《上海合作组织成员国关于地区反恐怖机构的协定》，2004 年在乌兹别克斯坦首都塔什干成立了上合组织地区反恐怖机构执行委员会，从而为成员国之间反恐合作提供了坚实的组织保障。

就条约法律保障机制而言，上合组织的安全机制建设经过了两个阶段：第一个阶段是法律框架确立时期；第二个阶段是条约法律完善时期。在第一个阶段，上合组织签署了《上海合作组织成立宣言》《打击恐怖主义、分裂主义和极端主义上海公约》《上海合作组织宪章》和《上海合作组织成员国关于地区反恐怖机构的协定》四大基础性文件，确立了上合组织框架内安

① 《上海合作组织宪章》，上海合作组织官网，http：//chn. sectsco. org/documents/。

全合作的基本方向，并为组织成员国联合打击三股邪恶势力制定了明确的法律框架。在第二个阶段，上合组织在前一个阶段确立的框架内深化合作，签署合作打击“三股势力”、打击毒品和犯罪等方面的条约规范，包括2005年签署的《上海合作组织成员国合作打击恐怖主义、分裂主义和极端主义构想》、2008年签署的《上海合作组织成员国政府间合作打击非法贩运武器、弹药和爆炸物品的协定》和《关于在上海合作组织成员国境内组织和举行联合反恐行动的程序协定》、2009年签署的《上海合作组织反恐怖主义公约》、2010年签署的《上海合作组织成员国政府间合作打击犯罪协定》、2011年签署的《2011～2016年上海合作组织成员国禁毒战略》、2015年7月乌法峰会上签署的《上海合作组织成员国边防合作协定》等条约文件，各类法律机制的不断建立和完善，明显提升了上合组织安全合作的水平与效率，使上合组织各部门的安全合作有法可依，有章可循，这对维护地区稳定、提高成员国之间的总体安全合作提供了法律保障和制度支持。①

就联合反恐合作机制而言，主要包括两个方面的内容：一是举办联合军事演习；二是在打击“三股势力”、毒品、犯罪等非传统安全领域中的具体合作。联合军演主要是通过防务与军事领域的合作，以打击“三股”势力为主要目的，表明成员国应对新威胁、新挑战，维护地区安全与稳定、促进共同发展与繁荣的意志与决心，这已成为上合组织应对非传统安全挑战和推进成员国之间安全合作的重要形式。一般而言，联合军演是有两个国家或多个国家的军队参加、联合举行的演习，分为双边联合演习和多边联合演习，而上合组织框架内的军事演习主要以多边联合“和平使命”系列军事演习为主，辅助以其他双边或三边联合军事演习。② 2007年6月27日，六国元首在吉尔吉斯斯坦首都比什凯克签署了《上海合作组织成员国关于举行联合军事演习的协定》，该协定为筹划、举行联合军事演习奠定了法律和组织

① 李玲：《新形势下上海合作组织安全合作机制研究》，陕西师范大学2017年硕士论文，第9页。

② 王树春、张娜：《安全观转型与上合组织联合军演》，《亚太安全与海洋研究》2018年第6期。

基础。除此之外，上合组织还在其框架内针对“三股势力”、毒品、犯罪等非传统安全问题展开多方合作，主要包括成员国相关部门在反恐领域开展的诸多合作。其中，上合组织于2001年签署的《打击恐怖主义、分裂主义和极端主义上海公约》和2004年签署的《上海合作组织成员国关于合作打击非法贩运麻醉药品、精神药物及其前体的协议》，是上合组织在非传统安全领域开展安全合作的基础。

二 上合组织安全合作机制建设取得的成就与面临的问题

（一）上合组织安全合作机制建设取得的成就

通过近18年的发展，上合组织安全合作机制的建设取得了突出成就。2018年上合组织在定期会晤决策机制、条约法律保障机制、联合反恐合作机制方面做出了新的举措，为上合组织安全合作机制的平稳运行和顺利发展奠定了长远基础。

首先，定期会晤决策机制定期运行。截至2018年底，上合组织已成功举办元首峰会18次、总理会议17次、安全会议秘书会议13次、地区反恐怖机构理事会会议32次、禁毒部门领导人会议8次；签署条约90余项，其中有关安全合作条约20余项，取得丰硕成果。2018年6月，上合组织元首理事会在山东青岛召开，峰会就上合组织内部安全问题进行讨论协商，会议签署了《上海合作组织成员国元首理事会青岛宣言》。在此之前，上合组织总理理事会签署了《上海合作组织成员国政府首脑（总理）理事会第十七次会议联合公报》，上合组织司法部长会议签署了《第六次上海合作组织成员国司法部长会议联合声明》。这些会议成果的取得，标志着上合组织的定期会晤作为一种成熟的决策机制，为成员国之间的安全合作指明了方向，提供了坚实的政治保障。

其次，上合组织自成立以来一系列条约法律的签订和完善，为规范上合组织成员国之间的安全合作提供了制度上的指引。一般来说，国际组织的法律秩序可分为内部秩序和外部秩序。内部秩序调整组织内部的各种关系，外部秩序调整组织与成员国、非成员国及其他国际组织等的外部关系。上合组织条约法律保障机制从框架确立，再到逐渐完善，也形成了一整套日臻完善的内部机制和外部机制。就内部机制而言，主要包括三类：一是有关组织内部机构设置和活动规则的文件，如《上海合作组织成员国关于地区反恐怖机构的协定》；二是有关组织内部管理规定的文件，如《上海合作组织应急机制原则》；三是为实现组织目标和合作内容而达成的协议和文件，如《打击恐怖主义、分裂主义和极端主义上海公约》。就外部机制而言，主要以上合组织历次国家元首、政府首脑会晤和各部门领导人会议发表的宣言、公报和声明为主。这一系列以反恐法制为核心的上合组织条约法律的内部和外部机制，有效遏制了非传统安全威胁，维护了地区的和平与稳定。[①] 2018 年青岛峰会进一步完善了上合组织框架内打击“三股势力”和其他非传统安全问题的法律制度，提出了新的设想，做出了新的规划。如青岛峰会指出，将重点关注落实《上海合作组织成员国打击恐怖主义、分裂主义和极端主义 2019～2021 年合作纲要》，通过了《2018～2023 年上海合作组织成员国禁毒战略》及其落实行动计划和《上海合作组织预防麻醉和精神药品滥用构想》，同时为防范恐怖主义、分裂主义和极端主义团伙吸收青年人，成员国通过了《上海合作组织成员国元首致青年共同寄语》，强调上合组织将在组织框架内对青年教育、精神和道德培养开展综合性工作。由此可见，为促进成员国在非传统安全领域的合作取得实效，上合组织在法律规范的建设上不仅着眼于对“三股势力”的坚决打击，而且关注消除滋生“三股势力”等非传统安全问题的深层土壤。

最后，联合反恐合作机制平稳运行。截至 2018 年，上合组织成员国在上合组织框架内的双边或多边联合军事演习已达 15 次，其中，“和平使命”系列军事演习共计 9 次。2018 年 8 月 24 日，“和平使命－2018”联合反恐

---

① 刘再辉：《上海合作组织法律问题研究》，西南政法大学博士论文，2009 年 3 月，第 77 页。

实兵实弹演习在俄罗斯切巴尔库尔市的第255综合训练场举行，来自中国、印度、哈萨克斯坦、吉尔吉斯斯坦、巴基斯坦、俄罗斯、塔吉克斯坦、乌兹别克斯坦八国的部队参加演习，演习总兵力超过3000人，各类武器装备近500件。演习主要考察各成员国联合实施反恐作战、联合筹划、联合指挥、联合打击、联合保障的水平和能力。① 常态化、机制化的联合军事演习对推动上合组织框架内成员国之间政治互信的增强、震慑“三股势力”、维护地区安全与稳定具有重要意义。在打击“三股势力”、毒品走私、跨国犯罪等方面，上合组织的贡献居功至伟。据上合组织地区反恐怖机构执行委员会主任叶夫根尼·瑟索耶夫在塔什干接受新华社记者专访时所说，从2013年至2017年，上合组织成员国有关机构共制止600多起具有恐怖主义性质的犯罪活动，摧毁500多个武装分子培训基地，抓获2000多名国际恐怖组织成员，缴获1000多件自制爆炸装置、50多吨爆炸物、10000多支抢和100多万发子弹。② 而在打击毒品犯罪方面，上合组织也取得重要进展。如上合组织原秘书长阿利莫夫5月17日在天津接受记者提问时表示，从2011年至2017年上半年，上合组织各成员国共缴获160吨海洛因、1500吨大麻、300吨鸦片，间接拯救了可能因毒品而失去生命的上百万人。③ 总之，上合组织在打击“三股势力”、毒品、犯罪等方面取得了突出成绩，在中亚地区的安全合作中发挥了中流砥柱的作用。

（二）上合组织安全合作机制运行中存在的问题

上合组织在安全合作方面取得突出成就的同时，也面临诸多问题。大体而言，这些问题主要包括两个方面：一是安全合作机制本身存在的问题；二是新形势下给上合组织安全合作机制运行带来的新挑战。

---

① 《“和平使命－2018”上海合作组织联合反恐演习打响》，搜狐网，https：//www.sohu.com/a/251198126_600540。

② 《上合组织反恐怖卓有成效》，中国江苏网，https：//baijiahao.baidu.com/s？id＝1599967225372048814&wfr＝spider&for＝pc。

③ 《公安部禁毒局副局长：上合组织应成立禁毒常设机构》，搜狐网，http：//www.sohu.com/a/237041168_99999507。

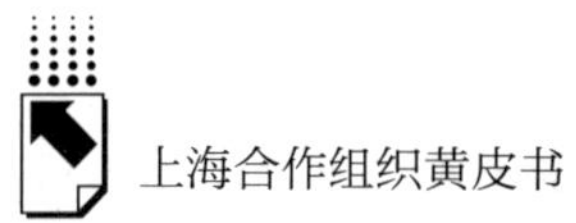

就上合组织安全合作机制本身存在的问题而言，同样包括两个层面：一是三类具体安全机制所存在的问题；二是安全机制作为整体所面临的问题。三类具体安全机制存在的问题如下。

（1）定期会晤决策机制。尽管上合组织已发布不少涉及安全合作的宣言和法律文件，但具体落实较为缓慢，许多规划和项目还停留在书面状态或宣示阶段。[①] 事实上，上合组织的宣言和实践之间存在不少断裂，即声明多，实际结果少。[②] 而且，对于上合组织的常设机构而言，它们彼此之间的关系尚未理顺，部分机制缺乏经验和权威，对各种政策文件的落实程度也不到位，这影响到成员国参加机制活动与具体合作项目的积极性。[③] 此外，定期会晤决策机制的制度化水平不高，导致其论坛化倾向严重，这也是定期会晤制度存在的突出问题。

（2）条约法律保障机制。首先，对于恐怖主义犯罪的界定存在差异。在《打击恐怖主义、分裂主义和极端主义上海公约》中，恐怖主义犯罪既是国际法意义上的恐怖主义犯罪行为，也是各成员国国内法所规定的具体罪行。而《上海合作组织反恐怖主义公约》则对恐怖主义犯罪进行了重新界定，将其归结为暴力意识形态和实践行为。这种对于恐怖主义犯罪概念界定的差异，给成员国执法机关之间的安全合作带来了诸多困难。其次，在上合组织出台的法律文件中，军事反恐协定多，刑事司法合作协定不足，制裁犯罪的规定较多，保障人权的条款少。[④] 现有上合组织框架下的刑事司法协助较为被动，缺乏高效的行动力和具体的指导细则，难以应对突发的恐怖袭击活动。此外，上合组织反恐刑事司法合作领域存在引渡不力的情况，因为根

---

① 赵华胜：《上海合作组织：评估与发展问题》，《现代国际关系》2005 年第 5 期。

② А. . Лук ин, А. Мочуль ский. Аналитические записки. Шанхайская ор анизация сотрудничества: структурное о формле ниеиперспективы развития. 2005. 2. Выпус к2 (4). С. 11.

③ 李进峰：《上海合作组织发展 新十年新前景》，李进峰等主编《上海合作组织发展报告（2013）》，社会科学文献出版社，2013，第 11 ~ 12 页。

④ 刘猛：《〈反恐怖主义法〉视域下中国的反恐国际合作》，《山东大学学报》（哲学社会科学版）2017 年第 2 期。

据引渡“双重原则”的规定，需要请求引渡国和被请求引渡国均认定为犯罪，才能准许引渡。[①] 最后，上合组织拟定的反恐法律机制与成员国相关法律制度的对接也存在问题，导致上合组织制定的法律条文在部分成员国难以落实。

（3）联合反恐合作机制，就军事合作而言，联合军演虽然提高了成员国的反恐协调能力，但上合组织只能为它们提供外交支持，并未介入各国的反恐实践，这无疑削弱了上合组织反恐合作的成效，[②] 联合军演仅停留在演习阶段，其反恐协调与联合应对能力有限。[③] 同时由于联合军演往往采取自愿原则，例如像乌兹别克斯坦等国关心西方国家态度或者出于坚持“独立”“自守”的外交政策原则往往选择不参与。这减弱了联合军演的效力和作用。

安全机制作为整体所面临的问题主要包括以下两个方面。

其一，上合组织安全合作本身缺乏一套完整的应急处理机制。虽然上合组织不断强调打击“三股势力”及联合应对其他安全威胁的必要性，并确立了相关的宗旨、原则、方向、合作方式及落实机制，但整体而言，由于上合组织并未组建如集安组织快速反应部队那样的行动力量，其应对突发安全事件的能力较弱。例如，在2010年吉尔吉斯斯坦发生族群冲突时，上合组织作为一个整体并未对此次事件做出明确有效的反应。上合组织在应对吉动荡时所表现出的不积极不干涉立场，使其维护地区安全的能力受到外界的许多质疑。甚至有学者认为，上合组织没有应对此类突发事件的能力，各成员国的反应表明它们并无能力和意愿统一行动。[④] 尽管此类观点有失偏颇，但上合组织的应急处理机制有待建立和完善，也是不争的事实。

---

① 〔德〕奥本海：《奥本海国际法》上卷第二分册，〔英〕詹宁斯·瓦茨修订，王铁崖等译，中国大百科全书出版社，1995，第179~185页。

② 曾向红、李孝天：《上海合作组织的安全合作及发展前景——以反恐合作为中心的考察》，《外交评论》2018年第1期。

③ 赵华胜：《对上海合作组织发展前景的几点看法》，《国际问题研究》2006年第3期。

④ Sean Yom, “Power Politics in Central Asia”, *Foreign Policy in Focus*, July 1, 2002; Stephen Aris, “The Response of the Shanghai Cooperation Organization to the Crisis in Kyrgyzstan”, *Civil Wars*, p. 471.

其二，是成员国参与上合组织安全合作更多是出于对于成本—收益的考量，较少基于对规则和规范的认同与参与，这不利于上合组织安全合作的深入推进。中亚国家的利益能否得到满足，是其参与上合组织事务的主要影响因素。例如，对于非传统安全合作，当安全利益需求得到满足时，中亚成员国致力于加强与上合组织之间的联系；而当其安全利益没有得到满足时，中亚成员国则选择淡化与上合组织的联系。成员国缺乏对上合组织安全合作规则与规范的深度认同，极大削弱了上合组织内部的凝聚力。

就新形势下给上合组织安全合作机制运行带来的新挑战而言，主要包括四个方面：一是中亚地区安全形势的恶化给成员国安全合作带来严重冲击；二是成员国内部的矛盾与冲突对于安全合作产生不利的影响；三是新型国际组织兴起对于上合组织传统功能构成挑战；四是俄罗斯、美国等大国之间的博弈对于上合组织安全合作产生了负面影响。

其一，中亚地区安全形势的恶化包括两个方面的内容。首先，阿富汗形势的走向牵动着中亚国家的神经。阿富汗目前形势对中亚安全的影响体现在：一是阿富汗境内的塔利班北上会直接影响中亚边境安全，同时，随着中亚国家对阿富汗事务的不断介入，塔利班对中亚国家的敌意正在增加；二是美国撤军将使阿富汗安全形势更加复杂，中亚国家会受连带影响；三是中亚进入“毒品地缘政治”时期，阿富汗对中亚的影响越来越严重[①]。而上合组织无论是对于塔利班势力，还是对阿富汗毒品问题，目前似乎都缺乏相应的防范和应对措施。其次，近年来，在中东局势的影响下，中亚极端分子呈现“外流”与“回流”两种运动路径，并且相互交错，展示出新的分化组合特征，随着“伊斯兰国”溃散，中东极端分子的回流将会更加严重，从而增加了中亚国家发生恐怖袭击的概率，而上合组织目前似乎缺乏对极端分子回流的具体应对措施。

其二，中亚国家之间内部的安全隐患和成员国之间的矛盾冲突会对安全合作进程产生影响。首先，中亚国家之间内部的不稳定因素会动摇其稳定的

① 苏畅：《当前阿富汗形势对中亚安全的影响》，《俄罗斯中亚东欧研究》2012 年第 1 期。

社会政治局面和社会基础，使其难以延续合作进程。例如，哈萨克斯坦的“扎瑙津事件”、吉尔吉斯斯坦南部的族群冲突等，均是各国国内存在影响政局稳定因素的具体反映。其次，中亚国家之间的矛盾冲突是上合组织推进成员国之间安全合作的掣肘因素，例如，乌兹别克斯坦和吉尔吉斯斯坦之间的族群冲突，乌兹别克斯坦和塔吉克斯坦之间紧张的边境对峙，[①] 塔吉克斯坦和乌兹别克斯坦之间的能源紧张问题等。随着乌兹别克斯坦米尔济约耶夫总统执政后调整其周边外交政策，乌与其四个中亚邻国之间的关系得到明显改善，并带动了整个中亚国家间关系的回暖，这对于上合组织安全合作具有非常重要的积极意义。[②] 最后，由于上合组织扩员后吸纳印度和巴基斯坦，上合组织将不得不关注印巴矛盾，但上合组织“实际上并不是一个为解决危机而设立的干涉性机制，更多的是一个长期的协调论坛”[③]，因此，印巴矛盾一旦爆发，上合组织将无力解决。同时，如果成员国在印巴之间选边站，将会引发组织内部的分裂。

其三，中亚地区存在的其他国际组织对上合组织的安全合作进程构成严峻的挑战。如“一带一路”、欧亚经济联盟以及集体安全条约组织等倡议和国际组织，与上合组织不仅在地域和成员国组成等方面，而且在功能方面也存在重叠现象，这影响到中亚各国参与上合组织的积极性。处理好这些机制之间的关系，处理好上合组织与集体安全条约组织在安全合作方面的合作关系，以及处理好上合组织与欧亚经济联盟在经济合作方面的关系等问题，是一直未能得到有效解决的问题。此外，上合组织内部安全功能与经济功能的关系问题，也是上合组织安全合作需要考虑的重要问题。有学者认为：“上海合作组织成立时便不仅是一个安全合作组织，而且是安全与经济合作组织，但过去这些年安全方面的合作比较突出，经济方面则不够理想。”“当前的形势下，推动安全与经济两个轮子中的经济之轮更好地转动起来，并更

① 潘光：《走进第二个十年：上海合作组织面临的挑战和机遇》，《国际观察》2011 年第 3 期。

② 周明：《乌兹别克斯坦新政府与中亚地区一体化》，《俄罗斯研究》2018 年第 3 期。

③ Stephen Aris, “The Response of the Shanghai Cooperation Organisation to the Crisis in Kyrgyzstan”, p. 452.

快地构建丝绸之路经济带，无疑是符合上合组织各成员国愿望和利益的。”①明确上合组织内部的核心功能，进而进行合理的资源配置，关涉上合组织安全合作进程的平稳发展。而对于与其他地区性国际组织之间安全合作关系问题的界定，则有助于提高上合组织的决策效率，明晰其未来发展方向。

其四，外部势力的干预以及大国在中亚地区的博弈对于上合组织的安全合作具有深远的影响。这种影响主要包括三个方面：一是美国因素的影响；二是俄罗斯因素的影响；三是俄美对于中亚地区势力范围的争夺。就第一个方面而言，美国对于中亚国家内部安全事务的介入对各国国内安全有一定影响，如“颜色革命”的蔓延似乎总是与美国等西方国家的煽动和支持息息相关。例如，在吉尔吉斯斯坦2010年族群冲突期间，美国、欧盟等高调介入吉事态发展，积极支持欧安组织向吉派遣维和警察。在吉看来，这种举措有挑战国家主权的成分，因此拒绝了西方的提议。这类事态的出现，说明西方国家致力于将中亚国家整合到欧洲—大西洋共同体中的尝试并未止息。只要中亚国家不予认同，那么西方国家的这种努力或多或少会给中亚国家带来压力。而美国入侵阿富汗后在稳定阿富汗国内政局方面进展不大，其出于国内政治考虑仓促撤军，也对中亚地区的安全与稳定提出了严峻的挑战。此外，美国提出的“新丝绸之路计划”的主要意图在于牵制中国和俄罗斯，同时加强自身在中亚地区的影响，这对中亚成员国增强对上合组织的认同产生了负面影响。就第二个方面而言，俄罗斯一直将中亚视为其传统的势力范围。得益于经济的快速发展，中国的利益开始向中亚地区不断延伸。而在政治与外交层面，中国与所有中亚国家均缔结了战略合作伙伴关系。虽然中俄关系总体保持良好的发展势头，但对于中国在中亚地区影响力的扩大，俄罗斯也不免充满忧虑，俄罗斯强化集安组织在中亚安全合作中的作用，加强欧亚经济联盟在中亚区域合作中的功能，在一定程度上是俄罗斯对中国在中亚地区影响力扩大所做的反应。俄罗斯对中国的警惕与忌惮，无疑影响中俄两

① 《习近平力促上合组织安全经济“并驾齐驱”》，人民网，http：//politics. people. com. cn/n/2014/0914/c70731 -25657958. html。

个大国在上合组织框架下的安全合作深度。就第三个方面而言，俄美对于中亚地区势力范围的争夺和中美俄三方之间的博弈，都将成为中亚地区非传统安全合作的阻碍因素，这种阻碍因素在短时期内尚难以得到消除。

三　促进上海合作组织安全合作机制发展的初步建议

为进一步促进成员国之间的安全合作，可以从以下几个方面完善上合组织安全合作机制的制度建设。

第一，对于安全合作机制本身而言，可以采取以下措施。首先是进一步加强元首会晤、总理会晤和外长会晤机制的常态化和制度化建设，形成定期会晤制度、常设组织机构与其他合作机制的良性互动和协同作用。其次应该对恐怖主义犯罪进行准确界定，完善上合组织的刑事司法合作。通过总结不同类型、不同地区恐怖主义犯罪的共同特性，形成对于恐怖主义犯罪较为客观和准确的解释，特别应该注意的是网络恐怖主义犯罪所带来的新挑战。各成员国之间应积极制定双边和多边的国际协定，制定具体的指导细则，积极履行相关协定，协商制定反恐名单，方便成员国之间引渡工作的开展和相关刑事司法的合作。最后应扩大联合军演的规模，促进“和平使命”系列军事演习涵盖绝大多数成员国，同时提高联合军演的实战化程度，进而增强成员国军队之间的协同作战能力和快速反应能力。

第二，提高上合组织的危机反应与管控能力。具体来说，包含三个方面：一是建立上合组织的预警机制，共享反恐信息，有效防治阿富汗局势的恶化和后“伊斯兰国”时代战斗人员回流所带来的影响；二是建立上合组织的应急处理机制，仔细研究在奉行“不干涉”原则的基础上进行有限介入或开展建设性介入的工作，[①] 提高上合组织对于突发事件的管控能力，减弱动荡局势对于成员国国内政局稳定的影响，也进一步加强成员国对于上合

① 赵华胜：《不干涉内政与建设性介入——吉尔吉斯斯坦动荡后对中国政策的思考》，《新疆师范大学学报》（哲学社会科学版）2011 年第 1 期。

组织维护地区安全能力的认同；三是在加强对于“三股势力”打击力度的同时，完善成员国之间的沟通协调和调解机制，针对成员国之间的边界问题、水资源争端及民族矛盾等事宜进行积极斡旋，仔细研究扩员之后应如何妥善处理印巴矛盾，以期使成员国之间的矛盾与冲突在上合组织框架内得到合理和有效的解决。

第三，明确上合组织自身的功能定位，处理好与大国和其他国际组织的关系。首先，应当厘清上合组织内部安全功能和经济功能之间的关系，确定其优先发展方向和工作重点。其次，应当深化与集安组织、“一带一路”等地区性国际组织和倡议之间的合作关系，缓解上合组织在某些情况下不能满足中亚成员国利益需求的困境，削弱中亚成员国“疏远”上合组织所带来的负面影响，减少地区性国际组织之间的内部消耗，根据相关组织的比较优势，使各组织的功能得到最大限度的发挥。最后，应当规避美国因素的不利影响，借助中、俄两个大国的力量，主动应对上合组织面临的挑战。

第四，强调上合组织的法制化固然重要，但更重要的是加强落实力度。在中亚地区存在多种地区合作机制的背景下，各成员国选择认同其他地区性合作机制而非上合组织在情理之中。而要让成员国增进对上合组织的认同，最有效方式是保证上合组织的规范契合成员国的规范诉求，并应使其他成员国积极参与上合组织规范的制定与执行过程，更好地反映成员国的意志和关切。此外，保障成员国在参与上合组织的过程中获得切实收益，也是提高它们对上合组织认同的重要途径。上合组织青岛峰会强调要构建上合组织命运共同体，这为上合组织的发展明确了方向。而要推动上合组织命运共同体的建设和实现，则必须使上合组织在推动成员国实现共同利益、维护共同安全、承担共同责任方面拟定具有实质性和可行性的政策举措。

总之，成员国能否通过参加上合组织框架下的安全合作获得切实的安全收益，是一个攸关上合组织发展前景的重大问题。截至目前，尽管上合组织在此方面进展明显，但问题也一样突出。上合组织能否在安全合作方面走出一条创新之路，这是对上合组织成员国集体智慧的考验。

Y.11 上合组织积极应对地区安全挑战

苏　畅*

摘　要： 上合组织安全合作成果显著，新安全观助推合作理念趋同，“合作安全”理念深入人心，和平主义不断弘扬；合作平台有效可靠，区域安全合作有序渐进；合作“新”模式为历史“旧”矛盾提供对话平台；针对新形势下恐怖主义猖獗泛滥进行高效安全合作，联手打击“三股势力”，非传统安全合作更加务实丰满。随着国际形势变化，上合组织地区安全挑战增多，俄罗斯和中亚国家面临的威胁因素明显增加：错综复杂的阿富汗形势为地区安全带来很大挑战，国际恐怖势力对地区安全的现实影响在增加，俄—中亚—南亚极端主义流通路线进一步成型。各成员国遵循“上海精神”应对挑战，通过平行对话协商加强合作，解决复杂的地区问题，努力打造共建共享的安全格局。

关键词： 上合组织　恐怖主义　安全　合作

在各成员国的努力之下，上合组织加强安全合作，成果明显，地区形势保持稳定，安全可控，为地区发展创造了重要条件。然而当前上合组织地区外部安全环境恶化，成员国仍面临不少安全挑战，上合组织亟须进一步完善安全合作机制建设，深化各项务实安全合作事宜。

---

* 苏畅，中国社会科学院俄罗斯东欧中亚研究所研究员。

一 上合组织安全合作成果斐然

作为蓬勃发展的国际组织，上合组织以“互信、互利、平等、协商、尊重多样文明、谋求共同发展”的“上海精神”为核心理念，各成员国依托上合组织谋求本国稳定与发展；上合组织并非军事同盟，不会采取军事手段解决地区安全问题，而是通过本组织中的各种机制、平台，以合作促进安全、以对话化解争端，携手应对安全挑战。

第一，新安全观助推合作理念趋同，“合作安全”理念深入人心，和平主义不断弘扬。当今世界冲突不断，以暴制暴的地区战争频频发生，给世界和平、人民安定带来巨大挑战。上合组织强调共同、综合、合作、可持续的新安全观，以合作安全、和平对话、政治协商的方式解决地区冲突。上合组织成立以来，合作安全理念被各成员国理解、接纳、践行，各成员国努力摒弃矛盾，谋求合作共赢，各项安全合作机制不断巩固完善，向国际社会展现出新型安全合作范式。上合组织强化成员国机制建设的意识，加强平等协商，采取行动的意识和基础。对新安全观的认同，有利于各成员国之间的沟通与协作，并且在此基础上，上合组织可以搭建更多有效的安全合作平台。

第二，合作平台有效可靠，区域安全合作有序推进。首先是通过重要文件对基本的安全概念、合作任务、成员国义务进行明确阐明。2007 年元首理事会第七次会议上签署了《上海合作组织成员国长期睦邻友好合作条约》，强调成员国间“世代友好、永保和平”；此外《打击恐怖主义、分裂主义和极端主义上海公约》《反恐怖主义公约》《反极端主义公约》等重要文件的签订，完善了安全合作领域的必要法制建设，更加明确地对“极端主义”与“恐怖主义”问题区别对待，为各成员国安全合作提供重要的法律依据。其次是建立安全领域各级别会晤机制，包括国防部长、安全会议秘书、公安（内务）部长、边防领导人等会议机制，密切开展情报交流，举行大型军事演习等。

第三，合作“新”模式为历史“旧”矛盾提供对话平台。新安全观倡导的新型安全合作模式有利于成员国间协商解决边界问题，包括中亚各成员国之间的边界划界问题。长期以来，乌兹别克斯坦与吉尔吉斯斯坦、塔吉克斯坦与乌兹别克斯坦之间常发生由于划界不明引发的低烈度冲突，边境地区的纠纷、矛盾已是中亚国家多年来安全领域中的痼疾，成为影响地区国家间关系的因素。在“上海五国”时期，中国与接壤的俄及中亚国家成功完成边界划界，这一重大成果为之后的地区安全合作、经济合作奠定了坚实基础，其边界划界经验也具有重要的借鉴意义。印巴加入上合组织后，本组织的各级别会晤机制为两国对旧有矛盾的沟通与磋商创造良好氛围。

第四，针对新形势下恐怖主义猖獗泛滥进行高效安全合作，联手打击“三股势力”，非传统安全合作更加务实丰满。在成员国的共同努力下，2013 年至 2017 年，上合组织成员国有关机构共制止 600 多起具有恐怖主义性质的犯罪活动，摧毁 500 多个武装分子培训基地，抓获 2000 多名国际恐怖组织成员。近年来“伊斯兰国”等恐怖组织在全球各地发动暴恐袭击，阿富汗局势不断恶化，但上合组织地区极少发生大的安全事件，上合组织安全机制功不可没。当前，恐怖主义全球泛滥，极端思想变异突出，对人类和平构成重大威胁。恐怖活动从中东到欧亚地区已连点成片，各类恐怖组织联动重组，仅凭一国之力已远不足应对严峻的安全挑战。阿富汗局势变化与本地区恐怖主义形势密切相关，联合反恐方面，各成员国展开进一步的务实合作，加强打击“伊斯兰国”“哈卡尼网络”“乌兹别克斯坦伊斯兰运动”“东突”组织等国际恐怖势力；在恐怖组织、极端组织认定方面进一步协商，在针对“伊斯兰国”恐怖分子回流问题上制定有效措施加强防范。此外，上合组织成员国非传统安全中的“非典型问题”，即人口、生态、粮食安全等问题越来越突出，对于这些问题的解决也很迫切。成员国面临的非传统安全挑战具有共同性或相似性，各国唯有真诚合作，才能实现共赢。

二 俄罗斯与中亚国家安全挑战增多

第一，错综复杂的阿富汗形势给俄罗斯和中亚国家带来的安全威胁增多，尤其是与阿富汗相邻的土库曼斯坦和塔吉克斯坦边防压力最大。土库曼斯坦与阿富汗的边境地区威胁主要来自阿北部的土库曼族恐怖分子和国际恐怖势力。近年来，土库曼斯坦国内问题比较多，边境防守又拒绝外援支持，本国军事装备、士兵战斗力等水平不足，潜在风险较高。有外媒评论认为，土库曼斯坦具有吸引外部恐怖组织的条件。对土库曼斯坦有破坏意图的恐怖组织有三个："乌兹别克斯坦伊斯兰运动""伊斯兰圣战联盟""图尔克伊斯兰运动"。这些组织均以破坏中亚稳定、在中亚建立伊斯兰国家为目标。目前对于这些恐怖组织来说，土库曼斯坦是一个可以切入的薄弱点。从土库曼斯坦到中东参加"伊斯兰国"的武装人员约有200人，这部分人员的去向也与土安全相关。土阿边境还是阿富汗毒品的运输通道，2018年6月，在边境地区国际贩毒组织与土库曼斯坦边防军发生过交火，约有25名土库曼斯坦边防士兵被打死。阿富汗的记者杜拉尼认为，目前在土阿边境的防守比较脆弱，边境地区的土库曼族恐怖分子数量在增加，阿富汗强力部门称这些人有350~400人，并有可能煽动土库曼斯坦居民的不满情绪，破坏土库曼斯坦的政治与社会稳定。①

由于塔高度重视阿富汗边境的防守，并与俄罗斯、哈萨克斯坦、乌兹别克斯坦加强合作，因此虽然这一地区是传统的恐、毒流通和武器走私过境地区，但不至于失控。不过，塔吉克斯坦与阿富汗边境地区长期以来是中亚最为薄弱的安全地带，加上2018年下半年塔吉克斯坦巴达赫尚地区局势复杂，与中央政权对抗，并发生恐怖分子越狱等恶性事件（胡占德市），其政治风险总体上升，对边境地区的安全防守总体不利。有消息显示，叛逃到"伊

① Доплясался：как Бердымухамедов сдает страну исламистам，31 июля，14：53，2018 г.，https：//www.pravda.ru/world/formerussr/25-07-2018/1389839-grozin-0/.

斯兰国”的塔吉克斯坦特种部队指挥官哈里莫夫也到达阿富汗参与军事行动，其势力对塔吉克斯坦安全构成新的挑战。①

第二，国际恐怖势力对地区安全的现实影响增加。“伊斯兰国”恐怖势力虽然遭受了严重的军事打击，但该组织中的中亚和高加索武装分子回流、极端思想扩散等问题仍然十分突出，在中亚、高加索、南亚等地区支持“暴力圣战”的青年激进分子增多。俄罗斯—中亚—南亚极端主义流通路线进一步成型。目前回流的人数、路线、去向还没有详细的数字和精确信息，这些都是非常令人不安的因素。据不完全统计，目前在中东的中亚籍恐怖分子多达数千人，这部分人有很多流窜到全球各地，伺机发动恐怖袭击。近年来，俄罗斯境内的极端组织数量有所增加，与以往发生变化的是，极端组织的成员不再仅仅是高加索人，有很多是来自中亚国家的劳工移民。在 2017 年之前，由中亚恐怖分子发动的袭击在俄还很少发生，但 2017 年 4 月圣彼得堡地铁恐袭之后，中亚“圣战者”渐渐增多，对俄的安全威胁上升。2015 年 12 月，在叙利亚“认主独一与圣战军”（Таухид валь-Джихад）中的乌兹别克斯坦恐怖分子宣称要在俄罗斯进行圣战，以报复俄罗斯支持巴沙尔政权，从那时起，在俄罗斯的乌兹别克斯坦激进青年曾多次试图在俄多个城市发动恐袭。目前这些由中亚恐怖分子构成的组织还不多，成员也有限，但这些组织正在效仿“伊斯兰国”的招募方式来充实人数。长期以来，俄境内恐怖袭击多由高加索地区的恐怖组织实施，俄也十分重视打击高加索恐怖组织，但对于中亚的极端组织和恐怖组织，俄还没有专门的反恐行动进行打击和监督，俄与中亚国家的情报交流也非常有限。

中亚有激进倾向的劳动移民对俄安全构成的威胁在上升，分析其原因如下：一是俄在中东的军事行动激起中亚激进青年的报复；二是中亚劳工在俄数量多，成分复杂，塔、吉劳工被边缘化，生活困难；三是俄对中亚恐怖分

① Россия，США，Китай：кто гарантирует безопасность Центральной Азии，12 дек.，19：25，2018 г.，https：//tj. sputniknews. ru/analytics/20181211/1027667425/russia – usa – china – bezopasnost – central – asia. html.

子还没有专门的反恐行动和打击措施，① 劳务移民成为激进宣传者的对象，成为极端主义和恐怖主义运动和组织招募者的目标；四是劳务移民整体受到污名化和标签化，这可能导致他们在社会中被边缘化，其不满情绪必然增长。

俄罗斯学者谢林科认为，中亚激进分子的破坏性已经可以与高加索武装分子相比。② 这是一个非常严重的评估，因为高加索的武装分子主要由车臣武装组织构成，其行动、意图都十分明确，长期以来在俄制造的多起大型暴恐事件后果也十分严重，这一评估说明了中亚激进分子的危险性。塔吉克斯坦的神学家伊博杜罗·卡隆佐达表示，不少中亚青年穆斯林在俄打工时从高加索极端分子那里接触到极端思想、圣战思想，这些青年并不清楚哈乃斐和萨拉菲之间的区别，从而被吸收到极端组织中。③ 此外，经济诱惑是青年加入极端组织的重要原因。极端组织以各种各样的物质诱惑吸引他们：好的工作，活动经费，向家人提供各种帮助，等等。

“伊斯兰国”在俄罗斯的影响悄然增多。主要是“伊斯兰国”的追随者在增加，其组织的成员在俄并不多。“伊斯兰国”在包括俄罗斯在内的世界各地号召追随者拿起武器杀掉“不信者”，策划恐怖袭击，尤其是发起难以让当地强力部门预警的独狼式恐袭，这种形式已经成为当前“伊斯兰国”在各地区进行恐怖袭击的最有效武器。独狼式袭击在西方国家和俄罗斯的城市中可以引起更为广泛和激烈的社会反响，袭击造成的政治影响要大于由多人组成的恐怖小组所实施的恐袭。④

---

① «Проект ИГ—больше, чем военизированная религиозная секта». Эксперт Андрей Серенко о мерах по борьбе с терроризмом, 27 дек., 18: 32, 2017 г., http://www.fergananews.com/articles/9714.

② «Проект ИГ — больше, чем военизированная религиозная секта». Эксперт Андрей Серенко о мерах по борьбе с терроризмом, 27 дек., 18: 32, 2017 г. http://www.fergananews.com/articles/9714.

③ Ибодулло Калонзода: молодежь — “лакомый кусок” для экстремистских группировок, 6 апр., 13: 53, 2018 г. http://cabar.asia/ru/ibodullo-kalonzoda-molodezh-lakomyj-kusok-dlya-ekstremistskih-gruppirovok.

④ «Проект ИГ — больше, чем военизированная религиозная секта». Эксперт Андрей Серенко о мерах по борьбе с терроризмом, 27 дек., 18: 32, 2017 г. http://www.fergananews.com/articles/9714.

中亚恐怖主义进一步国际化，其恐袭目标不再是中亚地区，而是设定在全球范围内。在2016年8月中国驻吉使馆遭遇袭击事件中，主要策划和实施者来自中东“努斯拉阵线”和中亚恐怖分子。“布哈里战斗营”是在叙利亚的中亚恐怖组织，主要成员由乌兹别克族人和维吾尔族人组成，领导人是吉尔吉斯斯坦人拉希莫夫（М. Рахимов，Холид）和艾尔玛托夫（М. Эрматов，Хамза）[①]。2018年3月5日，在俄罗斯达吉斯坦抓获了7名武装人员，他们属于“伊斯兰国”恐怖组织，其领导人是哈萨克斯坦公民，此人在达吉斯坦经商，暗中为“伊斯兰国”招募人员。[②] 吉尔吉斯斯坦政治学者萨利耶夫认为，阿富汗的恐怖势力经中亚到达俄罗斯的可能性不断上升。这些恐怖势力不仅包括中南亚的恐怖分子，还有来自中东和其他地区的恐怖分子，其中也包括高加索恐怖分子。[③]

中亚国家受激进思想影响的青年增多。2018年3月，联合国驻中亚地区毒品和犯罪问题办公室代表米特尔表示，根据联合国的估计，中亚国家有5000名左右居民受到宗教激进分子的影响。美国苏凡集团（Soufan Group）的分析机构在2017年秋季发表了类似数字，约4200名来自中亚国家的民众前往叙利亚和伊拉克充当恐怖组织的武装分子，其中，数百人已经返回中亚，该地区国家47%的居民是24岁以下的年轻人，尤其容易受到激进主义宣传的影响。[④] 据吉尔吉斯斯坦伊斯兰学研究所的民调结果显示，到2019年2月，吉尔吉斯斯坦28岁以下的青年人中，有33.33%的人认可沙里亚法作为国家的基本大法，同时也支持有宗教背景的总统候选人。[⑤] 到2019

---

① http：//delo. kg/index. php/health – 7/8651 – terroristy – zapreshcheny – ofitsialno.

② В Махачкале задержана группа вербовщиков ИГИЛ во главе с риэлтором из Казахстана, 07. 03. 2018, http：//www. fergananews. com/news/28778.

③ Террористическая угроза в Центральной Азии нарастает-эксперт, 31 окт. , 13：04, 2018 г. , http：//eurasia. expert/terroristicheskaya – ugroza – v – tsentralnoy – azii – narastaet – ekspert/.

④ В ООН заявили о влиянии радикальных идей на пять тысяч жителей Центральной Азии, 14. 03. 2018, http：//www. fergananews. com/news/28874.

⑤ Более трети молодых кыргызов хотят жить по законам шариата, 13 фев. , 13：39, 2019г. https：//365info. kz/2019/02/bolee – treti – molodyh – kyrgyzov – vystupayut – za – zhizn – po – zakonam – shariata/.

年2月，吉尔吉斯斯坦人口总数有630万，15～28岁的青年人口有170万，如果1/3的青年人支持伊斯兰教法，即表明将近60万人具有宗教激进主义思想，这对于吉尔吉斯斯坦乃至整个中亚地区的稳定都有影响。

第三，地区内部安全问题的集聚效应影响稳定。这主要体现在中亚成员国。近年，一些中亚国家货币贬值，物价上涨，民生困难；贫富差距拉大，底层贫困问题比较突出，群体性事件有所增多；山区和农村有大量贫困人口和留守群体，成为外部恐怖势力和极端势力传播极端思想、招募圣战人员的重要目标。

吉尔吉斯斯坦的经济形势不佳，失业率上升，缺乏社会保障，法律保障差，导致激进分子增加。[①] 塔吉克斯坦的贫困率在2017年高达29%，人口的近1/3即约300万人生活在贫困之中。塔吉克斯坦工资水平在独联体国家中最低，人均月收入仅为137美元。2018年塔吉克斯坦银行业危机持续恶化，同时外债偿债压力不断加大。2018年塔吉克斯坦人均国内生产总值只有约1036美元，在独联体国家中是最低的。[②] 世界银行将人均GDP1035美元定为“低”标准。土库曼斯坦自2017年初以来财政困难，食品危机严重，加上福利制度改革，失业率上升，据一些分析家认为，土库曼斯坦的失业率已经达到60%，[③] 民生问题非常突出。2017年土的人均月收入是680美元（土官方数字），而土境外反对派网站上的数据是100～200美元。国际恐怖组织对中亚居民的招募会上一次性给付1万美元，这对于陷入困境的土居民来说是很有诱惑力的。

毒品问题（包括贩毒和吸毒）严重。其一，毒恐合流。每年恐怖组织

① От «чистой веры» до теракта. Опасность религиозного экстремизма в Киргизии не снижается, 12 апр., 13:15, 2018 г. https://www.ritmeurasia.org/news--2018-04-07--ot-chistoj-very-do-terakta.-opasnost-religioznogo-ekstremizma-v-kirgizii-ne-snizhaetsja-35824.

② Наркомания в Таджикистане: кто преступник? -Р. Камбаров, 5 янв., 12:36, 2018 г., http://www.ca-portal.ru/article:39992.

③ Слабый Туркменистан как окно в Центральную Азию для террористов, 6 фев., 2019 г. https://365info.kz/2019/02/slabyj-turkmenistan-kak-okno-v-tsentralnuyu-aziyu-dlya-terroristov/.

在阿富汗的毒品获益是2亿美元，现在这笔收入主要由塔利班控制，毫无疑问的是“伊斯兰国”也准备在2018年与塔利班争夺毒品市场。毒品带来的巨额收入对“伊斯兰国”很具吸引力，用这笔巨资可以招募到更多的年轻人。其二，毒政勾结。一方面贩毒集团参与政治活动；另一方面政治势力也利用毒品暴利获得丰厚利润，这在吉、塔尤为突出。由于普遍贫困，加之与阿富汗相邻，使塔吉克斯坦很容易获得毒品。各国媒体对通过中亚国家的毒品转运不断增加感到震惊。通过塔吉克斯坦过境的毒品总价格估计为其国内生产总值的30%。塔吉克斯坦被称为毒品王国，有影响力的商人在政府和议会中占有席位。① 其三，贩毒引发暴力犯罪，尤其在边境地区引发毒贩与边防军的武装冲突、贩毒集团之间的冲突等。贩毒带动武器走私、抢劫、绑架等犯罪。

其四，造成社会问题。据塔吉克斯坦卫生和社会保障部统计，该国有7067名吸毒成瘾者。随着塔吉克斯坦过境毒品日益增加，在该国境内吸毒人数也在不断增加。这一过程已经持续了好几年。吸毒成瘾者增加的后果是感染艾滋病毒和患艾滋病的人数增加。据世卫组织称，绝大多数感染艾滋病毒的人是在吸毒过程中受到感染的。

三　上合组织进一步加强安全合作的举措

在全球复杂的形势变化下，上合组织成员国面临着共同的安全需求，其务实安全合作必将不断拓宽深入。针对阿富汗形势变化可能带来的安全威胁、“伊斯兰国”恐怖分子回流、极端思想扩散等现实威胁，上合组织成员国可以加强以下方面的合作：一是通过“上合组织—阿富汗联络组”积极推动阿富汗和平进程，凝聚合作共识，采取有力措施，为阿富汗及本地区实现长治久安与发展繁荣贡献力量；二是对不断进行融通联合、淡化国籍的恐怖分子进行识别，实施法律制裁；三是建立空间、地面、网络全方位多维度

① Наркомания в Таджикистане：кто преступник？ – Р. Камбаров，5 янв.，12：36，2018 г.，http：//www. ca – portal. ru/article：39992.

“反回流拦截网”，对“回流”路线中安全防卫薄弱的成员国给予更多支持；四是对有意向（以及已经）返回家园的大量中亚和高加索地区恐怖分子家属进行妥善安置。此外，上合组织成员国在对恐怖主义、恐怖组织和恐怖分子的法律认定方面还有不少工作要做，各成员国还亟须加强人工智能技术在打击“三股势力”方面的应用合作。毒品流通、环境污染、疾病传播等问题也需要各成员国携手努力进行治理。

第一，巩固战略互信，加强沟通协调。2018 年 5 月 22 日，上合组织安全会议秘书第十三次会议在北京举行。中国国家主席习近平强调，要把握安全合作战略方向，继续巩固战略互信，加强政策沟通和协调，坚持公平正义，共同推动以政治外交手段和平解决热点问题。要继续秉持共同、综合、合作、可持续安全观，推行综合施策、标本兼治的安全治理模式，推动上合组织安全合作迈上新台阶。要加强安全合作行动能力，构建更加严密健全高效的执法合作网络，继续推进安全领域合作，共同加强维稳能力建设。

第二，加强务实合作，明确具体目标。2018 年 6 月 10 日，上海合作组织成员国元首理事会第十八次会议在青岛举行，中国国家主席习近平对上合组织未来安全领域的合作发表了重要讲话，强调安全合作是本地区发展的重要基石，要筑牢和平安全的共同基础，并且提出了安全合作的具体内容，包括有效打击“三股势力”、毒品贩运、跨国有组织犯罪、网络犯罪，落实打击“三股势力”的 2019～2021 年合作纲要，继续举行“和平使命”等联合反恐演习，强化防务安全、执法安全、信息安全合作，深化反恐情报交流和联合行动，加强相关法律基础和能力建设等务实合作举措。在对本组织地区安全构成严重威胁的阿富汗问题上，明确提出将促进阿富汗和平重建进程，发挥“上海合作组织—阿富汗联络组”作用。2018 年 5 月 22 日，“上海合作组织—阿富汗联络组”副外长级会议在北京举行，上合组织成员国、常设机构和阿富汗代表出席会议。与会各方就阿富汗形势、上合组织与阿富汗合作等问题进行讨论并达成广泛共识。

第三，完善合作机制，开展多种模式合作。在军事安全合作方面，建立了较为完善且有一定效率的各层级交流机制，开展了形式多样的军事安全合作；在反恐安全合作方面，内容丰富，取得较大成就，逐步进入法律化规范化轨道，会议机制建设不断完善，已建立起安全会议秘书会议、公安内务部长会议、地区反恐怖机构理事会等一系列会晤机制，分别协调解决不同领域的执法安全问题，地区反恐怖机构发挥重要协调作用，各成员国执法力量定期举行联合反恐演习，针对阿富汗问题积极磋商，采取应对措施；在禁毒安全合作方面，通过一系列具有实际操作意义的法律法规和文件完善禁毒合作机制，举办形式多样的禁毒研讨会、培训班，加强与其他国际组织的禁毒合作；在信息安全合作方面，各成员国就网络治理达成一致共识，组建国际信息安全专家组并进行有效合作，双边和多边信息安全合作全面展开。

上合组织成员国面临着共同的安全挑战，也拥有共同的发展需求。这是上合组织安全合作得以切实丰富的基础。各成员国须进一步完善共同应对危机的相关机制，推动安全合作的行动能力，为本地区国家共荣共建保驾护航。

经 济 合 作

Economic Cooperation

Y.12
国际贸易保护主义背景下的上海合作组织经贸合作：进展与前景

李中海*

摘　要： 2018年上海合作组织经贸合作继续顺利发展，成员国之间贸易额均有不同幅度的增长，在“一带一路”建设和国际产能合作项目下的投资合作同样取得较大进展。上合组织经贸合作顺利推进，首先，得益于成员国政府主导力的持续增强，上合组织元首青岛峰会和政府首脑塔什干会晤继续规划引领经贸合作提质增效；其次，中亚国家间关系明显改善，中亚地区从离散向整合趋势发展，为上合组织经贸合作创造了有利气氛；最后，印巴两国的加入，扩大了上合组织经贸合作空间，使得该组织的经济资源和市场容量有了明显提高，有

* 李中海，中国社会科学院俄罗斯东欧中亚研究所研究员，《俄罗斯东欧中亚研究》执行主编。

利于扩大上合组织经贸合作规模。同时，上合组织经贸合作还面临一些困难和瓶颈，突出表现在上合组织经贸合作机制化尤其是一体化合作机制暂时难以建立，成员国经贸合作还存在不规范问题，投资合作还受到许多干扰。为进一步扩大经贸合作规模，提高效率和质量，上合组织应以增进成员国经济利益为导向，加强双多边经贸合作机制建设；以促进成员国民心相通为导向，加强成员国人文交流与合作；以服务企业为导向，加强组织基础建设。

关键词： 上海合作组织 经贸合作 相互贸易 相互投资 经贸合作机制

2018 年，在国际政治经济形势不确定性增强、世界经济复苏乏力、主要大国在政治经济领域竞争加剧的背景下，上海合作组织各领域合作继续平稳发展。中国与各成员国之间的贸易额明显增加，在“一带一路”建设和国际产能合作项目引领下，投资合作继续扩大。上合组织经贸合作规模和质量的继续提高，既存在诸多有利条件，也存在不少制约因素。客观分析上合组织经济合作中存在的不足，有利于该组织经济合作进一步提效升级。本文将通过梳理 2018 年上合组织经贸合作基本情况，对其有利条件和制约因素进行分析，并进而提出若干建议。

一 2018年中国与上合组织成员国经贸合作基本情况

2018 年中国与上合组织成员国之间的经贸合作取得积极进展，一方面双边贸易额均有较大幅度提高，另一方面贸易结构没有变化。

（一）中俄贸易总额首次突破1000亿美元大关

根据中国海关统计，2018 年中俄双边贸易额达到 1070.6 亿美元，创历史新高，全年双边贸易额同比增长 27.1%，增幅在中国前十大贸易伙伴中名列前茅。在贸易结构方面，中国自俄罗斯进口的商品主要是矿物原料、木材和纸浆制品，2018 年前 9 个月上述两种产品的进口总额分别为 310.8 亿美元和 26.9 亿美元[①]，增长 64.4% 和 11.0%，占俄罗斯对中国出口总额的 78.2% 和 6.8%；贱金属及制品、植物产品的出口额增长明显，增幅分别为 286.9% 和 116.8%。与此相反，降幅最明显的是运输设备和贵金属及制品，1~9 月这两大类商品的出口额分别下降 72.4% 和 69.7%。中国对俄出口的主要商品为机电产品、贱金属及制品和纺织品及原料，[②] 1~9 月这三类产品出口额分别为 191.2 亿美元、29.5 亿美元和 29.5 亿美元，分别增长 5.8%、15.5% 和 8.8%，合计占中国对俄出口总额的 65.5%。中国在俄罗斯的机电产品、贱金属及制品、纺织品及原料和家具玩具杂项制品等四类商品的进口市场上占据首位，[③] 分别占俄罗斯这四类商品进口总额的 35.6%、23.1%、34.9% 和 47.6%。

（二）中哈贸易额接近200亿美元

据中国海关统计，2018 年中哈贸易额 198.85 亿美元，较上年增长 10.47%。其中，中国对哈萨克斯坦出口 113.5 亿美元，较上年减少 2.5%；自哈萨克斯坦进口 85.35 亿美元，较上年增长 28.15%[④]。在贸易结构方面，中国自哈萨克斯坦进口的主要商品同样是矿产品，2018 年 1~9 月进口额为 18.3 亿美元，增长 29.3%，占哈对华出口额的 43.3%，矿产品是哈对华出口的第一大类商品。中国自哈进口额较大的商品还有贱金属及制品，前 9 个

---

① 《2018 年 1 ~ 9 月俄罗斯货物贸易及中俄双边贸易概况》，https：//countryreport.mofcom.gov.cn/record/view110209.asp？news_ id = 62325。

② 《2018 年 1 ~ 9 月俄罗斯货物贸易及中俄双边贸易概况》，https：//countryreport.mofcom.gov.cn/record/view110209.asp？news_ id = 62325。

③ 《2018 年 1 ~ 9 月俄罗斯货物贸易及中俄双边贸易概况》，https：//countryreport.mofcom.gov.cn/record/view110209.asp？news_ id = 62325。

④ 《2018 年中哈贸易数据统计》，http：//kz.mofcom.gov.cn/article/jmxw/201902/20190202834069.shtml。

月进口额为17.2亿美元，同比增长2.5%，占哈对华出口额的40.6%。[①] 此外，中国自哈进口化工产品总额为4.6亿美元，下降33.5%，占哈对中国出口总额的10.9%。中国对哈出口的主要商品为机电产品，2018年前9个月出口额为18.1亿美元，同比增长27.4%，占哈自中国进口额的45.3%。对哈贱金属及制品出口额4.7亿美元，同比下降5.4%，占哈自中国进口额的11.8%。此外，中国对哈出口塑料、橡胶2.9亿美元，同比增长18.6%，占哈自中国进口总额的7.3%。三类产品合计占中国对哈出口总额的64.4%。[②]

（三）中乌贸易增长迅猛

据乌兹别克斯坦媒体援引乌国家统计委员会公布的数据，2018年中乌双边贸易总额为64.28亿美元，同比增长35.2%，占乌对外贸易总额的19%，中国继续保持乌第一大贸易伙伴国地位。[③] 其中，中方进口28.69亿美元，占乌出口总额的20.1%；中方出口约35.59亿美元，占乌进口总额的18.2%，为乌第一大出口目的国和第一大进口来源国。[④]

（四）中吉贸易继续快速增长

2018年中国和吉尔吉斯斯坦贸易总额为20.03亿美元，同比增长25%。其中，中国对吉出口总额为19.42亿美元，同比增长30%，中国自吉进口总额为0.61亿美元，同比下降38%。在贸易结构方面，中国对吉出口的主要商品为鞋类、服装、化纤、食品，进口的主要商品为矿石、精矿、贵金属。[⑤]

---

① 《2018年1～9月哈萨克斯坦货物贸易及中哈双边贸易概况》，https：//countryreport.mofcom.gov.cn/record/view110209.asp？news_ id=61604。

② 《2018年1～9月哈萨克斯坦货物贸易及中哈双边贸易概况》，https：//countryreport.mofcom.gov.cn/record/view110209.asp？news_ id=61604。

③ 《2018年乌中贸易额64.28亿美元》，http：//uz.mofcom.gov.cn/article/jmxw/201901/20190102829465.shtml。

④ 《2018年乌中贸易额64.28亿美元》，http：//uz.mofcom.gov.cn/article/jmxw/201901/20190102829465.shtml。

⑤ 《2018年全年中吉贸易额为20.03亿美元》，http：//kg.mofcom.gov.cn/article/jmxw/201902/20190202834448.shtml。

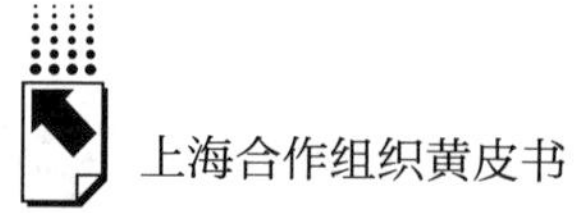

（五）中土贸易增幅较大

据中国海关总署统计，2018 年 1 ~ 11 月，中国与土库曼斯坦的双边贸易额为 76.51 亿美元，同比增长 19.9%。中国进口总额为 73.49 亿美元，同比增长 21.7%，出口总额为 3.02 亿美元，同比下降 12.4%。在中土贸易中，天然气是主要贸易品种。

（六）中印贸易总额温和增长

中国商务部国别贸易报告显示，2018 年 1 ~9 月，中国与印度双边贸易总额为 680.1 亿美元，同比增长 9.8%。其中，中国自印度进口 117.6 亿美元，增长 35.0%，占印度出口总额的 4.8%；中国对印度出口 562.5 亿美元，增长 5.7%，占印度进口总额的 14.7%，下降 1.5 个百分点。截至 9 月，中国是印度排名第三位的出口目的国和第一大进口来源国。在贸易结构方面，中国自印度进口的主要商品为矿产品、化工产品和纺织品及原料，1 ~9 月出口额分别为 35.8 亿美元、25.6 亿美元和 13.8 亿美元，分别增长 57.6%、63.3% 和 39.0%，上述三类产品分别占印度对中国出口总额的 30.5%、21.8% 和 11.7%。中国对印度出口的主要商品为机电产品、化工产品和贱金属及制品，[①] 1 ~9 月出口额分别为 286.7 亿美元、100.9 亿美元和 39.7 亿美元，同比增减分别为 –4.1%、32.9% 和 9.2%，分别占印度从中国进口总额的 51.0%、17.9% 和 7.1%[②]。

（七）中巴贸易平稳

据媒体报道，中国已连续四年成为巴基斯坦最大贸易伙伴，是巴基斯坦第一大进口来源国和第三大出口目的国。2017 ~2018 财年，中巴贸易总额达

① 《2018 年 1 ~ 9 月印度货物贸易及中印双边贸易概况》，https：//countryreport.mofcom.gov.cn/record/view110209.asp? news_ id =62362。

② 《2018 年 1 ~ 9 月印度货物贸易及中印双边贸易概况》，https：//countryreport.mofcom.gov.cn/record/view110209.asp? news_ id =62362。

132 亿美元，占巴基斯坦贸易总额的 16.4%。在贸易结构方面，中国自巴基斯坦进口的主要商品为棉花制品，谷物（大米），矿砂、矿渣及矿灰，服装成衣，光学、照相、医疗等设备及零附件，石灰水泥和动物皮革等产品。中国对巴出口商品主要为电机、电气、音像设备及其零附件，核反应堆、锅炉、机械器具及零件，钢铁，化学纤维长丝，有机化学品，钢铁制品，塑料及其制品等产品。

从俄方统计数据看，俄罗斯与上合组织成员国的双边贸易也有较大幅度的增长。据俄罗斯国家统计局发布的数据，2018 年前 11 个月，俄罗斯与哈萨克斯坦贸易总额为 166.16 亿美元，同比增长 4.6%，与吉尔吉斯斯坦贸易总额为 17.44 亿美元，同比增长 18.5%，与塔吉克斯坦贸易总额为 8.28 亿美元，同比增长 28.2%，与土库曼斯坦贸易总额为 4.06 亿美元，同比增长 5.9%，与乌兹别克斯坦贸易总额为 39.08 亿美元，同比增长 26.5%，与印度贸易总额为 95.86 亿美元，同比增长 16.4%。①

限于上合组织成员国统计数据的可得性，无法全面呈现上合组织贸易状况的全貌，但从现有数据已可看出，2018 年在世界经济复苏乏力、世界贸易环境总体紧张的背景下，上合组织经贸合作在继续快速发展，只是由于各国经济体量不同，个别国家之间的贸易总额不高，同时受各国经济结构的限制，贸易结构呈现单一化特征，但总的看，在上合组织成员国经贸合作领域，相互理解、相互信任、相互促进贸易和投资仍然是主旋律，这样的政治基础和合作氛围对经贸合作的积极影响是不可估量的。

在投资合作领域，上合组织与“一带一路”建设和国际产能合作等新的合作倡议相结合，正在焕发出新的活力。据中国国家发改委公布的信息，上合组织青岛峰会期间，成员国就国际产能合作达成多项共识。一是中俄两国签署了《关于进一步加强投资合作的谅解备忘录》，进一步丰富中俄投资合作委员会工作内涵，促进两国企业交流合作并为此创造良好的外部环境，着力推动 73 个重点项目。二是与哈萨克斯坦签署了《关于产能与投资合作

① Внешнеторговый оборот Российской Федерации с основными торговыми партнерами, http://www.gks.ru/bgd/free/b04_03/IssWWW.exe/Stg/d04/12.htm.

重点项目清单及其形成机制的谅解备忘录》《关于共同编制中哈产能与投资合作规划的谅解备忘录》，确认形成新一轮51个重点项目。三是与吉尔吉斯斯坦商定第二轮中吉产能与投资合作的22个重点项目。同时，中国对巴基斯坦投资继续增加。巴基斯坦是中国在南亚地区最大的投资目的地。据中国商务部统计，截至2017年末，中国对巴基斯坦直接投资存量为57.1亿美元。根据巴方统计，2017～2018财年中国对巴基斯坦直接投资15.858亿美元，同比增长30.9%，占巴基斯坦吸收外资的57.3%，连续五年排名巴基斯坦外资来源国第一位。从投资领域看，除传统能源、基础设施领域外，中国资本还继续向通信、家电、金融等领域稳步扩展。

继续探索上合组织金融合作新方式。2018年6月6日，上合组织银联体理事会会议在北京召开。[①] 阿利莫夫秘书长在会议开幕式上表示："上合组织银联体作为本组织框架内开展银行、金融和投资合作的有效机制，在峰会期间取得了重要成果。"他同时指出，上合组织成员国政府首脑在2017年12月1日索契会谈中高度赞赏了银联体在促进多边基础设施项目实施、推进银联体扩员以及发展与国际金融机构间合作等方面的务实活动。上合组织银行联合体正翻开历史新篇章，如今印度和巴基斯坦的金融机构即将获得银联体正式成员的地位，并且在不久的将来它们将充分挖掘上合组织国家各银行在金融和投资领域共同的合作潜力。银联体这一高效机制是上合组织空间内发展经贸合作的重要环节之一。银联体与上合组织实业家委员会积极开展合作，两大重要公共机构共同努力，将进一步推动本组织内部经济的发展。

二　上合组织扩大和深化经贸合作前景分析

虽然2018年上合组织经贸合作取得一定进展，但该组织成立至今近18

① 上合组织银行联合体（银联体）根据2005年10月26日签署的《上海合作组织银行联合体（合作）协议》成立，是为上合组织成员国政府所支持的优先合作领域投资项目提供金融和银行服务的机制。从2017年10月26日至2018年10月25日，中国国家开发银行担任上合组织银联体主席行。

年来，经贸合作尤其是多边经贸合作一直是其短板。国际学术界尤其是成员国学术界对此进行过大量研究，结论莫衷一是。应该看到，国家间经济合作有其客观规律，合作规模的大小和深化程度，既取决于合作各方的政治意愿和经济结构的互补性，也取决于各国经济规模的大小、国内经济结构状况、经济制度和法律法规的完善程度、市场的活跃度以及合作各方之间的差距等自然因素。因此，对上合组织经济合作的有利条件和制约因素应进行客观分析，既要看到所取得的成绩，也要看到暂时难以解决的制约因素，既不要妄自菲薄，也不要急于求成。

（一）上合组织扩大和深化经贸合作的有利条件

上合组织经济合作具备一系列有利条件，最为突出的是，成员国政府的主导力不断增强，政治互信水平不断提高。2018 年乌兹别克斯坦内外政策持续调整，与中亚其他国家关系改善，为启动和加强多边合作创造了有利条件，印巴两国的加入为成员国扩大合作增加了新空间，使组织成员国经贸合作潜力有了新的增长。

第一，政府主导力继续加强，引领经贸合作提速和深化。元首峰会和政府首脑会议成功召开，继续规划引领经贸合作。2018 年上合组织元首青岛峰会发布的青岛宣言，再次对包括经贸合作在内的组织发展提出了新的要求。宣言指出，上合组织成员国支持完善全球经济治理体系，发展经贸和投资合作。同时提出，成员国认为，世界贸易组织是讨论国际贸易议题、制定多边贸易规则的重要平台，支持共同构建开放型世界经济，不断巩固开放、包容、透明、非歧视、以规则为基础的多边贸易体制，[①] 维护世贸组织规则的权威性和有效性，反对国际贸易关系的碎片化和任何形式的贸易保护主义。这是对近年来某些国家单方面谋求经济霸权的有力回击。

① 《上海合作组织成员国元首理事会青岛宣言》，http：//www. xinhuanet. com/2018 －06/11/c_1122964988. htm。

青岛峰会还发表了上合组织成员国领导人关于《上海合作组织成员国元首关于贸易便利化的联合声明》，有关部门签署了《2019～2020 年落实〈上海合作组织成员国旅游合作发展纲要〉联合行动计划》《上海合作组织成员国经贸部门间促进中小微企业合作的谅解备忘录》等文件。[①] 其中《上海合作组织成员国元首关于贸易便利化的联合声明》明确提出：（1）成员国为寻求进一步深化区域内的经济合作，充分发挥各成员国间相互贸易未来发展潜力巨大，将继续开展贸易便利化工作，重申愿为各国间贸易便利化而继续协作；（2）成员国简化海关程序，减少与货物进口、出口和过境相关的手续，提高透明度和加强包括海关在内的边境机构合作，加快货物的流动、放行和结关，可以促进上海合作组织各成员国间相互贸易便利化和贸易额增长；[②]（3）考虑到共同努力支持和巩固以世界贸易组织规则为基础的多边贸易体制的重要性，为了推动本区域内的贸易便利化，有必要就探讨达成该目标的相关路径继续开展工作。

上合组织成员国政府首脑塔什干会晤明确提出，经济合作是上合组织地区经济社会发展与稳定的重要保障，必须在该领域采取共同有效措施。为此，各国再次重申支持进一步完善全球经济治理体系，发展经贸和投资合作，反对任何形式的单边主义和贸易保护主义。各国表示要落实元首青岛峰会发表的《上海合作组织成员国元首关于贸易便利化的联合声明》，考虑到共同努力支持和巩固以世界贸易组织规则为基础的多边贸易体制的重要性，继续就达成本区域内贸易便利化目标的相关路径开展工作。同时强调逐步落实《上海合作组织成员国多边经贸合作纲要》及其落实措施计划、《〈上海合作组织至 2025 年发展战略〉2016～2020 年行动计划》和《2017～2021 年上海合作组织进一步推动项目合作的措施清单》十分必要。制定新版《上海合作组织成员国多边经贸合作纲要》对指导上合组织区域经济合作持

① 《上海合作组织成员国元首理事会青岛宣言》，http：//www. xinhuanet. com/2018 －06/11/c_1122964988. htm。

② 《上海合作组织成员国元首理事会青岛宣言》，http：//www. xinhuanet. com/2018 －06/11/c_1122964988. htm。

续稳定发展具有重要意义。[①]

中国与欧亚经济联盟签署经贸合作协定，有利于上合组织成员国经贸合作进一步便利化。2018 年 5 月 17 日，中国与欧亚经济联盟签署了合作协定，范围涵盖海关合作和贸易便利化、知识产权、部门合作以及政府采购等诸多方面。签约方同意通过加强合作、信息交换、经验交流等方式，进一步简化通关手续，降低货物贸易成本。该协定的签署将进一步减少非关税贸易壁垒，提高贸易便利化水平，为产业发展营造良好环境，促进中国与欧亚经济联盟及其成员国经贸关系深入发展，为经贸合作提供制度性保障。该协定是中国与欧亚经济联盟在经贸方面首次达成的重要制度性安排，标志着中国与该联盟及其成员国经贸合作从项目带动进入制度引领的新阶段，对于推动“一带一路”建设与欧亚经济联盟建设对接合作具有里程碑意义。[②]

第二，成员国关系持续改善，为扩大双多边经贸合作创造和谐气氛。过去，上合组织某些成员国之间存在一些矛盾，这成为上合组织框架下多边经济合作的制约因素，突出表现在乌兹别克斯坦与其邻国塔吉克斯坦和吉尔吉斯斯坦之间因水资源问题造成国家间关系紧张，对上合组织成员国之间多边合作进程造成一定程度的影响。2017 年米尔济约耶夫就任乌兹别克斯坦总统后，对乌内外政策进行了大幅度调整，中亚地区格局为之一变，乌与主要邻国之间的关系均呈现出明显改善气象，对上合组织经贸合作带来有利变化。2018 年乌兹别克斯坦中亚外交的主要进展体现在以下方面。

一是乌塔关系坚冰破除。3 月 9 ~ 10 日，乌总统米尔济约耶夫访问塔吉克斯坦，这是乌总统 18 年来首次访问塔吉克斯坦。在访问期间，两国总统共签署 27 项文件，文件成果主要体现在两国经贸合作及过境运输方面。米尔济约耶夫总统指出，经济是两国优先合作方向，乌方承诺创造一切条件扩大乌塔经贸合作。塔吉克斯坦总统拉赫蒙表示，两国政府计划将 2018 年双

① 《上海合作组织成员国政府首脑（总理）理事会第十七次会议联合公报（全文）》，http：//www.gov.cn/guowuyuan/2018 - 10/13/content_ 5330155.htm。

② 《中国与欧亚经济联盟实质性结束经贸合作协议谈判》，http：//www.xinhuanet.com/world/2017 - 10/01/c_ 1121756577.htm。

边贸易额提升到10亿美元（2017年乌塔两国贸易额为2.4亿美元）。至关重要的是，乌塔两国领导人就水资源利用和水电建设这一重要问题达成共识，米尔济约耶夫表达了乌方希望参与包括罗贡水电站在内的塔水电项目建设的意愿，标志着乌塔两邻国核心矛盾得到缓解。

二是制约乌塔关系发展的交通问题得到缓解。一段时期以来，塔吉克斯坦一直指责乌兹别克斯坦对塔进行交通封锁，两国间交通联系一度中断。目前，这一局面已得到较大程度的改善。5月25日，塔议会下院批准塔乌政府间国际公路交通协议。塔乌国际公路交通协议将简化运输程序，促进增加货物及旅客运输量（包括过境运输），并将有利于基础设施的新建。

三是中亚五国峰会成功举办和里海协议顺利签署，地区格局由离散向整合趋势发展。3月15日，中亚五国国家元首在阿斯塔纳举行非正式峰会，① 虽然峰会并未做出任何实质性决定或签署任何文件，但这毕竟是13年来中亚国家元首的首次峰会，并且是由乌兹别克斯坦总统倡议举行的，显示出中亚国家正在从过去的离散向整合方向发展。中亚国家的团结有利于上合组织框架内的各项合作。8月12日，哈萨克斯坦、俄罗斯、阿塞拜疆、土库曼斯坦、伊朗五个里海沿岸国家总统在哈萨克斯坦西部城市阿克套签署关于里海法律地位的公约，为里海沿岸五国今后分割里海海底石油和天然气资源以及在各领域加强合作奠定法律基础。五国总统还签署了6份协议和备忘录，旨在强化五国在运输、贸易、经济、打击恐怖主义及有组织犯罪等领域合作。悬而未决的里海法律地位问题获得初步解决，进一步增进了中亚国家之间团结和友好的气氛。

第三，印巴两国的加入，扩大了成员国经贸合作空间。印度和巴基斯坦加入上合组织，对上合组织经贸合作的促进和提升作用是显而易见的。印度是世界第二人口大国，也是金砖国家之一，印度经济产业多元化，涵盖农业、手工艺、纺织以至服务业。近年来印度服务业增长迅速，已成为全球软件、金融等服务业最重要出口国。巴基斯坦是世界排名第六的人口大国，拥

① 土库曼斯坦总统别尔德穆哈梅多夫因访问阿联酋，派议会议长努尔别尔德耶娃代表参会。

有多元化的经济体系，是世界第二十五大经济体。印巴两国的加入，使上合组织成为覆盖全球近一半人口，GDP 占全球 30% 的国际组织。人口数量的增加、经济体量的扩大，本身就是巨大的经济资源，既为上合组织框架内的经济合作提供了更多的资源，也使市场容量得到扩大，为增强上合组织经贸合作创造了新的潜力。

（二）上合组织扩大和深化经贸合作的制约因素

上合组织经贸合作历来以成员国之间的双边合作为主要内容，多边合作一直没有明显进展。实际上任何一个地区性国际组织，涵盖全体成员国的多边合作一般也集中在制度建设方面，而不是在大项目合作方面。因此可以说，地区性国际组织不必刻意追求多边经济合作，如果双边经济合作不断取得进展，同样可实现各自国家所追求的经济目标；涵盖全体成员国的多边合作应致力于制度建设，建立起有利于多边合作的制度环境和规范。应该看到，上合组织在这些方面还有很多工作可做。

第一，经贸合作机制尤其是多边合作机制仍有待探索。多年来，中国一直主张建立上合组织自由贸易区。中国领导人多次提出，上合组织要加强多边经贸合作，释放共同发展的巨大潜力，为此建议启动上合组织自贸区可行性研究，逐步建立更紧密的区域经济合作制度性安排。但这一倡议并未得到上合组织其他成员国的积极响应。当前上合组织所在的欧亚地区已形成多个国际经济合作机制，尤其是欧亚经济联盟已从较低层次的一体化向高层次一体化迈进，上合组织自贸区建设应尽早提上议事日程，使上合组织多边经贸合作更加便利和紧密。

第二，贸易秩序不规范问题仍然存在。历史原因使上合组织一些成员国之间形成了某些特殊的海关报税制度，出现所谓“灰色清关”问题，多年来，一些成员国为解决这一问题做出了巨大努力，也取得了一些效果，但贸易秩序不规范问题仍然存在。以中哈贸易为例，两国海关的贸易规模统计就存在较大差距。2018 年前 9 个月，两国发布的贸易额竟然相差 60 多亿美元。根据中国驻哈萨克斯坦大使馆商参处发布的消息，2018 年 1～9 月，中哈贸易额为145.6亿美元，其中，中国对哈萨克斯坦出口86亿美元，自哈萨克斯坦进口59.6亿美元，但据哈方统计，同期中哈贸易额为82.2亿美元，其中，哈萨克斯坦对中国出口42.3亿美元，自中国进口39.9亿美元。[①]这表明，部分商品贸易没有经过正规的海关渠道。这种情况的存在，可能有利于个别贸易公司的利益，但不利于两国经贸合作长期健康发展。

第三，投资合作机制尚待建立，投资合作透明度不够。上合组织多边经济合作尤其是大项目合作亮点不多，如中吉乌铁路等项目已延宕多年，在某种程度上是由于上合组织多边合作机制尚不够健全。此外，投资合作的透明度不够，有些项目的宣传解释工作不到位，[②] 为一些国家的反对派煽动民族情绪、挑动事端制造了借口。

三　对上合组织扩大和深化多双边经济合作的建议

如上所述，上合组织经贸合作存在诸多得天独厚的有利条件，也存在不少制约因素，在“一带一路”倡议和国际产能合作加快落实的背景下，进一步扩大和深化经贸合作空间的潜力巨大，未来应进一步创造有利条件，克服和解决制约因素，使上合组织合作潜力变成现实推动力。

第一，以增进成员国经济利益为导向，加强双多边经贸合作机制建设。上合组织成员国都面临促进经济增长和发展、增进国民福利的艰巨任务。近年来，这一地区国际形势基本稳定，社会和谐，具备进一步加快经济和社会发展的有利条件。上合组织应进一步协调成员国经济发展战略的对接与合作，使全体成员国都认识到上合组织是本国发展的促进因素和重要依托，从而增强协调合作、建立双多边经贸合作机制的动力。

第二，以促进成员国民心相通为导向，加强成员国人文交流与合作。上

① 《前三季度中哈贸易统计数据》，http：//kz. mofcom. gov. cn/article/jmxw/201811/20181102804247. shtml。

② 〔哈〕康·瑟拉耶什金：《当前中哈关系中的现实问题及解决路径》，《俄罗斯东欧中亚研究》2019年第1期。

合组织成员国历史和现实情况各异，尤其是各国有不同的价值观取向和文明背景，一些成员国之间交流交往的历史曾长期中断，民众间互不了解的情况非常突出。互不了解必然导致互不信任，必然形成形形色色的威胁论，甚至可能产生恐惧和厌恶感。非经济因素干扰上合组织经济合作的事例比比皆是，为此应在非经济领域加强交流和合作，减少隔阂，增进信任。

第三，以服务于企业为导向，加强组织基础建设。上合组织自成立以来，在组织建设方面做出很多努力，取得明显成效，但从目前看，组织基础建设仍然不能满足企业和社会的需要。比如，历年上合组织元首峰会和政府首脑会晤都签署大量合作文件，但一些文件自签署后就并未全文发布，或者难以找到文件全文；上合组织经贸合作基础数据也很难找到；有些网站长期不更新，或者仅发布一些会谈会见信息。从服务于务实合作和企业角度来要求，有必要建立内容和数据完备、便于查询的开放式的经贸合作数据库。

Y.13
上海合作组织框架内能源合作：现实与前景

刘　乾*

摘　要： 能源合作是上海合作组织国家经济合作的重要组成部分。在能源领域，上合组织国家之间在油气勘探投资、产品贸易和能源基础设施建设等方面有密切的合作关系，合作领域不断扩展，为保障国家和地区能源安全、促进区域经济发展等发挥了重要作用。随着全球能源市场格局的变化，以及印度和巴基斯坦加入上合组织，上合组织国家在资源开发、管道基础设施建设和联通，以及区域能源治理机制等领域的合作潜力也在增加，但也存在需要解决的问题，包括上合组织国家能源政策的协调，以及上合组织能源俱乐部的职能和机制等。从长期前景看，在落实“一带一路”倡议和进行“带盟对接”的过程中，上合组织的能源合作和“能源俱乐部”的建设将成为重要的合作方向和合作平台。

关键词： 上海合作组织　能源合作　能源俱乐部　“一带一路”　“带盟对接”

可靠的能源供应是国家经济发展和安全保障的前提条件。上海合作组

* 刘乾，中国石油大学（北京）俄罗斯中亚研究中心讲师。

织国家中既有俄罗斯、哈萨克斯坦这样的能源净出口国，也有中国、印度和巴基斯坦等重要的能源消费国。由于上合组织国家相互接壤，能源投资、贸易和基础设施建设成为上合组织国家间经贸合作的重要组成部分。

一　上合组织各成员国的能源状况

上合组织成员国和观察员国的能源资源分布、消费结构和供需状况各不相同。其中，俄罗斯、哈萨克斯坦、乌兹别克斯坦和伊朗拥有丰富的油气储量，是全球重要的油气生产国和出口国；中国、印度和巴基斯坦是重要的能源消费国，每年均需要进口大量油气资源。吉尔吉斯斯坦、塔吉克斯坦拥有丰富的水电资源，但化石能源储量贫乏，基本完全依赖从邻国进口。这种不平衡的状况一方面成为上合组织国家间进行能源合作的前提条件，另一方面也导致各国在能源供应流向和政策协调方面存在很大困难。

（一）俄罗斯是上合组织国家中最大的能源储量国和出口国

俄罗斯是全球主要的石油天然气生产国和出口国之一，也是上合组织区域内最大的能源出口国。根据 2018 年 BP 能源统计年鉴，俄罗斯的石油产量居世界第三，出口量居全球第一；天然气产量居世界第二，出口量居全球第一。俄罗斯还是重要的成品油和电力出口国。

俄罗斯的大部分石油和天然气向欧洲出口，但过去十年中，俄罗斯开始拓展亚太市场。2010 年，俄罗斯建成了东西伯利亚—太平洋石油管道及其中国支线，逐步提高对中国和远东地区的原油供应。2014 年 5 月，中俄两国签署了东线天然气管道建设和天然气购销协议，预计 2019 年底俄罗斯将开始向中国供应天然气。此外，俄罗斯还长期向中国出口煤炭和电力。俄罗斯还向一系列独联体国家供应石油、成品油和天然气，包括上合组织成员国吉尔吉斯斯坦、乌兹别克斯坦和观察员国白俄罗斯。俄罗斯经济在很大程度上依赖能源出口，财政收入对国际油价的波动非常敏感。

（二）中国是上合组织国家中最大的能源消费市场

伴随着经济的高速发展，中国的能源消费快速增加。尽管中国有较为丰富的油气储量，但产量仍不能满足国内消费，进口依赖程度不断提高。目前，中国是全球最大的一次能源消费国，也是全球最大的石油和天然气进口国。在中国的能源消费结构中，煤炭仍占一半以上，但随着国内转向使用更清洁燃料的趋势，煤炭的比例正在缓慢下降。

俄罗斯是中国石油进口的最大来源国，伊朗也向中国出口大量石油。此外，哈萨克斯坦向中国出口石油和天然气，乌兹别克斯坦向中国出口天然气。中国的能源进口渠道和路线正在多元化发展，但与上合组织国家的能源合作仍占有非常重要的地位。

（三）哈萨克斯坦和乌兹别克斯坦是重要的油气出口国

哈萨克斯坦是中亚地区最大的石油开采国和出口国。2018 年哈萨克斯坦的石油开采量超过 9000 万吨，天然气产量超过 550 亿立方米。哈萨克斯坦主要经里海管道财团（CPC）的管道系统向西出口石油，经中哈原油管道向中国出口的原油过去几年正逐步减少。哈萨克斯坦从 2017 年开始向中国出口天然气。2018 年，中哈签署了为期五年，每年向中国供应 100 亿立方米天然气的合同。2018 年，哈萨克斯坦完成了三大炼油厂的现代化改造，从而结束了该国需要从俄罗斯进口汽油的历史。预计 2019 年哈萨克斯坦将开始向中亚邻国出口汽油。

由于受到国内油气资源量的限制，乌兹别克斯坦已经成为石油进口国，目前需要从哈萨克斯坦和俄罗斯进口石油以满足国内炼油的需求。乌兹别克斯坦的天然气出口能力也较为有限。目前乌兹别克斯坦主要向俄罗斯和中国出口天然气，出口量大约为各 50 亿立方米/年。此外，乌兹别克斯坦还向塔吉克斯坦和吉尔吉斯斯坦出口少量天然气，并从这两个国家进口电力。

（四）吉尔吉斯斯坦和塔吉克斯坦水电丰富，但化石燃料完全依靠进口

吉尔吉斯斯坦和塔吉克斯坦地处山区，拥有丰富的水电资源。其中，塔吉克斯坦的人均水电资源拥有量居世界第一位。水电是塔吉克斯坦和吉尔吉斯斯坦的主要能源来源。塔吉克斯坦和吉尔吉斯斯坦的石油、天然气和煤炭储量非常贫乏，化石能源消费主要依赖进口。

塔吉克斯坦和吉尔吉斯斯坦的电力可以向境外出口，主要的出口方向包括乌兹别克斯坦和阿富汗等国。塔吉克斯坦和吉尔吉斯斯坦的化石能源主要从俄罗斯、哈萨克斯坦和乌兹别克斯坦进口。

（五）印度和巴基斯坦是能源消费大国，加入上合有助于其国际能源合作

印度和巴基斯坦是南亚的能源消费大国，由于本国产量相对较低，这两个国家都需要进口大量化石燃料。为满足国内能源消费需求，近年来，印度和巴基斯坦大幅增加石油和天然气（主要是 LNG）的进口，印度的石油公司正在全球寻找在上游资源领域合作的机会。

加入上合组织使印度和巴基斯坦能够加强同上合组织成员国，特别是同俄罗斯、中亚国家在能源领域的交流与合作，目前印度和俄罗斯在石油领域，巴基斯坦和土库曼斯坦在天然气领域有大型的项目合作。

二　上合组织国家间能源合作的主要方向

随着上合组织国家间经贸和投资关系的加深，能源领域的合作正呈现多领域、多层次的发展。

（一）油气上游勘探和开发投资

油气上游勘探开发投资是上合组织成员国间相互投资合作的重要组成部

分。中国企业在俄罗斯、哈萨克斯坦、乌兹别克斯坦和塔吉克斯坦等国境内有多个投资项目，其中包括亚马尔 LNG 项目、卡沙甘项目、阿克纠宾项目、明格布拉克项目等。印度公司在 2015 年之后加强同俄罗斯在上游领域的合作，参股了俄罗斯石油公司的万科尔油田项目。俄罗斯企业除了开发本国油气资源外，也在哈萨克斯坦、乌兹别克斯坦等国进行油气资源的勘探和开发，其中俄罗斯卢克石油公司在哈萨克斯坦和乌兹别克斯坦的业务发展非常成功。

上合组织国家间的油气勘探和开发投资合作大部分由国有企业进行，包括中石油、中石化、俄罗斯石油公司、俄罗斯天然气工业公司、印度 ONGC、哈萨克斯坦国家油气公司和乌兹别克斯坦国家油气公司等进行。但也有不少私营石油公司参与其中，比如中国的洲际油气、广汇能源，俄罗斯的卢克石油公司等。此外，很多项目也吸引了著名的跨国石油公司参与进行，包括雪佛龙、道达尔、埃克森－美孚等。

（二）油气管道建设与运营

油气管道建设与运营是上合组织国家间能源合作的通道和载体。俄罗斯和中亚国家在苏联时期就已经实现了油气管道联通。上合组织成立之后，相继又建成了中哈原油管道、中俄原油管道和中亚天然气管道 A、B、C 线，目前正在建设中俄东线天然气管道，准备建设和正在规划的管道还包括中俄西线天然气管道、TAPI 天然气管道等。除了向亚太国家的油气供应外，俄罗斯和哈萨克斯坦还利用 CPC 管道向欧洲供应原油。

需要指出的是，中亚里海地区的油气管道建设油气外输走向是长期以来区域内国家和域外国家进行能源博弈的焦点。从地缘政治的角度看，控制油气管道及其走向意味着对资源的掌控和占据地缘上的优势。但是近年来，随着“一带一路”倡议的提出，特别是其中“设施联通”的原则，有助于上合组织国家将现有和规划中的管道基础设施进行相互联通，实现油气资源的串换运输和供应，是未来能源合作具有前景的方向之一。

（三）石油天然气和成品油贸易

石油天然气和成品油贸易是上合组织国家间商品贸易的主要品种。中俄、中哈、中乌贸易中，石油和天然气占有相当重要的比重。2018 年中国从俄罗斯进口原油 7149 万吨，经中亚天然气管道进口天然气 474 亿立方米。预计 2019 年 12 月俄罗斯将开始经东线天然气管道向中国供应天然气，中国与上合组织国家间的油气贸易量将进一步提高。

除中国外，俄罗斯与中亚国家、印度和巴基斯坦，以及中亚国家之间均有油气贸易往来。俄罗斯是塔吉克斯坦和吉尔吉斯斯坦油气和成品油进口的主要来源。哈萨克斯坦和乌兹别克斯坦向邻国塔吉克斯坦和吉尔吉斯斯坦供应天然气，哈萨克斯坦还向乌兹别克斯坦出口原油。随着哈萨克斯坦国内汽油供过于求，其还计划向吉尔吉斯斯坦出口。

随着印巴加入上合组织和中国油气进口量的持续增长，以及俄罗斯和中亚国家油气产量和出口的量提高，上合组织国家之间的油气贸易有望继续增长，并将长期成为上合组织国家间经贸合作的主力。

（四）电力贸易和电网联通

中俄之间的电力贸易已经开展了相当长的时期，双方在边境电网互联和俄罗斯境内的发电项目上有深入合作。随着乌兹别克斯坦对外政策的调整，乌兹别克斯坦与中亚国家的电网正在恢复互联，乌兹别克斯坦也开始重新从塔吉克斯坦和吉尔吉斯斯坦进口电力。此外，中亚国家正在规划建设从中亚至南亚地区的输电项目——CASA－1000 项目，这一电力项目未来将连接塔吉克斯坦、吉尔吉斯斯坦、阿富汗和巴基斯坦。

三　上合组织国家间能源合作存在的主要问题

尽管上合组织国家间的能源合作已经取得了长足的进展和成就，但在一些方面仍存在问题，阻碍了能源合作的进一步发展。

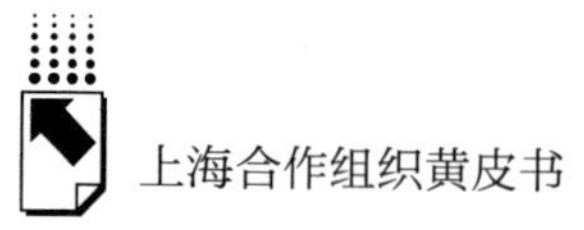

（一）上合组织国家能源领域投资环境仍须进一步改善

能源行业是国民经济的战略性行业。上合组织成员国均为发展中国家和经济转型国家，在经济和能源行业的投资环境、商业制度和法律保障方面还存在不完善、对外开放程度低等问题。俄罗斯的油气上游领域一直处于不对外开放的状况，即使在受到西方制裁的条件下有所松动，但对外资的限制仍然很多，远未达到中国提出的“上下游一体化合作”的程度。中亚国家的经商环境、政策透明度仍然较差，能源行业的税收制度、矿产开发制度和行业监管制度并不稳定，在一定程度上阻碍了投资合作的发展。

（二）缺乏多边机制，能源合作制度化程度较低

上合组织国家的能源合作多以双边形式进行，通过政府协商、企业落实的方式进行合作。尽管在如中亚天然气管道等项目中存在多方合作和协调机制，但在政府层面缺乏协调各国能源政策、保障区域能源合作的统一规则和法律体系，难以消除投资和贸易壁垒，不利于促进区域能源市场的一体化。

需要强调的是，俄罗斯主导的欧亚经济联盟在能源领域有建立“共同能源市场”的目标，并正在逐步加以实施。同时，中国提出的“一带一路”倡议和与欧亚经济联盟进行的“带盟对接”，在一定程度上可以促进上合组织在能源领域规则和制度的协调。但至今并未出台任何具有可操作性的政策与法规，相关工作仍须进一步推进。

（三）上合组织在能源合作中发挥的作用有限

上合组织最初建立的目的是维护地区安全，打击“三股势力”，经济和能源合作并不是上合组织的主要职能。从上合组织的经济合作职能，以及上合组织国家之间能源合作的基本情况看，无论是双边合作还是多边合作，实质上都是由相关国家政府直接组织进行，大多与上合组织本身无关。因此，上合组织国家间的能源合作，在很大程度上无法被称为“上合组织框架下的能源合作”。

上合组织成员国曾多次提出建立“能源俱乐部”的构想，并尝试建立一种在上合组织框架下的多边能源合作机制。但是全球能源市场格局的变化，上合组织成员国各自能源政策的调整和对外能源合作重心的转移，使得上合组织本身在能源合作中的作用有限，并不能充分发挥其在多边合作中的影响力，“能源俱乐部”在一定程度上成为“鸡肋”。因此，对于上合组织“能源俱乐部”需要有更加明确的定位，对其未来发展和前景应该进行更加实际的规划和考量。

四　上合组织“能源俱乐部”的现状与前景

上合组织成员国在能源领域合作具有巨大的规模和潜力，上合组织国家希望通过“能源俱乐部”建立多边能源合作机制，发展能源项目，保障能源安全。但受到各国政策和现实情况的制约，“能源俱乐部”的职能、目标、机制建设和发展前景仍存在不确定性。

（一）上合组织“能源俱乐部”的构想与各国立场

2006 年 6 月，俄罗斯总统普京在上合组织元首峰会上首次提出了建立“能源俱乐部”的倡议。当年 9 月，上合组织成员国政府首脑会议将能源合作确定为优先合作方向之一。但 2008 ~ 2009 年全球经济危机和油价的大幅波动影响了“能源俱乐部”机制建设的落实。到 2011 ~ 2012 年，相关议题再次被提出。2011 年 9 月举行的欧亚国家能源部长会议通过了旨在推动上合组织“能源俱乐部”启动的《西安倡议》。2012 年，普京在访华前撰写的文章中提出，要在上合组织内建立一些真正起作用的融资保障和项目管理机制，应该搭建一些可以组建联合计划、制定各种多边方案的平台。他指出，这种方式的一个例子就是“上合组织能源俱乐部”。中方对此给出了积极评价。2012 年 6 月，胡锦涛主席表示要在上合组织内建立“能源俱乐部”。2013 年 9 月，习近平主席也发出了建立上合组织“能源俱乐部”的倡议。

但是，分析中俄两国，以及其他国家领导人和官方机构对于上合组织“能源俱乐部”构想的具体建议时可以发现，上合组织国家对此的立场并不一致。俄罗斯的目标最初是建立一种跨国的能源组织，制定共同的能源战略，进行能源项目的规划、融资和建设，这符合能源出口国的利益，其主要目标是吸引投资和资源开发，哈萨克斯坦在一定程度上也持这种立场。而中方的立场在于“建立稳定的供求关系，确保能源安全”，即绑定能源供应国和消费国之间的关系，确保能源的稳定供应。而对于其他上合组织成员国，并没有非常明确的目标和诉求，往往是在中俄主导的合作中搭便车。

长期以来，中俄之间的能源合作已经形成了相对高效的双边机制，大型项目投资和能源贸易合作往往排除了第三国参与的可能。同时，由于中俄对“能源安全”所追求的目标不同，即中国希望有可靠的供应和可接受的价格，而俄罗斯追求更高的价格和灵活多元的供应途径，同时与上合组织其他成员国的能源关系也不尽相同，因此在上合组织内部协调各国能源战略变得非常困难，至今“能源俱乐部”仍没有明确的章程和职能。

（二）“带盟对接”对上合组织“能源俱乐部”的影响

2012～2013 年以来，随着普京重新当选俄罗斯总统和习近平担任中国最高领导人，中俄两国在周边和欧亚地区开始落实“欧亚经济联盟”和“一带一路”倡议，这在一定程度上影响了上合组织“能源俱乐部”的建立和发展。

在俄罗斯提出的“欧亚经济联盟”框架中专门提出了建立“共同能源市场”的构想。这一共同能源市场包括石油和成品油、天然气、电力等不同领域。根据 2011 年的《欧亚经济一体化宣言》，共同能源市场的参与国将协商确定能源政策，协调各国立法。根据 2014 年签署的《欧亚经济联盟条约》，各成员国在能源领域的合作包括确定能源供需平衡指标；建立共同的电力、天然气、石油和成品油市场；确保获得能源运输的公平服务；其附件规定了在能源运输、能源定价、能源市场一体化等方面的内容。实际上，欧亚经济联盟的共同能源市场是以俄罗斯为主导的一体化的能源市场，确保联盟成员国之间的能源运输、贸易和定价机制的统一。

能源在中国提出的“一带一路”倡议中也占有重要地位。能源合作是中国与“一带一路”沿线国家经贸和投资合作的主要领域之一，大型能源合作项目的发展，也符合“政策沟通、贸易畅通、资金融通、设施联通、民心相通”的原则。同时，“一带一路”是一个开放的合作体系，并没有统一的约束性机制。由于上合组织成员国大多分布在丝绸之路经济带沿线地区，这些国家几乎全部支持“一带一路”建设。因此，在“一带一路”框架内的能源合作几乎可以涵盖中国与上合组织成员国的能源合作。

因此，无论是在俄罗斯主导的“欧亚经济联盟共同能源市场”框架内，还是在中国提出的“一带一路”倡议下，上合组织“能源俱乐部”的建设与发展都有被边缘化的趋势。实际上，近年来对于该俱乐部的讨论已经日趋减少，“带盟合作”下的能源政策对接实际上成为欧亚地区国家（主要是上合组织成员国）更为关注的问题。

（三）对上合组织“能源俱乐部”前景的思考

作为上合组织“双发动机”的中国和俄罗斯，其各自的能源利益诉求不同，加上印度、巴基斯坦加入上合组织后，上合组织国家能源合作的形势更加复杂，上合组织“能源俱乐部”的发展前景应更加切合实际，并在“带盟对接”的背景下寻找新的发展空间和机遇。

首先，“能源俱乐部”难以成为各国协调能源政策的多边平台，但可以在信息交流和专家对话方面形成良好的多边机制。上合组织国家中既有出口国也有消费国，各国的能源状况、合作诉求、构想与实施策略均有不同，能源战略的目标和政治制定的立场很难协调。从上合组织“能源俱乐部”构想提出后的发展历程和各国立场看，“能源俱乐部”既不可能成为超国家的能源监管机构和能源政策规划机构，也不会成为双边和多边能源项目的投融资平台。因此，从更加实际的角度出发，上合组织“能源俱乐部”更适合成为论坛形式的对话交流平台，通过专家级的对话，以及共同的科学研究和市场研究，形成务实的政策参考和建议，从而影响上合组织国家的能源行业决策。

其次，上合组织“能源俱乐部”可以在当前全球能源治理的大趋势下，拓展其话题范围，促进能源相关领域的合作。“能源俱乐部”除了讨论重大的石油、天然气、电力等行业问题之外，可以将话题拓展到诸如全球气候变化、生态保护、水资源利用和保护、节能等诸多领域。这些领域的市场参与者众多，研究性和前瞻性的项目也比较多，但是缺乏相应的合作机制和合作平台。上合组织“能源俱乐部”完全可以通过对接相关领域的合作，将“能源安全”和“生态文明”加以结合，既可以扩展上合组织国家之间，特别是中国和其他成员国在生态、环保和能效等领域的科研合作与交流，还可以促进整个区域的生态安全，为当地带来切实的好处，实现“一带一路”中的“民心相通”。

最后，上合组织“能源俱乐部”可以成为“带盟对接”的有益补充。能源合作只是“带盟对接”的一个组成部分，而“能源俱乐部”可以更加专业和广泛地推进能源领域的多边合作和交流。印度、巴基斯坦的加入使得“能源俱乐部”的地理范围更加扩大，“能源俱乐部”还可以通过与域外国家的合作和交流扩大国际影响力。

Y.14

新形势下上海合作组织成员国的经济发展

郭晓琼*

摘　要： 2018年，世界经济扩张趋势减弱，原油等大宗商品波动性增强，发达经济体通胀受到抑制，全球金融紧缩。世界经济面临的不确定性和挑战增多，受到贸易紧张局势加剧、金融市场脆弱性增强、全球经济不平衡加剧、新兴市场承压及一些非经济因素的影响和威胁。在这样的背景下，上海合作组织成员国经济虽整体向好，但增速普遍下降；受国际能源价格回升的影响，俄、哈等能源供应国出口形势大幅改善，但汇率波动较大；塔吉克斯坦和巴基斯坦的债务风险加剧。

关键词： 上海合作组织　世界经济形势　贸易

2016年中期以来，全球经济进入上行周期，2017年上行趋势加强，进入2018年后经济扩张趋势已经减弱，一些经济体增长弱于预期。国际货币基金组织于2019年1月发布《世界经济展望：全球扩张减弱》，该报告指出，2018年全球经济增长率估计为3.7%，预计全球经济2019年将增长3.5%，2020年将增长3.6%。2018年10月公布的《世界经济展望》已经下调了2019年和2020年的经济增长预测，主要原因是美国和中国在2018年实行了提高关税措施。2019年1月继续下调经济增长预测是由于一些特

* 郭晓琼，中国社会科学院俄罗斯东欧中亚研究所副研究员，中俄战略协作高端合作智库理事、办公室副主任。

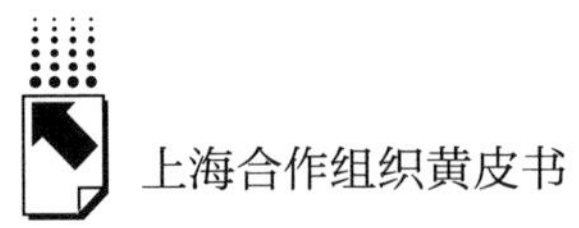

定因素，包括德国实行新的燃料排放标准、日本发生自然灾害等，这些因素对一些大型经济体造成不利影响，也为全球经济前景蒙上阴影。[①]

一 国际经济形势新变化

2018 年，国际经济形势的变化主要具有以下几方面特点。

第一，全球经济增长势头减弱，不确定性增强。发达经济体中，美国经济增长速度加快，2018 年为 2.9%，比 2017 年提高了 0.7 个百分点，但随着取消财政刺激、联邦基金利率超过中性利率，预计 2019 年美经济增长率将会下降至 2.5%。欧元区经济增长趋势减弱，2018 年欧元区经济增长率为 1.8%，比 2017 年降低了 0.6 个百分点，预计未来经济增长率仍会下行。德国私人消费疲软，实行新的汽车排放标准后工业生产下滑，外部需求不振；意大利国内需求疲弱，主权债券收益率居高不下导致借款成本上升；法国出现抗议活动为经济带来负面影响；因为脱欧结果不确定的负面影响与财政刺激的正面影响相互抵消，英国增长预期具有很大的不确定性；2018 年日本经济增长率降低至 0.9%，日本政府对经济提供了进一步支持，预计 2019 年经济增长率将为 1.1%。

新兴市场和发展中经济体 2018 年增长率小幅降低至 4.6%，2019 年继续下降至 4.5%，2020 年将上升至 4.9%。俄罗斯经济保持当前趋势，2018 年增长 1.7%，2019 年和 2020 年预计增长 1.6% 和 1.7%。亚洲新兴市场和发展中经济体保持了 2017 年以来 6.5% 的高速增长，尽管中国采取了财政刺激政策，对美国提高关税的负面影响起到了一定的抵消作用，但在金融监管收紧及与美国贸易矛盾的共同作用下，经济增长出现减缓趋势，2018 年为 6.6%，2019 年和 2020 年将继续下降至 6.2%。印度经济增长则会加快，主要原因是石油价格下降，且政府收紧货币政策的步伐因通胀压力缓解而慢

---

① 国际货币基金组织：《世界经济展望：全球扩张减弱》，http：//www.imf.org/zh/Publications/WEO/Issues/2019/01/11/weo－update－january－2019。

于预期，2018 年印度经济增长率为 7.3%，2019 年和 2020 年将会进一步上升至 7.5% 和 7.7%（见表 1）。

表 1　世界经济发展及预测

单位：%

	2017 年	2018 年	预测	
			2019 年	2020 年
世界经济增长率	3.8	3.7	3.5	3.6
发达经济体	2.4	2.3	2.0	1.7
美国	2.2	2.9	2.5	1.8
欧元区	2.4	1.8	1.6	1.7
英国	1.8	1.4	1.5	1.6
日本	1.9	0.9	1.1	0.5
新兴市场和发展中经济体	4.7	4.6	4.5	4.9
独联体	2.1	2.4	2.2	2.3
俄罗斯	1.5	1.7	1.6	1.7
除俄罗斯外	3.6	3.9	3.7	3.7
新兴和发展中亚洲	6.5	6.5	6.3	6.4
中国	6.9	6.6	6.2	6.2
印度	6.7	7.3	7.5	7.7
新兴和发展中欧洲	6.0	3.8	0.7	2.4
拉美和加勒比	1.3	1.1	2.0	2.5
中东、北非、阿富汗和巴基斯坦	2.2	2.4	2.4	3.0
低收入发展中国家	4.7	4.6	5.1	5.1
世界贸易总量（货物和服务）*	5.3	4.0	4.0	4.0
发达经济体	4.3	3.2	3.5	3.3
新兴市场和发展中经济体	7.1	5.4	4.8	5.2

* 出口和进口量（货物和服务）增长率的简单平均。

资料来源：国际货币基金组织：《世界经济展望：全球扩张减弱》，http：//www.imf.org/zh/Publications/WEO/Issues/2019/01/11/weo－update－january－2019。

第二，大宗商品价格波动不定。2017 年国际原油价格波动幅度在 45～60 美元/桶，处于相对稳定的状态。从 2018 年 8 月起，国际原油价格开始出现波动，供给面主要由于美国对伊朗石油出口的政策，需求面则反映出对全球需求疲软的担忧。2019 年 1 月初，原油价格大约为 55 美元/桶，预计未来四五年将大体维持在这一水平。金属和农业大宗商品的价格从 2018 年

8 月起略有下降，这主要是由于中国需求低迷。

第三，通货膨胀压力减小。除美国之外，发达经济体消费价格通胀水平在 2018 年普遍受到抑制。新兴经济体中，随着原油价格的下降，通胀压力有所缓解，其中一些经济体通胀压力的缓解在一定程度上被货币贬值向本国价格传导效应抵消。

第四，金融紧缩。2018 年下半年发达国家金融逐渐收紧，在贸易紧张、增长预期放缓等因素的影响下，对收益前景的乐观情绪减弱，股票价格回落。2018 年底，对美国政府“关门”的担忧放大了对金融部门的负面情绪。除主权证券之外，美国公司债券的信用利差扩大，也反映了乐观情绪的减弱及国际原油价格下跌所引起的对石油部门的担忧。新兴市场经济体金融也略有收紧，在贸易紧张局势加剧和避险情绪影响下，新兴市场股票遭到抛售。石油价格一度上涨及货币贬值使得一些新兴市场经济体，包括智利、南非、墨西哥、印度尼西亚、菲律宾、泰国、俄罗斯等国的中央银行在 2018 年第三季度提高了政策利率。中国和印度中央银行保持政策利率不变，并通过下调银行法定准备金率和向非银行金融机构提供流动性的方式放松国内融资条件。

当前世界经济发展面临着一系列风险及挑战。

第一，贸易紧张局势加剧。中美贸易争端最终结果仍不确定，谈判过程困难重重，美国—墨西哥—加拿大自由贸易协定也要经过各国国内的审批。贸易政策的不确定性及其他方面的贸易矛盾对全球贸易、投资和产出均造成威胁，如不能解决矛盾、化解分歧，将会导致关税壁垒增加，进口中间产品和资本品成本上升，最终导致产品价格上涨。此外，贸易政策不确定性的增加，以及对贸易紧张局势升级和贸易报复措施的担忧，将会削弱投资，并产生对企业盈利前景的消极情绪，进而拖累经济增长。

第二，全球金融市场脆弱性增强。2018 年上半年，在主要发达经济体经济复苏态势良好、全球流动性比较宽松的背景下，资产价格处于历史高位。一旦全球流动性紧缩步伐超出市场预期，将可能导致金融市场波动。这一背景下，全球经济前景与政策的不确定性可能推动投资者避险情绪上升，引发资金回撤，转向安全资产。

第三，全球经济同步性减弱，新兴市场承压。2018 年以来，贸易保护主义、单边主义抬头，发达经济体经由贸易渠道的外溢效应受阻，全球经济同步性减弱，同时国际金融领域仍存在大规模资本流动，主要经济体货币政策的外溢效应增强，新兴市场总体承压。

此外，美国联邦政府“关门”、中东和东亚的地缘政治紧张局势、消除贫困压力加剧、气候变化、一些经济体对现有机构和政党信任度下降等因素都对全球经济造成不同程度的影响，与金融科技等新技术相伴而生的新风险也不容忽视，对全球金融监管构成新的挑战。

二　上合组织成员国经济发展态势

（一）中国

中国是上海合作组织中最大的经济体，近年来中国经济增速放缓。2018 年以来，中国经济平稳增长，经济运行保持韧性。2018 年国内生产总值 90 多万亿元人民币，按可比价格计算，同比增长 6.6%，四个季度增长率分别为 6.8%、6.7%、6.5% 和 6.4%。

1. 消费对经济增长贡献较高，投资和进出口保持较快增长

2018 年中国社会消费品零售总额达到 38 万亿元，同比增长 9%，保持较快增长。网上消费增速加快，2018 年网上零售额 90065 亿元，比上年增长 23.9%。2018 年，最终消费支出对经济增长的贡献率高达 76.2%，比上年提高 18.6 个百分点。消费作为经济增长主要推动力的作用增强。居民人均可支配收入为 28228 元，比上年实际增长 6.5%，快于人均 GDP 增速，与经济增长基本同步。收入分配结构持续改善，农村居民收入增速持续高于城镇。居民收入较快增长和消费倾向稳中有升对消费形成稳定支撑。

固定资产投资缓中趋稳，制造业和民间投资增速回升。2018 年固定资产投资（不含农户）为 63.56 万亿元，同比增长 5.9%，其中，民间投资

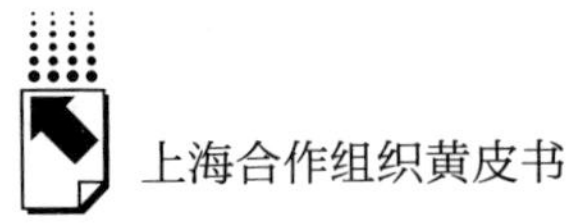

39.4 万亿元，同比增长 8.7%。各产业中，第一产业投资增长 12.9%，第二产业投资增长 6.2%，其中，制造业投资增长 9.5%，第三产业投资增长 5.5%。高技术产业和装备制造业投资同比分别增长 16.1% 和 11.1%。

进出口总额创历史新高，贸易结构持续改善。2018 年中国进出口总额达到 30.5 万亿元，同比增长 9.7%，贸易总量首次超过 30 万亿元，创历史新高。其中，出口额为 16.41 万亿元，同比增长 7.1%，进口额为 14.08 万亿元，同比增长 12.9%，顺差收窄 18.3%。机电产品出口占出口总额的 58.8%，同比增长 7.9%。中国对“一带一路”沿线国家外贸形势发展良好，对“一带一路”沿线国家外贸总额同比增长 13.3%。

2. 三大产业生产总体保持平稳，产业结构持续改善

2018 年中国第一产业增加值为 64734 亿元，同比增长 3.5%。农业生产总体保持稳定，产量与上年相比变化不大。粮食高产，粮食产量达到 65789 万吨，连续四年保持在 65000 万吨以上。种植结构优化，优质稻谷、大豆、棉花、汤料、中草药等作物种植面积增加，玉米种植面积减少。畜牧业生产保持稳定，猪牛羊禽肉产量达到 8517 万吨，其中，猪肉产量同比下降 0.9%，牛肉增长 1.5%，羊肉增长 0.8%，禽肉产量增长 0.6%，生猪存栏 42817 万头，同比下降 3%，生猪出栏 69382 头，下降 1.2%。

第二产业增加值为 366001 亿元，同比增长 5.8%。规模以上工业增加值同比实际增长 6.2%，增速缓中趋稳，其中，采矿业增长 2.3%，制造业增长 6.5%。高技术制造业、战略性新兴产业和装备制造业增加值增长较快，同比分别增长 11.7%、8.9% 和 8.1%。新兴工业产品产量也呈现快速增长态势，铁路客车、微波终端机、新能源汽车、生物基化学纤维、智能电视、锂离子电池和集成电路分别增长 183.0%、104.5%、40.1%、23.5%、18.7%、12.9% 和 9.7%。

第三产业增加值为 469575 亿元，同比增长 7.6%。生产指数比上年增长 7.7%，保持较快增长。其中，信息传输、软件和信息技术服务业，租赁和商务服务业分别增长 37.0%、10.1%。1 ~ 11 月，规模以上服务业企业营业收入同比增长 11.5%，其中，战略性新兴服务业、科技服务业和高技术

服务业企业营业收入同比分别增长 14.9%、15.0% 和 13.4%。第三产业占 GDP 的比重为52.2%，比2017 年提高0.3 个百分点，比第二产业高11.5 个百分点，对经济增长的贡献率为 59.7%。

3. 供给侧改革卓有成效

在去产能方面，工业产能利用率为 76.5%，其中黑色金属冶炼和压延加工业产能利用率为 78%，煤炭开采和洗选业为 70.6%。在去杠杆方面，企业资产负债率下降，截至 2018 年 11 月底，规模以上工业企业资产负债率为 56.8%，比上年下降 0.4 个百分点。在去库存方面截至 2018 年底，商品房待售面积比上年下降 11%。在降成本方面，规模以上工业企业每百元业务收入成本继续下降至 84.19 元。在补短板方面，生态保护和环境治理投资增长 43%，农业投资增长 15.4%。①

（二）俄罗斯

2018 年俄罗斯经济仍保持低速增长，通胀呈上升趋势，外债减少，外储增加，财政实现盈余，进口替代政策也取得了一定成效，但整体困难仍不容忽视，国际油价的波动、西方国家制裁及国内税率改革将为俄罗斯经济带来更多不确定性。

1. 经济低速增长，内生动力不足

俄罗斯经济从 2016 年第四季度起开始走出衰退，目前已经连续八个季度保持恢复性增长，波动的幅度逐渐收窄。这主要得益于国际石油价格回升，以及俄政府采取的反危机和改善营商环境的措施。根据俄罗斯联邦国家统计署数据，2018 年，俄罗斯经济增长率为 2.3%，略高于上年同期 1.6% 的水平。国际货币基金组织和世行对 2018 年俄罗斯经济增长的预测分别为 1.7% 和 1.5%。

2. 通胀率呈上升趋势，但仍保持较低水平

2017 年俄罗斯通货膨胀率为 2.7%，2018 年 1 ~ 11 月，通胀率提高至

---

① 中国国家统计局：《2018 年经济运行保持在合理区间发展的主要预期目标较好完成》，http://www.stats.gov.cn/tjsj/zxfb/201901/t20190121_1645752.html。

3.5%，这主要是由卢布贬值推高，根据俄罗斯央行预测，全年通胀率在4.1%左右，超过4%的目标，但俄央行对此已有预估，认为在外部环境没有发生根本性转变的条件下，不足以构成经济风险，预计通胀率将在2019年接近4%的水平。

3. 就业形势较好，居民生活水平略有提高

2018年10月俄失业率为4.7%，同比下降6.4%；2018年1~10月，俄罗斯人均货币收入同比增长4.9%，居民实际可支配收入同比增长1.6%，职工月平均工资同比增长7.6%，退休金实际同比增长1.1%。尽管居民生活水平有所提高，但大大低于危机前居民生活水平提高的速度。

4. 外贸、投资状况有所改善，但整体困难仍不容忽视

最新统计数据表明，俄罗斯的外贸、投资等状况在持续改善，俄罗斯经济基本面稳中向好。2018年1~10月，俄罗斯外贸总额为5670亿美元，同比增长19.5%，其中，出口3620亿美元，同比增长28.1%，进口2050亿美元，同比增长6.7%。2018年1~10月，俄罗斯资本净流入为652亿美元，其中，外国直接投资124亿美元。2018年10月固定资产投资同比增长4.1%。截至2018年12月1日，外汇储备为4640亿美元，比年初增长7.4%；外债总额为4671亿美元，较年初下降了9.8%。尽管这些指标都传递了稳定向好的信息，但这些增长都在有限的幅度内，整体上俄罗斯经济的困难仍不容忽视。

5. 财政收支状况较为乐观

2018年是俄罗斯十年以来首次财政盈余年。2008年1~10月财政收入为15.8万亿卢布，支出为12.78万亿卢布，财政盈余3万亿卢布，大约相当于GDP的2%。俄政府在编制2018年预算时，将乌拉尔牌石油价格预期定在43.8美元/桶，而实际价格达到68.9美元/桶，相比预期高出了近60%，财政收入因此大幅提高。

11月29日，普京签署《2019~2021年三年期预算法案》，这是俄罗斯七年来第一个盈余预算。新预算设定分别占GDP的1.3%、1.2%、3.1%，呈稳步上升趋势，通胀率将维持在4%左右。新预算法案增加了对国防和偿

债的支出，民生支出则大幅下降。此外，该法案对未来油价可能产生的波动及国际制裁可能会长期化所造成的必然结果也预留了一定的空间。

6. 西方国家制裁的负面影响将长期存在

美国对俄罗斯的经济制裁将一直持续至2024年。根据俄罗斯专家的预估，制裁效应将在1~2年内逐步被消化，但由于俄政府为救助受制裁企业占用了长期发展所需资金，制裁又使俄陷入技术封锁，制裁所导致的负面效应将长期存在。

第一，制裁对2018年俄罗斯宏观经济的影响有限。根据俄罗斯国家高等经济学院的预测，卢布贬值将推高通胀，制裁前通胀率为3.6%，制裁后通胀将增长至4.1%~4.3%，超过俄罗斯央行所指定的4%的通胀目标，但幅度并不大。出口与不受制裁的情况下相比将损失30亿~40亿美元。2018年俄罗斯GDP增长率因制裁会从1.9%下降至1.6%。如不再有新的制裁措施出台，资本流出增加、出口减少、卢布贬值、利率提高，这些负面影响都是暂时的。正如美国2014年首次实施制裁措施一样，其负面效应将会在1~2年内被消化。

第二，制裁对俄罗斯经济将产生长期负面影响。首先，制裁加大了俄罗斯进入国外市场和获取国外融资的难度，影响国家竞争力的提升，从基础性层面对经济增长造成影响。其次，即使制裁不再升级，国家对受制裁企业给予的救助资金也未必能使其扭转局面，届时可能导致社会不稳定因素增加，使后危机时期经济形势更加复杂化。并且应对制裁的资金可能会占用实施基础设施、人力资本发展等长期目标所需的资金，与国家长期发展目标相冲突。最后，长期以来西方国家对俄罗斯实施技术封锁，使俄罗斯难以从西方国家获得先进技术，这加大了依靠技术进步带动经济发展的难度。

（三）印度

进入21世纪后，印度经济以8%~9%的增速快速发展，不仅建立了较为完整的工业体系，服务业和高新技术产业也快速发展，印度成为全球软件、金融等服务的重要出口国。

1. 经济增速较快

按不变价格计算（2011～2012 财年价格）[①]，2016～2017 财年印度实际 GDP 增长比上一财年增长 8.2%，[②] 2017～2018 财年 GDP 增速略有下降，但仍是上合组织成员国中经济增速最快的国家。2018 年前三季度，印度国内生产总值为 20148 亿美元，从需求结构看，在拉动经济增长的“三驾马车”中消费所起的作用最为显著，最终消费支出为 14075 亿美元，占 GDP 的 70%，固定资本形成总额为 5842 亿美元，占 GDP 的 29%，净出口为 -744.86亿美元。从产业结构看，2018 年前三季度，印度基本价格增加值总额（GVA）为 18167 亿美元，其中，农业增加值为 2684 亿美元，占 14.8%，工业为 5418 亿美元，占 30%，工业中制造业增加值为 3119 亿美元，占 17.2%，服务业增加值为 10064 亿元，占 55.4%。[③] 尽管 2018 年印度经济增长仍保持较快增速，但也同样面临下行压力。作为对原油进口依赖程度较高的国家，印度经济增长也受到国际油价的影响，2018～2019 财年第一季度，印度经济增速高达 8.2%，但随后在国际原油价格回升和印度卢布贬值的双重作用下，消费疲弱，经济增速开始下降。

2. 财政政策与货币政策相左

非银行金融机构是印度中小企业融资的主要来源，印度央行为整顿金融秩序，加强了对非银行金融机构的监管，实行流动性紧缩政策，而财政部为刺激经济增长在实行宽松的财政政策，财政政策与货币政策的相左在一定程度上助推了非银行金融机构的债务违约风险。

（四）哈萨克斯坦

2017 年以来，哈萨克斯坦经济一直保持中速增长。2018 年 1～9 月哈萨

① 每年 4 月 1 日至次年 3 月 31 日为一个财政年度。

② Ministry of Statistics and Programme Implementation, First Revised Estimates of National Income, Consumption Expenditure, Saving and Capital Formation For 2017 - 18. http://www.mospi.nic.in/press-release.

③ 作者根据 CEIC 数据库数据计算得出。

克斯坦国内生产总值为 39.9 万亿坚戈，同比增长 4.1%。其中，农业增长 3.4%，工业增长 4.1%。

1. 工业和制造业在产业结构中的比例加大

哈萨克斯坦三次产业总体合理，2017 年，哈萨克斯坦三次产业占 GDP 的比重分别为 10.4%、28.5% 和 61.1%，2018 年 1 ~ 9 月第二产业占比增加，第三产业占比下降，三次产业占 GDP 的比重变化为 10.3%、32.2% 和 57.5%。第二产业中的制造业占比也有所增加，在 GDP 中的占比从 2017 年的 11.9% 增加至 12.8%。

2. 能源价格回升带动矿产开采业增长

矿产采掘业是哈萨克斯坦的主导产业。2018 年国际原油价格回升对哈萨克斯坦经济的推动作用明显，2018 年 1 ~ 9 月矿产开采业增长 4.6%，高于国民经济和工业 4.1% 的增速，也高于制造业 4% 的增速。[①] 矿产开采业中原油开采业增长 4.8%，天然气开采业增长 5.5%，金属矿产开采增长 4.7%，铁矿开采增长 6.5%，有色金属开采增长 4.3%。

3. 投资快速增长

从需求结构看，资本形成总额为 9.76 万亿坚戈，占总需求的 24.5%，其中，固定资本形成总额为 7.68 万亿坚戈，占总需求的 19.32%。2018 年哈萨克斯坦固定资产投资总额为 11.13 万亿坚戈，折合 322.88 亿美元，同比增长 17.2%。[②] 其中，对原油开采部门的投资额最大，占固定资产投资总额的 40%，对不动产行业的投资占 13%，对交通运输业的投资占 13%。固定资产投资中，国内投资占 70.4%，对外投资占 29.6%；按资金来源为自有资金投资占比为 73%，预算资金占 12%，外资银行的借贷资金占 7%，其他借贷资金包括外商投资占比为 8%。

---

① Национальный Банк Республики Казахстан, Краткий обзор экономики Казахстана январь-декабрь 2018 г. https://nationalbank.kz/?docid=3577&switch=russian.

② Национальный Банк Республики Казахстан, Краткий обзор экономики Казахстана январь-декабрь 2018 г. https://nationalbank.kz/?docid=3577&switch=russian.

4. 对外贸易对经济增长的贡献率最高

2018 年 1 ~9 月，消费、投资和净出口这“三驾马车”对经济增长的贡献率分别为 35.8%、17.9% 和 60%。[①] 2018 年 1 ~11 月，哈萨克斯坦对外贸易大幅增长，达到 843.44 亿美元，同比增幅为 20.5%，其中，出口额为 546.73 亿美元，同比增长 26.4%，进口额为 296.71 亿美元，同比增长 11.1%。出口商品中，矿产品占比高达 74.4%，国际原油价格的回升推动出口快速增长。进口商品中，机器及设备进口比例最大，为 40.3%。欧盟是哈萨克斯坦主要出口对象，占其总出口的 51.6%，独联体国家占 15.4%，欧亚经济联盟成员国占 9.6%，中国占 10.3%。欧亚经济联盟成员国是哈萨克斯坦主要进口来源，占总进口的 39.9%，欧盟占 21%，中国占 16.7%。

5. 汇率大幅波动

2018 年 1 ~4 月，哈萨克斯坦坚戈兑美元汇率一度升值，从 2018 年 1 月 1 日的 332.3∶1 升值到 2018 年 4 月 1 日的 318.31∶1，此后，受美元走强、西方加大对俄制裁力度引发卢布贬值等因素影响，坚戈出现大幅贬值，2018 年 9 月 12 日，哈萨克斯坦坚戈兑美元汇率跌破 380 大关，达到 380.93∶1，哈萨克斯坦央行为稳定汇率，被迫进行了 2017 年 10 月以来的首次外汇干预，向市场投放了 5.2 亿美元，短期内取得一定效果，9 月 22 日，汇率回升至 352.54∶1。但外部因素对坚戈的影响一直未能消除，哈萨克斯坦坚戈继续贬值走势，2019 年 1 月 1 日，哈萨克斯坦坚戈兑美元汇率跌至 384.2∶1。[②] 2018 年哈萨克斯坦坚戈兑美元贬值幅度达到 15.6%（见图 1）。

（五）吉尔吉斯斯坦

吉尔吉斯斯坦经济规模较小。2018 年，吉尔吉斯斯坦 GDP 为 5571.13 亿索姆，比上年增长 3.5%，去除库姆托尔金矿增加值为 5091.4 亿索姆，增长率也为 3.5%。经济增速较 2017 年的 4.5% 有所下降。从产业结构看，

---

① 作者根据 CEIC 相关数据计算得出。

② Национальный Банк Республики Казахстан, Официальные （рыночные） курсы валют на 07/02/19 https://nationalbank.kz/?furl=cursFull&switch=rus.

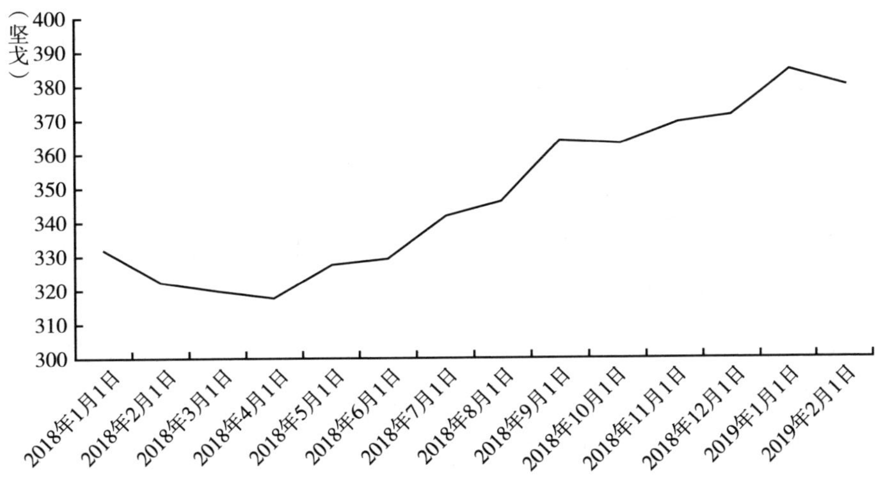

图 1　2018 年 1 月 1 日至 2019 年 2 月 1 日哈萨克斯坦坚戈兑美元汇率波动

资料来源：Национальный Банк Республики Казахстан，Официальные（рыночные）курсы валют на 07/02/19 https：//nationalbank. kz/？ furl = cursFull&switch = rus。

农林渔业增加值为 648. 97 亿索姆，同比增长 2. 7%，占 GDP 的比例为 11. 6%，农业在经济中的比重相对较大。工业增加值为 1038. 45 亿索姆，同比增长 5. 5%，占 GDP 的 18. 6%，建筑业增加值为 491. 49 亿索姆，同比增长 7. 8%，占 GDP 的比重为 8. 8%，服务业增加值为 2608 亿索姆，同比增幅仅为 2. 1%，占 GDP 的比重最大，为 46. 8%。①

1. 经济对库姆托尔金矿依赖严重

2018 年，库姆托尔金矿创造的增加值为 479. 73 亿索姆，相当于国内生产总值的 8. 6%。库姆托尔金矿不仅是吉尔吉斯斯坦最大的企业，也是该国纳税最多的企业，对国家预算收入起重要支撑作用。随着库姆托尔金矿产能衰竭、生产萎缩，对经济的拉动作用减小，这也是近年来吉尔吉斯斯坦经济增速下降的原因之一。

---

① Национальный статистический комитет Кыргызской Республики，Социально-экономическое положение Кыргызской Республики в январе-декабре 2018 г. http：//www. stat. kg/ru/publications/doklad – socialno – ekonomicheskoe – polozhenie – kyrgyzskoj – respubliki/.

2. 投资增速下降

2018 年固定资产投资总额为 1508.25 亿索姆，比上年增长 3.3%（2017 年同比增幅为 6.6%）。其中，国内投资增长 24%，银行贷款增长了 2 倍，企业投资增长 35.7%，居民投资增长 18.9%，国家预算投资下降 26.4%，地方预算投资下降 18.8%；外商投资大幅下降，降幅达到 27.8%，其中，外国贷款下降 42.2%，外商直接投资下降 25.5%，外国赠款和人道主义援助增长 1.4 倍。

3. 对外贸易小幅增长

2018 年 1～11 月，吉尔吉斯斯坦对外贸易总额为 59.67 亿美元，同比增长 6.2%，其中，出口额为 15.33 亿美元，同比增长 0.8%，对独联体国家出口增长 5.4%；进口额为 43.34 亿美元，同比增长 8.2%，自独联体国家进口增长 19.6%。与欧亚经济联盟成员国的贸易额占吉尔吉斯斯坦外贸总额的 35%，出口占 32.6%，进口占 35.9%。吉尔吉斯斯坦最大出口对象国为英国，2018 年 1～11 月吉对英黄金出口额为 5.43 亿美元；其次为俄罗斯，吉对俄出口服装金额为 1.13 亿美元，出口棉纤维金额为 1040 万美元，出口鞋金额为 1460 万美元；第三大出口对象国为哈萨克斯坦，吉对哈出口贵金属矿石和金矿金额为 8890 万美元，出口奶制品金额为 1390 万美元，出口鞋金额为 750 万美元。吉尔吉斯斯坦最大的进口来源国为中国，2018 年 1～11 月，吉自华进口鞋金额为 3.24 亿美元，进口合成纤维金额为 5040 万美元，进口服装及饰品金额为 2.21 亿美元，进口电气设备金额为 1.86 亿美元；第二大进口来源国为俄罗斯，吉自俄进口石油产品金额为 2.41 亿美元，进口植物油金额为 2180 万美元，道路及施工设施设备额为 1660 万美元，进口轮胎金额为 1030 万美元；第三大进口来源国为哈萨克斯坦，吉自哈进口水泥金额为 1010 万美元，煤炭金额为 1510 万美元，饮用水金额为 2200 万美元，面粉金额为 1170 万美元。①

---

① Национальный статистический комитет Кыргызской Республики, Социально-экономическое положение Кыргызской Республики в январе-декабре 2018 г. http：//www. stat. kg/ru/publications/doklad – socialno – ekonomicheskoe – polozhenie – kyrgyzskoj – respubliki/.

4. 汇率保持稳定

2018 年吉尔吉斯斯坦汇率基本保持稳定，尽管吉实行浮动汇率制，索姆在国内可自由兑换，但吉央行也会在有限范围内对外汇市场波动进行干预。2018 年 1 月 1 日，吉尔吉斯斯坦索姆兑美元汇率为 68. 83∶1，2019 年 1 月 1 日，索姆温和贬值至 69. 84∶1①。

（六）塔吉克斯坦

塔吉克斯坦是传统的农业国，近年来塔政府大力发展工业，推动产业升级，力图将塔吉克斯坦发展成为工业国。2018 年，塔吉克斯坦国内生产总值为 688. 44 亿索莫尼，同比增长 7. 3%。其中，农业占国内生产总值的 18. 7%，与上年同期相比增长 4%；工业占 GDP 的 17. 3%，比上年增长 11. 8%。

1. 投资主要集中于电力部门

2018 年塔吉克斯坦固定资产投资总额为 130. 51 亿索莫尼，比上年增长 7. 8%，投资主要集中于电力部门，占固定资产投资总额的 42. 8%，建筑业投资占 17. 3%，加工工业投资占 11. 2%，交通和通信业投资占 8. 7%，对农业的投资仅占 0. 3%。

2. 出口下降，逆差扩大

2018 年塔吉克斯坦对外贸易总额为 42. 23 亿美元，比上年增长 6. 3%，其中，出口额为 10. 73 亿美元，同比下降 10. 4%，进口额为 31. 5 亿美元，比上年增长 13. 5%，逆差为 20. 8 亿美元。与独联体国家外贸额为 23. 47 亿美元，同比增长 12. 5%，占塔对外贸易总额的 55. 6%。塔吉克斯坦主要出口商品为矿产品（占出口总额 50. 7%）、非金属及制品（占 21. 9%）、纺织品和棉花占（21. 1%），主要进口商品为交通工具、机械及设备（占进口总额 23. 4%）、矿产品（占 18. 5%）、非贵金属及制品（占 12. 9%）、化工产品（占 9. 6%）等。2018 年塔吉克斯坦最大出口对象国为哈萨克斯坦，对

---

① Национальный банк Кыргызской еспублики, Официальные курсы валюты, https://www. nbkr. kg/index1. jsp? item = 1562&lang = RUS&valuta_ id = 15&beg_ day = 01&beg_ month = 01&beg_ year = 2018&end_ day = 01&end_ month = 01&end_ year = 2019.

哈出口占其出口总额的27.9%，其次为土耳其，占25.8%，第三大出口对象国为乌兹别克斯坦，占14.5%，第四位为阿富汗，占6.7%，第五位为中国，占5.3%，第六位为俄罗斯，占5.1%。塔吉克斯坦最大进口来源国为俄罗斯，自俄进口占其进口总额的30.7%，其次为中国，占18.9%，第三位为哈萨克斯坦，占17%。

3. 侨汇收入增加

中亚移民将其在俄罗斯的劳务收入一部分通过银行和邮局以汇款形式寄回祖国，一部分通过亲属、列车员等非正规渠道带回本国，移民的劳务收入是一些中亚移民留守家庭的主要生活来源。2015年以来，随着俄罗斯经济的恶化，塔吉克斯坦收到的侨汇收入锐减，2015年为22.2亿美元，2016年锐减至4.96亿美元，2017年继续减少至4.23亿美元。2018年以来，随着俄罗斯经济逐步恢复，侨汇收入也有所增加，2018年前三季度，在俄罗斯的塔吉克斯坦侨民汇款为7.79亿美元①。

4. 外债风险加剧

根据塔吉克斯坦财政部数据，2016年塔外债规模为22.74亿美元，相当于GDP的32.7%②，到2018年1月1日，塔外债规模达到28.79亿美元，占GDP的40.3%，此后，外债规模略有缩小，2018年10月1日，外债总额下降为28.73亿美元。一般而言，国际公认的标准为，外债负债率应控制在20%以下。③ 根据《2015～2017年塔吉克斯坦共和国政府债务管理战略》规定，外债规模不应超过国内生产总值的40%。④ 未来塔吉克斯坦政府债务风险加剧，债务偿还压力加大。

---

① Центральный Банк РФ, Трансграничные переводы физических лиц по основным странам-контрагентам, http://www.cbr.ru/statistics/? PrtId = svs.

② Министерство Финансов Республики Таджикистан, Отчет о состоянии государственного долга на 2016 год, http://minfin.tj/index.php? do = static&page = gosdolg.

③ 外债负债率为外债总额与GDP之比。

④ Министерство Финансов Республики Таджикистан, Стратегия управления государственным долгом Республики Таджикистан на 2015 – 2017 годы, http://minfin.tj/index.php? do = static&page = gosdolg.

（七）乌兹别克斯坦

乌兹别克斯坦是中亚地区工业基础相对较好的国家，多年来一直保持平稳发展，未有大波动。米尔济约耶夫2016年就任总统后，开始大规模改革，取得较好效果。

1. 经济增速下降

2016年以前，乌兹别克斯坦一直是上合组织成员国经济增速最快的国家。从2017年起，乌兹别克斯坦经济增速明显下降。2018年，乌兹别克斯坦国内生产总值为407.51万亿苏姆，与上年同期相比增长5.1%。人均GDP为1236.5万苏姆，同比增长3.3%。

2. 产业结构相对落后，工业对经济拉动作用增强

乌兹别克斯坦是传统的农业国，农业在产业结构中的比重过大。近年来，乌政府着力发展工业，使乌从传统的农业国向工农业生产并重转变。2018年农林渔业增加值为117.32万亿苏姆，占GDP的28.8%，同比增长0.3%，为经济增长贡献0.1个百分点；工业和建筑业增加值为115.81万亿苏姆，占GDP的比例为28.4%，与上年同期相比分别增长10.6%和9.9%，分别为经济增长贡献2.1个和0.5个百分点，工业增速快于国民经济整体增速，工业对经济增长的推动作用增强；贸易、住宿和餐饮、运输与仓储及信息和通信业等服务业增加值为128.8万亿苏姆，占GDP的31.6%，同比增长5.7%，为经济增长贡献1.8个百分点①。

3. 通胀压力较大

2018年乌兹别克斯坦消费价格指数上涨14.3%，其中，商品价格上涨对消费价格指数上涨的贡献率为75.6%，服务为24.4%，在商品中，食品类价格上涨的贡献率为59.3%，非食品类商品贡献率为40.7%，食品类商品价格上涨对推动通胀起重要作用。2018年9月，乌兹别克斯坦央行为抑

① Государственный Комитет Республики Узбекистан по Статистики, Производство валового внутренного продукта, https://stat.uz/uploads/docs/vvp-yan-dek-18ru.pdf.

制通胀，将基准利率从 14% 上调至 16% 。未来乌兹别克斯坦仍将面临较大通胀压力。①

4. 对外贸易平稳增长

2018 年乌兹别克斯坦对外贸易总额为 338.15 亿美元，同比增长 27.3% ，其中，出口额为 142.58 亿美元，同比增长 13.6% ，进口额为 195.57 亿美元，同比增长 39.6% 。主要出口产品为能源产品、黄金和纺织品；主要进口商品为机器设备（占总进口额的 42.5% ）。

中国是乌兹别克斯坦最大的贸易伙伴，2018 年乌中贸易额为 64.27 亿美元，同比增幅高达 35.2% ，占乌对外贸易总额的 19% ，其中，对华出口 28.69 亿美元，自华进口 35.58 亿美元；俄罗斯是乌兹别克斯坦第二大贸易伙伴，2018 年乌俄贸易额为 57.3 亿美元，同比增长 21.2% ，占乌对外贸易总额的 16.9% ，其中，对俄出口额为 21.93 亿美元，自俄进口为 35.37 亿美元；哈萨克斯坦是乌兹别克斯坦第三大贸易伙伴，2018 年乌哈贸易额为 30.22 亿美元，同比增长 47% ，占乌对外贸易总额的 8.9% ，其中，对哈出口 14.57 亿美元，自哈进口 15.64 亿美元。②

（八）巴基斯坦

巴基斯坦人口众多，2017 年巴基斯坦人口总数为 2.077 亿人，是世界第六人口大国。近年来，巴基斯坦经济增速保持相对稳定，2017 ~ 2018 财年巴基斯坦经济增长率为 5.8% ，与上一财年基本一致。

1. 服务业对经济增长贡献最大

巴基斯坦经济结构相对落后，农业在经济中占比较大。2017 ~ 2018 财年农业增加值在 GDP 中的占比为 24% ，比上一财年增长 3.81% ；得益于能

---

① Государственный Комитет Республики Узбекистан по Статистики, Инфляция в потребительском секторе Республики Узбекистан в декабре 2018 года, https: //stat. uz/ru/uslugi - 1/439 - byulleteni - ru/ 3384 - press - relizy2018.

② Государственный Комитет Республики Узбекистан по Статистики, Внешнеторговый оборот Республики Узбекистан, https: //stat. uz/uploads/docs/ves - yan - dek18 - ru2. pdf.

源供应状况改善与长期以来宽松的货币政策，工业比上一财年增长 5.8%，工业增加值在 GDP 的比例为 19.3%；服务业对经济增长贡献最大，批发零售业、交通运输业及通信业等行业均快速增长，2017～2018 财年服务业比上一财年增长 6.43%，占 GDP 的 56.8%。①

2. 消费对经济增长拉动作用明显

从需求结构看，2017～2018 财年，巴基斯坦最终消费支出为 32.5 万亿卢比，占总需求的 79%，对经济增长的拉动作用最强，资本形成占 14%，净出口为负。与上一财年相比，最终消费支出增长 9%，资本形成总额增长 9.8%，出口增长 11.4%。

3. 外贸逆差加大

2017～2018 财年巴基斯坦对外贸易快速增长，其中，出口额为 247.7 亿美元，同比增长 12.6%，进口额为 558 亿美元，同比增长 15%，贸易逆差扩大至 310 亿美元。中国是巴基斯坦最大进口来源国，2017～2018 财年巴基斯坦自中国进口额为 115 亿美元，占其进口总额的 19%，中国还是继美国和英国之后的巴第三大出口对象国，2017～2018 财年巴基斯坦对中国出口 17.4 亿美元。

4. 债务风险加剧

2017～2018 财年，巴基斯坦财政赤字继续扩大，达到 2.4 万亿卢比，相当于 GDP 的 7%。同时，由于贸易逆差扩大，经常账户赤字达到 180 亿美元，这样一来，财政与经常账户“双赤字”加重了巴基斯坦的债务负担。截至 2018 年 6 月，巴基斯坦总债务达到 28.5 万亿卢比，相当于 GDP 的 83%，其中，政府债务占 GDP 的比例约为 74%，债务风险加剧。②

---

① Pakistan Bureau of Statistics, Monthly bulletin of statistics 2018, http://www.pbs.gov.pk/.

② 中国商务部驻巴基斯坦经商参处：《巴基斯坦 2017～2018 财年经济运行情况和 2018～2019 财年预算分析》，http://www.mofcom.gov.cn/article/i/dxfw/cj/201808/20180802780117.shtml。

表 2　2012 ~ 2018 年上海合作组织成员国 GDP 增长率

单位：%

国家\年份	2012	2013	2014	2015	2016	2017	2018
中国	7. 7	7. 7	7. 3	6. 9	6. 7	6. 8	6. 6
俄罗斯	3. 5	1. 1	0. 7	-2. 8	-0. 2	1. 6	2. 3
哈萨克斯坦	4. 6	5. 8	4. 1	1. 2	1	4	(1 ~ 9 月)4. 1
乌兹别克斯坦	8. 2	8	8. 1	7	7. 8	5. 3	5. 1
吉尔吉斯斯坦	-0. 9	10. 5	4. 0	3. 5	3. 8	4. 5	3. 5
塔吉克斯坦	7. 5	7. 4	6. 7	6	6. 9	7. 1	7. 3
印度	—	5. 1	6. 9	7. 4	7. 6	8. 2	7. 2
巴基斯坦	4. 4	4. 7	4. 73	5. 47	5. 6	5. 3	5. 8

资料来源：各成员国统计局。

Y.15
粮食安全合作：上海合作组织成员国农业合作的重要动力

肖　斌*

摘　要： 上海合作组织成员国都存在程度不同的粮食安全问题，这是成员国加强粮食安全合作的基础。经过多年的协商，《上海合作组织成员国粮食安全合作纲要》于2018年在上海合作组织成员国政府首脑（总理）理事会上通过，这标志着上海合作组织成员国粮食安全合作将进入一个新的发展阶段。可以预见，随着地区粮食安全整体水平的提高，上海合作组织成员国间的农业合作也将不断深化和提高。

关键词： 上海合作组织成员国　农业合作　粮食安全

粮食安全是上海合作组织农业合作的优先领域。2018年9月20日，上海合作组织第四次农业部长会在吉尔吉斯斯坦召开，会议达成了《上海合作组织粮食安全合作纲要》，在上海合作组织政府首脑理事会第十七次会议上审议通过了该纲要。《上海合作组织粮食安全合作纲要》是扩员后成员国农业合作的重要成果，该项成果将能极大地推进上海合作组织成员国的农业发展，对于提高中亚和南亚地区粮食安全意义重大。

---

* 肖斌，政治学博士，中国社会科学院上海合作组织研究中心副秘书长，中国社会科学院俄罗斯东欧中亚研究所副研究员。

一　上海合作组织农业合作现状

根据《上海合作组织签署多边经贸纲要》规定，农业合作是上海合作组织的优先合作内容。经过成员国协商后，《上海合作组织成员国政府间农业合作协定》于2010年6月10日在乌兹别克斯坦塔什干签署。同年10月，在北京举行了上海合作组织首次农业部长会议，正式启动了本组织的农业合作。①

根据《上海合作组织成员国政府间农业合作协定》（以下简称《农业合作协定》）达成的条款，上海合作组织农业合作围绕以下领域进行：种植业、畜牧业、养蜂业、兽医、育种和良种繁育、土壤改良和农业灌溉、农产品加工与贸易、农业机械制造、农业科研，以及其他经各方协商同意后增加的合作内容。为了实现上述合作内容，《农业合作协定》确定了13种合作方式：（1）交换农业科研和创新成果；（2）交换农业先进技术和现代工艺；（3）制定和实施共同的农业投资项目；（4）参加由各方举办的农业新技术展览和交易会；（5）研究并推广农业创新工艺；（6）交换成员国关于农产品、农业加工品生物质量和安全的法律、标准的信息；（7）举办农业国际科学会议、研讨会和圆桌会议；（8）开展农业研究、科学考察，交换专家、学者和技术人员；（9）交换种子、苗木和动物育种材料；（10）植物保护和检疫，研究和推广植物保护生化方法方面的科研成果；（11）调查和防治跨境动植物疾病及特别危险的检疫性有害生物；（12）支持农业企业与相应的农业经营机构建立直接的经济联系；（13）农业管理人员技能培训与提高。

经协商同意，各方还可以采取不违反上海合作组织成员国本国法律的其他合作方式。为协调合作事宜，《农业合作协定》规定成立上海合作组织成员国农业工作组。在上海合作组织首届农业部长会议上，成员国交流了各自

① 《上海合作组织成员国政府首脑（总理）理事会会议联合公报》，2010年11月25日，http：//chn. sectsco. org/documents/。

农业生产及政策信息。截至 2018 年 10 月，上海合作组织农业部长会议总共召开了 4 次，对上海合作组织成员国农业合作发挥了非常大的作用（见表 1）。从上海合作组织第三次农业部长会议开始，除上海合作组织六个正式成员国外，土耳其、白俄罗斯、斯里兰卡等四个观察员国和对话伙伴国的农业部部长（或部长代表）也开始参加上海合作组织农业部长会议，上海合作组织农业合作的范围扩大，而第四次农业部长会议是上海合作组织扩员后举行的农业部长会议，中国代表团提出的巩固农业合作机制、加强能力建设合作、强化粮食安全合作和促进投资贸易合作等建议，得到与会各方积极响应。①

表 1　历届上海合作组织农业部长会议合作成果

序号	时间	地点	合作成果	状态
1	2010 年 10 月 26 日	北京	《上海合作组织农业部长会议纪要》	签署
			《上海合作组织成员国常设农业工作组工作条例》	审议通过
			《上海合作组织农业部长会议新闻公报》	发布
2	2012 年 11 月 30 日	阿斯塔纳	《上海合作组织农业部长会议纪要》	签署
			《〈上海合作组织政府间农业合作协定〉2013 ~ 2014 年农业合作计划》	审议通过
3	2014 年 10 月 9 日	莫斯科	《上海合作组织农业部长会议纪要》	签署
			《〈上海合作组织政府间农业合作协定〉2015 ~ 2016 年农业合作计划》	审议通过
4	2018 年 9 月 17 日	比什凯克	《上海合作组织粮食安全合作纲要》	讨论通过

资料来源：作者自制，数据来自中华人民共和国农业农村部。

讨论通过《上海合作组织粮食安全合作纲要》是上海合作组织农业合作的重大成果，从粮食安全合作出发，上海合作组织农业合作将会找到更多的合作领域，它不仅能提高成员国粮食安全水平，也能使上海合作组织经济合作从原则更多地转向成员国共同关心的具体问题。

---

① 中华人民共和国农业农村部新闻办公室：《上海合作组织第四次农业部长会议在吉尔吉斯斯坦召开》，http：//www. moa. gov. cn/xw/zwdt/201809/t20180920_ 6157690. htm。

二　上海合作组织的粮食安全合作

尽管上合组织在2001年成立之初就提出了农业合作的目标，但直到9年后上合组织的农业合作才有了具体的行动，其中粮食安全是最主要的合作领域。目前，国际上有关粮食安全的概念都以联合国粮食及农业组织（以下简称联合国粮农组织）的定义为标准，粮食安全在联合国粮农组织的概念中被分为四个含义：一是粮食的可用度，即通过国内生产和进口（包括援助）可以获得数量足够、质量适当的粮食；二是粮食的摄入，即个人享有足够的资源获取粮食来满足其日常营养需要的权利；三是粮食利用率，即通过适当的饮食、清洁的水、卫生和保健能满足人们生理上的营养需求均衡；四是粮食的稳定性，即在任何时候，全体居民、家庭或个人都能获得足够的粮食，包括在突发性事件（如经济或气候危机）以及周期性事件（如季节性粮食减产）发生后。在此基础上，粮食安全可以简单地理解为，国家粮食安全（因变量）与该国的粮食供给与获取以及营养的均衡摄入（自变量）密切相关。由于世界各国或各地区在地理与气候条件、生产力水平、农业的社会经济效益等方面各不相同，因此，相同或不同地区国家的粮食安全既有同一性，又有差异性。[①] 为了较为准确理解上海合作组织农业合作，我们引入了联合国粮食及农业组织的食品价格指数（英文简称FFPI），通过该指数可以分析出粮食的供给与获取，从而可以大致判断上合组织成员国的粮食安全水平，即FFPI越高，上合组织成员国的粮食安全水平越低。根据FAQ统计，在2007年粮食危机时，FFPI为135.5，2018年FFPI为141.6。自2007年粮食危机发生后，除2009年FFPI低于和2015年接近于2007年FFPI外，其余8年的时间里FFPI都高于2007年（见图1）。与此同时，扩员后上合组织人口总量大约占全球总人口的40%，可以说，粮食安全始终是上合组织成员国政府面临的问题。

① 肖斌：《中亚国家的粮食安全指数及评估》，《俄罗斯东欧中亚研究》2013年第1期。

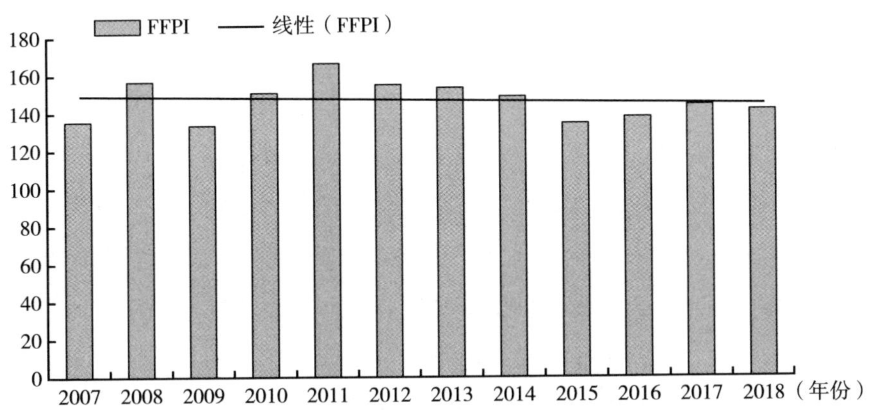

图1　2007～2018年的FFPI指数变化

资料来源：作者自制，数据来自联合国粮食及农业组织。

作为上合组织成员国的两个粮食生产大国俄罗斯和哈萨克斯坦，粮食生产并不稳定。根据联合国粮农组织的报告，2018年小麦产量预计为7000万吨和1370万吨，与2017年相比俄罗斯小麦产量下降18%、哈萨克斯坦小麦产量下降7%。与2017～2018年度相比，俄罗斯和哈萨克斯坦谷物出口也有不同程度下降，俄罗斯的降幅更大。①俄罗斯和哈萨克斯坦也是世界小麦主产区，其小麦产量下降势必会影响FFPI价格回涨，粮食供应及获取能力差的上合组织成员国，粮食安全水平将会持续下降。实际上，上合组织成员国粮食产量起伏较大是长期问题：一是上合组织地区大都处在气候风险较高的区域，受温室效应影响大；二是各成员国因人口增加而对食品的需求增多；三是上合组织成员国农业基础设施、技术、信息等都不足或缺乏。粮食安全风险将长期存在于上海合作组织成员国中。

在历届上合组织农业部长会议中，粮食安全始终贯穿在上合组织农业合作中，是上合组织成员国关注的焦点。经过讨论，首次上合组织成员国农业高官会最终达成了以下共识：鉴于农业是本组织各成员国的重要经济部门，

① GIEWS Country Brief，http：//www.fao.org/giews/countrybrief/country/RUS/pdf/RUS.pdf.

农业发展直接关系到粮食安全和农民生活水平，应有步骤、有重点、务实地促进农业优先领域的交流与合作；各方就成立本组织农业专家组、定期举行本组织成员国农业高官会、召开本组织农业部长会议交换了意见；各方还就农业人员交流与培训、作物育种与栽培、灌溉与土壤改良、跨境动植物病虫害防控及农产品贸易促进等方面的交流与合作交换了意见。① 2011 年 9 月 1 日，举办了首届中国—亚欧博览会“农业合作发展论坛”，上海合作组织成员国都派团参加，论坛围绕粮食安全和国际农业合作、参与经济全球化与实现农业优势互补、改善农业贸易环境推动贸易便利化、加强农业技术交流促进合作共赢、扩大农业企业合作增加农业投入等主题进行了交流和讨论。②此后，粮食安全成为上合组织农业合作的关键词。在吉尔吉斯共和国首都比什凯克举行的上合组织元首峰会上，中国领导人倡议上合组织：“建立粮食安全合作机制。在农业生产、农产品贸易、食品安全等领域加强合作，确保粮食安全。”③ 随后，在上海合作组织成员国元首“比什凯克宣言”中对“粮食市场不稳”表示了高度关注。2015 年 11 月 11 日，上海合作组织粮食安全论坛在宁夏回族自治区银川市举行，论坛主题为“推进农业科技创新，提高粮食安全水平”。2016 年 9 月 21 日，在新疆乌鲁木齐举行了上合组织粮食安全合作研讨会，会议围绕“创新农业发展方式，共同保障粮食安全”的主题，讨论了近年来上合组织成员国开展粮食安全合作所取得的成效以及面临的挑战，并在此基础上分享了成员国创新农业发展方式、保障粮食安全的经验和做法，探讨了今后深化上合组织粮食安全合作的方向。④ 在 2018 年 9 月 17 ~20 日举行的上海合作组织第四次农业部长会议上，讨论通过了

---

① 《首次上海合作组织成员国农业高官会在北京举行》，http：//www. moa. gov. cn/xw/zwdt/200711/t20071128_ 929172. htm。

② 《首届中国—亚欧博览会“农业合作发展论坛”在新疆乌鲁木齐市成功召开》，http：//www. moa. gov. cn/jg/leaders/niudun/huodong/201109/t20110902_ 2196985. htm。

③ 中华人民共和国外交部网站，http：//www. fmprc. gov. cn/mfa_ chn/ziliao_ 611306/zyjh_ 611308/t1076570. shtml。最晚访问时间：2014 年 2 月 28 日。

④ 中华人民共和国农业部新闻办公室：《上海合作组织粮食安全合作研讨会举行》，http：//www. moa. gov. cn/xw/zwdt/201609/t20160922_ 5282135. htm。

《上海合作组织粮食安全合作纲要》，该合作纲要在上合组织政府首脑理事会第十七次会议上得到批准。

三　上合组织成员国的粮食供给能力

国家粮食安全水平的高低是由国家的粮食供给能力所决定的。粮食供给能力大致可以分为国家的粮食生产能力和粮食的获取能力。粮食生产能力主要是指国家在一定时期、地区、经济技术条件下，由各生产要素综合投入所形成的、可以稳定地达到一定产量的粮食产出能力。粮食获取能力大致包含两方面：一是市场交易；二是营养的均衡摄入。除国家自行生产和援助外，市场交易是粮食的主要获取途径，而市场交易则取决于人们的购买力。[①] 此外，根据联合国粮食及农业组织的定义，粮食就是指谷物，包括麦类、粗粮和稻谷类三大类。根据上合组织成员国粮食消费习惯以及可比性，本文以小麦和稻谷作为分析上合组织成员国粮食供给能力的主要参考指标。

（一）上合组织成员国的粮食生产能力

既然粮食生产能力是由各生产要素综合投入所形成的，那么我们需要考察上合组织成员国的各种生产要素。由于与农业相关的生产要素非常多，为了便于说明上合组织成员国粮食供给能力，我们选择与粮食安全相关的部分生产要素来分析，包括农业对 GDP 的贡献率、农业人口比重、农业用地、小麦谷物产量等指标来考察上海合作组织成员国的农业生产要素。

1. 农业对 GDP 的贡献率

根据世界银行统计，在上海合作组织成员国中，农业对 GDP 贡献率在10% 以上的国家从高到低依次是巴基斯坦、塔吉克斯坦、乌兹别克斯坦、印度、吉尔吉斯共和国，但是与 2000 年相比，乌兹别克斯坦、吉尔吉斯共和国农业比重有大幅度的下降。农业对 GDP 贡献率最低的上合组织成员

① 肖斌：《中亚国家的粮食安全指数及评估》，《俄罗斯中亚东欧研究》2013 年第 1 期。

国是俄罗斯和哈萨克斯坦，而这两国都是世界重要的小麦生产国和出口国（见表 2）。

表 2　上海合作组织成员国农业占国内生产总值的比重

单位：%

国家/年份	2000	2017
印度	21.85	15.5
哈萨克斯坦	8.1	4.4
中国	14.67	7.9
吉尔吉斯斯坦	34.18	12.3
巴基斯坦	24.13	22.9
俄罗斯	5.75	4
塔吉克斯坦	25.12	20.37（2016 年）
乌兹别克斯坦	30.05	17.3

资料来源：作者自制，数据来自世界银行。

2. 农业人口比重

农业人口的比重对一国对内对外农业政策有较大的影响，本项分为从事农业的女性占全国女性人口比例和从事农业的男性占全国男性人口比例。当前，从事农业人口比重较多的上合组织成员国依次是巴基斯坦、塔吉克斯坦、印度、吉尔吉斯斯坦、乌兹别克斯坦，女性和男性比例都在 20% 以上。中国从事农业的女性在 20% 以上，男性在 15%，比例最低的是俄罗斯。与 2000 年相比，除巴基斯坦和塔吉克斯坦外，上合组织成员国从事农业的人口都有较大幅度的下降，其中俄罗斯、中国、印度、哈萨克斯坦、吉尔吉斯共和国、乌兹别克斯坦都下降了 50% 左右，随着这些国家社会经济的发展，从事农业的人口还会有一定程度的下降。

3. 农业用地

农业用地比重的高低可以反映一国粮食生产的基础水平。这里农业用地分为农业土地资源和永久性耕地。除印度、巴基斯坦、乌兹别克斯坦、吉尔吉斯斯坦，其余上合组织成员国的农业土地资源有不同程度的增加，哈萨克斯坦比重最高，其次是乌兹别克斯坦和印度，俄罗斯比重最低。从农业土地资源绝对值来看，中国农业土地资源最多。尽管俄罗斯和哈萨克斯坦农业土地资源绝对值低于中国，但是其从事农业人口比例低，加上俄罗斯和哈萨克斯坦是世界主要小麦产区和出口国，由此可以反映出俄罗斯和哈萨克斯坦土地资源效益较高，粮食安全处于较高水平（见表3）。

表3　上合组织成员国农业用地占国土面积的比例

单位：%

国家＼年份	2000	2015	国家＼年份	2000	2015
印度	68.86	60.4	巴基斯坦	47.6	47
哈萨克斯坦	79.78	80.4	俄罗斯	13.25	13.3
中国	55.6	56.2	塔吉克斯坦	32.67	34.2
吉尔吉斯共和国	55.8	55	乌兹别克斯坦	64.2	62.9

资料来源：作者自制，数据来自世界银行。

除俄罗斯和哈萨克斯坦外，其余上合组织成员国永久性耕地比例有不同程度的增加，特别是印度和中国两个人口大国，永久性耕地面积增加最快。不过，从高质量发展的角度来看，永久性耕地在可允许范围内的增加或减少，并不意味着粮食安全水平的高低，还需要结合其他指标，例如，耕地效益的高低、现代化农田水利基础设施的完善等。

4. 小麦稻谷产量

上合组织成员国小麦和稻谷产量能够反映各成员国的粮食自给能力，自给能力高，则粮食安全水平就高。根据表4，除吉尔吉斯共和国和哈萨克斯坦外，上合组织成员国小麦和稻谷产量在2016年都有较大幅度的增长，这说明，上合组织成员国的粮食自给能力有了显著的提高，粮食安全水平也有所提高。

（二）上合组织成员国的粮食获取能力

考察上合组织粮食获取能力分为两个可比项：一是市场交易能力；二是营养均衡能力。为此，本节以联合国粮食及农业组织、世界银行和国际粮食政策研究所的全球饥饿指数来分析。

表 4　上合组织成员国小麦和稻谷产量

单位：万吨

国家	2000 年		2007 年		2016 年	
	小麦	稻谷	小麦	稻谷	小麦	稻谷
印度	7636.8	1274.6	7580.6	1445.7	9350	1587.5
哈萨克斯坦	907.3	21.43	1646.6	29.43	1498.5	44.78
中国	9963.6	1898.1	10929.8	1873.9	13169.6	2110.9
吉尔吉斯共和国	103.9	1.89	70.8	1.72	66.1	3.48
巴基斯坦	2107.8	72	2329.4	83.4	2600.5	108
俄罗斯	3446	5.8	4936.7	7	7329.4	10.8
塔吉克斯坦	40.6	8.2	64.9	5.2	91.7	9.6
乌兹别克斯坦	368.4	17.3	619	19.78	694	21.2

资料来源：作者自制，数据来自联合国粮食及农业组织。

1. 市场交易能力

除国家自主生产和国际援助外，市场交易是粮食的主要获取途径，而市场交易则取决于人们的购买力。为此，本文以上合组织成员国小麦和稻谷进口能力、国家外汇总储备情况来讨论购买力。根据表 5 数据，我们可以看出，在上合组织成员国中，小麦进口最多的成员国（从高到低）依次排列为中国、印度、乌兹别克斯坦、塔吉克斯坦、吉尔吉斯共和国；稻谷进口最多的成员国（从高到低）为中国、俄罗斯、塔吉克斯坦和巴基斯坦。

表 5　上合组织成员国小麦和稻谷进口量

单位：万吨

国家	2000 年		2007 年		2016 年	
	小麦	稻谷	小麦	稻谷	小麦	稻谷
印度	0.4223	1.3	267.7	0.0145	191	0.0995
哈萨克斯坦	0.1517	0.2371	0.1734	1.36	2.99	0.9298
中国	204.8	57.8	143.3	97.1	472.4	440.5
吉尔吉斯共和国	22.3	0.02668	41.68	3.13	18.49	0.1745
巴基斯坦	104.8	0.0718	13.59	0.3323	0.0041	1.2
俄罗斯	263.1	35.1	46.54	23.2	57.99	21
塔吉克斯坦	32.1	0.4103	28.39	0.7176	101.9	3.22
乌兹别克斯坦	57.68	1.42	14.48	0.1165	168.6	0.1565

资料来源：作者自制，数据来自联合国粮食及农业组织。

2. 全球饥饿指数

全球饥饿指数是由位于美国华盛顿的非政府组织——国际粮食政策研究所于每年10月14日发布的当年各发展中国家相对于总人口的营养不足率、未满5岁儿童的低体重率、死亡率等的综合指数。[①] 因认同其研究方法，全球饥饿指数得到了绝大多数国家政府、国际组织、研究机构和研究人员的认可。为了分析考察上合组织成员国粮食获取能力中的营养均衡问题，我们引入了全球饥饿指数作为分析指标（见表6）。

表6　上合组织成员国的全球饥饿指数[①]

国家	2000年	2010年	2018年
印度	38.8	32.2	31.1
中国	15.8	10	7.6
哈萨克斯坦	11.3	8.8	5.5
吉尔吉斯共和国	18.8	12.4	9.3
俄罗斯	10.1	7.0	6.1
巴基斯坦	38.3	36	32.6
塔吉克斯坦[②]	41.8	15.8	28.7(2017年)
乌兹别克斯坦	23.7	15.6	12.1

①“GLOBAL HUNGER INDEX-FORCED MIGRATION AND HUNGER 2018”；http：//www.globalhungerindex.org/pdf/en/2018.pdf.

②笔者注：在全球饥饿指数2018中没有塔吉克斯坦的数据，用2017年报告中的数据作为参考。http：//www.globalhunge-rindex.org/pdf/en/2017.pdf；Global Hunger Index 2010 – The Challenge of Hunger：Focus on the Crisis of Child Undernutrition；http：//www.globalhungerindex.org/pdf/en/2011.pdf.

数据来源：国际粮食政策研究所发布的全球饥饿指数。

根据表6，除巴基斯坦、印度和塔吉克斯坦外，上合组织成员国的全球饥饿指数总体上表现较好，营养均衡向合理的方向发展。但是我们需要看

---

① 全球饥饿指数（GHI）以百分制来衡量一个国家，0表示“不存在饥饿”，100为最差（即分数越高，该国的营养状况越差）。≤9.9表示“低”，即营养摄入基本均衡；10～19.9表示“适度”，即营养摄入较均衡；20～34.9表示“严重”，即营养摄入不均；35～49.9表示“惊人”，即营养摄入非常不均衡；≥50表示“非常惊人”，即营养摄入十分不均衡，http：//www.globalhungerindex.org/about/。

到，新成员国印度和巴基斯坦2018年处于“严重状态”，即营养摄入不均衡，而老成员国塔吉克斯坦也处于“严重状态”，即营养摄入也不均衡。

通过以上数据，可以得出这样的结论：上合组织成员国粮食获取能力差异明显，粮食获取能力高的成员国依次为俄罗斯、中国、哈萨克斯坦、印度；中等水平的为巴基斯坦、乌兹别克斯坦、吉尔吉斯共和国；低水平的成员国是塔吉克斯坦。

（三）上合组织成员国粮食安全政策

一般情况下，上合组织成员国的客观农业条件决定了各国提高粮食安全水平的行为，而由于农业政策能在一定程度上反映出成员国解决粮食安全问题的行为偏好，我们在此重点分析上合组织各成员国农业政策中与粮食安全相关的内容。

1. 印度

印度是上合组织新成员国，也是传统的农业大国，其农业史可以追溯到2500多年前的印度河文明时期，是全世界小麦的主要生产国。在20世纪60年代前，印度维持粮食安全需要依靠进口和援助，为了改变这一局面，印度农业政策以实现粮食自给自足为目标，催生了农业的绿色革命。从2006年开始，印度农业政策开始实施第二次绿色革命，这次绿色革命的主题是有机农业，目前印度有650000名有机产品生产者，有400万公顷经过认证的生产有机农产品的土地（在全世界仅次于芬兰和赞比亚），有世界上最大的水牛及牛群所产生的生物质能等，这为印度实施第二次绿色革命创造了良好的条件。①

① 杨少亮：《印度农业政策演变及趋势研究》，《世界农业》2013年第6期；“Brief History of Wheat Improvement in India”. Directorate of Wheat Research, ICAR India. 2011; M. L. DANTWALA; “Agricultural Policy In India Since Independence”; http://ageconsearch.umn.edu/bitstream/182350/2/IAAE－CONF－051.pdf; Indian Agricultural Research Institute; Agriculture Policy: Vision 2020; http://planningcommission.nic.in/reports/genrep/bkpap2020/24_bg2020.pdf。

2. 中国

中国在2008年出台了《国家粮食安全中长期规划纲要（2008～2020年）》提出了6项目标：提高粮食生产能力、利用非粮食物资源、加强粮油国际合作、完善粮食流通体系、完善粮食储备体系、完善粮食加工体系。① 为了加强国际粮油合作，中国遵循以双边为基础、以多边为重点的对外农业合作原则，积极加强国际农业合作。作为世界上人口最多的国家，中国政府非常重视农业发展，每年都会针对农业发展出台指导性文件，粮食安全几乎是历年来指导性文件中的关键词。在2018年的指导性文件中指出，要深入实施藏粮于地、藏粮于技的战略，严守耕地红线，确保国家粮食安全，把中国人的饭碗牢牢掌握在自己手中。②

3. 俄罗斯

俄罗斯于2012年颁布了《农业发展计划（2013～2020）》，在该计划中俄罗斯安排在2013～2020年用760亿美元来发展农业和粮食市场，而畜牧业将是俄罗斯农业的优先发展方向。同时在该计划中俄罗斯也强调提高粮食生产能力是保证该国粮食安全的重要步骤，计划在2020年前提高谷物产量到1.15亿吨。③ 通过《农业发展计划（2013～2020）》，俄罗斯农业发展取得了较大进步。俄罗斯总理在2017年4月表示，俄罗斯完成了国家粮食安全计划8项任务中的5项，粮食、土豆、糖、植物油和肉类都实现了自给。梅德韦杰夫表示，俄罗斯在落实国家农业发展计划每个目标的过程中都进展迅速，特别是近期在巩固国家食品安全方面成效明显。④

---

① 《国家粮食安全中长期规划纲要（2008～2020年）》，中华人民共和国中央人民政府网，http：//www. gov. cn/jrzg/2008－11/13/content_ 1148414. htm。最晚访问时间，2014年3月8日。

② 中华人民共和国农业农村部：《中共中央、国务院关于实施乡村振兴战略的意见》，http：//www. moa. gov. cn/ztzl/yhwj2018/zyyhwj/201802/t20180205_ 6136442. htm。

③ Russian Federation Agriculture Development Program 2013－2020。美国农业部对外农业服务中心网站，最晚访问时间：2014年3月8日。

④ 中华人民共和国驻俄罗斯联邦大使馆经济商务参赞处：《俄总理称俄罗斯粮食和肉类已完全实现自给》，http：//ru. mofcom. gov. cn/article/jmxw/201704/20170402554731. shtml。

4. 哈萨克斯坦

哈萨克斯坦是世界上优质小麦重要的生产和出口国，年平均产量为1380万吨左右，自2007年以来平均每年出口800多万吨小麦。为了提高粮食安全水平，在《哈萨克斯坦－2050战略》中，明确提出全球粮食安全危机是21世纪十项全球性挑战之一。为了解决粮食不足问题，哈萨克斯坦粮食生产需要发生革命性变化。重点方向包括：对农业进行大规模现代化改造；依靠新技术的运用，增加农作物种植面积并提高产量；转变农耕文化，借助于新的科技和管理成果重振畜牧养殖传统；出台相关法律和经济政策刺激制度，组建大中型农业生产企业，充分利用现代农业技术。① 在2018年1月公布的题为“第四次工业革命背景下新的发展机遇”的总统国情咨文中，哈萨克斯坦共和国总统纳扎尔巴耶夫提出，农业政策应侧重于从根本上提高劳动生产率和加工农产品出口的增长；要从根本上将整个农业综合体重新锁定到此项任务的执行上来；需要优先关注的是农业科学的发展；要对农业合作予以全面支持；农业的集约化应从产品的质量和环保性入手；要对土地利用回报率高的用户加以激励，对效率低的用户采取措施；5年内将农业综合体的劳动生产率和农产品加工出口量至少提高2.5倍。②

5. 吉尔吉斯共和国

吉尔吉斯共和国是上合组织中粮食安全压力较大的国家，造成粮食安全水平低的直接原因是：除气候因素外，70%以上的耕地依靠灌溉，而农业基础设施短缺、老化；人口逐年增加，但人均耕地有限且土壤肥力较低；农业技术和病虫害防治能力不足。为了解决粮食安全问题，在2017年11月吉尔吉斯共和国议会批准的《吉尔吉斯共和国国家战略计划（2018～2022）》中指出，吉尔吉斯共和国粮食安全所面临的挑战依然严重，诸如慢性营养不

① 哈萨克斯坦共和国驻华大使馆：《哈萨克斯坦－2050战略》；http：//www. mfa. gov. kz/zh/beijing/content－view/ha－sa－ke－si－tan－2050。

② 哈萨克斯坦共和国驻华大使馆：《总统国情咨文——第四次工业革命背景下新的发展机遇》，http：//www. mfa. gov. kz/zh/beijing/content－view/zong－tong－guo－qing－zi－wen－di－si－ci－gong－ye－ge－ming－bei－jing－xia－xin－de－fa－zhan－ji－yu。

良、微量营养素缺乏、粮食获取能力弱、就业机会有限、自然灾害频繁等问题。为此，吉尔吉斯共和国国家发展计划希望在粮食安全方面实现以下目标：一是所有小学学龄儿童都能获得安全、充足和营养丰富的食物；二是提高粮食安全水平较低的地区农户（尤其是妇女的）抵御粮食危机的能力；三是优化受气候变化影响较大地区的粮食安全体系；四是到2030年前加强中央和地方政府解决粮食安全问题和营养管理的能力。①

6. 巴基斯坦

巴基斯坦是上合组织新成员国，其农业史与印度处于同期，源于印度河流域文明。巴基斯坦农业以种植业为主，小麦、水稻、棉花和甘蔗占其农业总产值的30%以上，② 出口农产品也是巴基斯坦外汇收入的主要来源。作为典型的农业国家，巴基斯坦也面临粮食安全问题，造成粮食安全水平低的直接原因是粮食供给和获取能力不能满足人口增加的需要。根据亚洲开发银行的预测，到2025年巴基斯坦人口将达到2.21亿，巴基斯坦须将粮食产量提高40%～50%才能满足人口增加和经济发展的需要。③ 根据联合国分支机构世界粮食计划署（成立于1961年）的报告，截至2018年1月，巴基斯坦还有18%的人口营养不足。④ 从目前农业的发展来看，若能保持部落地区不发生大的政治动荡，巴基斯坦粮食安全基本上能控制在合理的水平上，但是巴基斯坦政府必须要把解决贫困问题、提高就业机会和受教育水平、增加应对气候变化的能力等放在农业政策的优先领域，否则，巴基斯坦很难提高自身的粮食安全水平。

7. 塔吉克斯坦

塔吉克斯坦土地面积较少，农业用地面积供给受到约束，进而导致农作

① Kyrgyz Republic Country Strategic Plan（2018－2022），http：//www1. wfp. org/operations/kg01－kyrgyz－republic－country－strategic－plan－2018－2022.

② 王春波、赵静、田明华：《巴基斯坦经济增长的影响因素分析——基于1997～2016年数据分析》，《南亚研究季刊》2018年第2期。

③ 吴园、雷洋：《巴基斯坦农业发展现状及前景评估》，《世界农业》2018年第1期。

④ Pakistan Food Security Bulletin；January，2018；http：//vam. wfp. org. pk/Publication/Pakistan_ Food_ Security_ Bulletin_ January_ 2018. pdf.

物播种面积增加受到限制，加上农村人口比重过高、农业机械设备陈旧落后、毁损严重，化肥及农药供给严重依赖进口，塔吉克斯坦成为上合组织成员国中粮食安全压力最大的国家。在世界卫生组织的帮助下，塔吉克斯坦卫生部制订了《塔吉克斯坦共和国营养和粮食安全战略行动计划（2013～2020)》，核心目标是提高该国粮食安全水平。此外，塔吉克斯坦也制订了《塔吉克斯坦共和国农业领域改革计划（2012～2020)》，希望通过农业改革提高粮食生产能力，提高国家粮食安全水平。① 在2016年发布的《塔吉克斯坦共和国国家发展战略2030》中，粮食安全被列在十大目标中。

8. 乌兹别克斯坦

农业对乌兹别克斯坦经济的发展发挥着较为重要的作用，2017年，乌兹别克斯坦农业对经济的贡献率为17%，在人力资源中从事农业的男性占19%、女性占26%，农业土地资源占全国的62%。② 尽管近几年乌兹别克斯坦经济发展较快，但依然属于低收入缺粮国。在2017年2月公布的《乌兹别克斯坦发展战略2017～2021》中提出，乌兹别克斯坦要朝着农业的现代化和集约化发展，具体措施包括：深化结构改革，实现农业生产快速发展，确保粮食安全，扩大生态友好型的产品生产，实现农业部门出口潜力大幅增加。③

综上所述，尽管粮食安全水平不同，但是粮食安全都是上合组织成员国非常关注的领域，这也是上合组织成员国粮食安全合作的基础，围绕这一合作基础，上合组织农业合作开始从双边逐步发展到多边合作，为上合组织成员国开展多边经济合作打下了良好的基础。2018年10月通过的《上海合作组织成员国粮食安全合作纲要》将会加强成员国间的合作，从而提高各成员国的粮食安全水平，缓解粮食安全问题。

---

① Program for reforming the Agriculture Sector of the Republic of Tajikistan for 2012－2020，http：//moa. tj/wp－content/Program_ Taj_ Rus_ Eng_ ready. pdf.

② 世界银行，https：//data. worldbank. org/indicator/SL. AGR. EMPL. MA. ZS? view＝chart。

③ Uzbekistan's Development Strategy for 2017－2021 has been adopted following public consultation，2017－02－08；http：//tashkenttimes. uz/national/541－uzbekistan－s－development－strategy－for－2017－2021－has－been－adopted－following－.

Y.16 上海合作组织成员国财政经济形势与未来发展战略解析

丁 超*

摘　要： 2017年6月上海合作组织实现首轮扩员，印度和巴基斯坦的加入为上合组织框架下的经济合作增添了更多内容。在国际秩序加速变革、世界经济深刻调整的当下，上合组织各成员国对于国家经济的稳定性予以了高度重视，而构建战略规划体系、优化经济政策、加强宏观政策协调则成为各国统领全局的改革措施。基于国情不同，上合组织成员各国经济发展战略的目标、优先方向和实施手段均存在差别，取得的成效也不尽相同，尤其是新加入的印度和巴基斯坦。本文在具体分析各国经济战略、规划和政策的基础上，以延续性、系统性、可行性和执行度为出发点，对战略实施过程中可能存在的问题进行深入探讨。

关键词： 上海合作组织　经济发展战略　优先方向　潜在问题

宏观经济政策的基础是通过制定社会经济发展战略和规划，实施阶段性的制度改革，创造良好的内外部环境；通过竞争政策、货币信贷和外汇政策、预算政策和投资政策联动，实现经济稳定和人民生活水平的提高。由于

* 丁超，中国社会科学院俄罗斯东欧中亚研究所助理研究员，经济学博士。

发展战略一旦制定，将在很长一段时期内引导国家宏观经济的发展方向，因此，对上海合作组织各成员国经济发展战略进行分析，有助于深入把握各成员国经济政策的优先方向，为加强上合组织框架内的双边和多边合作提供有益参考。

一　上海合作组织国家经济发展战略及其优先方向

通常情况下，经济发展战略和规划应包括三个层次，即长期社会经济发展战略、中期社会经济发展规划（3～5 年）和短期社会经济发展计划。中国和俄罗斯自改革或转型以来，形成了完备的战略和规划体系，并稳步推进。中亚五国独立后，国家战略规划体系构建的步伐参差不齐，发展水平也存在较大差异。目前来看，各国基本实现了以战略规划来统领国家改革全局。对于未能有效构建社会经济发展战略的成员国的经济发展政策，如巴基斯坦，则主要是从历届政府的竞选纲领、领导人的施政纲要以及年度财政预算中梳理得出。

（一）中国

从改革开放以来，中国坚持以“经济建设为中心”，从追求指标性的经济增长日益过渡到追求高质量的经济发展。四十年来，中国对内改革与对外开放相互匹配，取得了举世瞩目的成就：国内生产总值由 3679 亿美元增长到 2017 年的 12.24 万亿美元，远高于同期世界经济的平均增速；占世界生产总值的比重也由 1.8% 上升到 15.2%，对世界经济增长的贡献率超过 30%。[①]

2017 年 10 月，党的十九大报告确立了新时期经济发展的新目标和新要求。其一，关于发展理念。新时代的经济发展应是科学的发展，必须坚定不

① 习近平：《在庆祝改革开放 40 周年大会上的讲话》，http：//www. xinhuanet. com/2018 - 12/18/c_ 1123872025. htm。

移地贯彻“创新、协调、绿色、开放和共享”的发展理念，实现更高质量、更有效率、更加公平和更可持续的改革发展。将新的发展理念融入现代化经济体系建设，坚持稳中求进、迎难而上、开拓进取，在转变发展方式、优化经济结构、转换增长动力中取得实质性突破。其二，关于发展目标。党的十九大报告提出了新时代的奋斗目标，将“近期、中期、远期”目标有机结合：近期目标——到2020年全面建成小康社会；中期目标——到2035年基本实现社会主义现代化；远期目标——到本世纪中叶建成富强民主文明和谐美丽的社会主义现代化强国。这也是习近平新时代中国特色社会主义发展的战略安排。其三，关于发展路径。报告提出，必须坚持质量第一、效益优先，把推进供给侧结构性改革作为经济工作的主线，引领经济发展新常态的重大创新，不断增强我国经济创新力和竞争力。建设现代经济体系的六大任务：一是深化供给侧结构性改革，大力推动实体经济发展；二是强化战略科技力量，加快建设创新型国家；三是实施乡村振兴战略，确保国家粮食安全；四是实施区域协调发展战略，优化空间布局；五是加快完善社会主义市场经济体制，实现资源的优化配置；六是以“一带一路”建设为重点，推动形成全面开放新格局。①

（二）俄罗斯

进入21世纪后，随着全球能源价格的一路飙升，俄罗斯作为能源大国赚取了巨额石油美元。在此背景下，俄罗斯着手制定了一系列雄心勃勃的发展战略和规划。2008年11月，普京作为政府总理批准了《俄罗斯联邦2020年前社会经济发展构想》，分三阶段予以实施。构想中提出了若干宏观经济指标，如持续保持6.5%～7%的经济增长率，成为世界经济五强。然而，随着国际金融危机的爆发，该战略构想的落实受到剧烈冲击。② 2012年5月7日，重返克里姆林宫的普京签署了一系列法令（“五月法令”），但执行效

---

① 《习近平在中国共产党第十九次全国代表大会上的报告》，http：//cpc. people. com. cn/n1/2017/1028/c64094－29613660. html。

② 程亦军：《普京新任期战略任务和国家目标述评》，《俄罗斯学刊》2018年第5期。

率低下，俄罗斯财政部前部长库德林也声称，“五月法令”并没有达到官方宣称的93%的完成度，充其量只完成了70%①。

2018年5月7日，成功连任的普京签署了题为《2024年前俄罗斯联邦发展战略任务和国家目标》的总统令（“新五月法令”），描述了政府未来六年的工作前景，提出了经济发展的九大目标：保障人口总量稳定自然增长；将人均预期寿命提高至78岁（2030年至80岁）；保障居民实际收入的稳定增长，养老金增速高于通货膨胀率；贫困人口减少一半；每年至少为5000户家庭改善居住条件；加速技术发展，将创新型企业比重增加至50%；保障数字技术在经济和社会领域的应用；在宏观经济稳定、通胀水平低于4%的前提下，跻身全球五大经济体行列，确保经济增速高于世界平均水平；在经济基础部门，主要是制造业和农工综合体，以现代技术发展、高素质人才保障为基础，形成高性能出口导向部门。②

在2018年10月经济发展部通过的《2024年俄联邦社会经济发展预测》中提出，在财政部调整预算规则并提高增值税和央行适度紧缩货币旨在降低通胀预期的前提下，2019年将成为俄宏观经济政策调整的“适应期”，预计经济增速仅为1.3%。但基于政府提出的一揽子结构性改革措施③，通胀加速和经济增长放缓都将是暂时的。2020年经济增长率将逐步加速至2.0%，并从2021年开始高于3.0%的水平。④ 俄第一副财长戈尔宁曾在莫斯科金融论坛上表示，落实“新五月法令”所需资金的95%将来自国家财政。未来三年的政府预算也将以法令中确定的国家发展目标为基础。

---

① Путин дал Кудрину новые полномочия. http：//www. ng. ru/economics/2019 - 01 - 21/1_ 7487_ kudrin. html.

② О национальных целях и стратегических задачах развития Российской Федерации на период до 2024 года. http：//www. kremlin. ru/events/president/news/57425.

③ 一揽子结构性改革措施包括：有效实施涵盖社会经济发展关键领域的国家项目，以及基础设施综合发展计划；改善投资环境，提高经济发展的长期可预测性，提高国有或参股企业的竞争和效率水平，形成新的融资来源，强化行业监管；推进养老金改革，提高养老保障水平。

④ Прогноз социально-экономического развития Россиˇской Федерации на период до 2024 года. http：//economy. gov. ru/minec/activity/sections/macro/201801101.

（三）哈萨克斯坦

中亚国家中，哈萨克斯坦最重视构建国家社会经济发展战略规划体系，既包括统领全局的国家宏观发展战略，也包括各领域的中长期发展规划。① 1997年哈制定了《哈萨克斯坦-2030》长期发展战略，提出2030年前进入世界前50名最具竞争力国家行列。2012年又通过了《哈萨克斯坦-2050战略》，提出要在2050年跨入全世界发达国家30强行列。战略指出，新经济政策的本质在于“全面的经济实用主义”，以营利性、投资回报率和竞争性为原则：首先，所有经济和管理决策的通过都将考虑到经济合理性和长期利益；其次，寻找哈萨克斯坦能够作为平等的商业伙伴参与的新市场；再次，为提升经济潜力创造良好的投资环境，注重营利性和投资回报率；最后，创建高效的私营经济部门，发展公私伙伴关系，同时刺激出口。②

2014年11月，哈萨克斯坦批准了“光明之路”新经济政策，主要包括基础设施建设和新的反危机措施两个方面。所需资金主要来自国家储备基金、国际金融机构贷款以及国内企业和机构自有资金。国家储备基金通过专项转移支付的形式纳入共和国预算，或作为准公共部门的债券。此外，共和国和地方预算也将参与，包括提供预算贷款和政府外债，并将在资本市场上吸引企业和机构自有资金。③ 2016年6月，哈政府又颁布了更为详细的“百步计划”。2017年1月，纳扎尔巴耶夫发表名为“哈萨克斯坦第三个现代化

① 目前正在执行中的战略和规划包括：《哈萨克斯坦-2050战略》《2025年前国家发展战略规划》《“光明之路”新经济计划（2015~2019）》《工业-创新发展国家规划（2014~2019）》《教育发展国家规划（2010~2020）》《信息哈萨克斯坦-2020国家规划》《哈萨克斯坦语言应用及其发展国家规划（2011~2020）》《哈萨克斯坦医疗发展国家规划（2016~2019）》。Стратегии программы республики Казахстан. http://www.akorda.kz/ru/official_documents/strategies_and_programs.

② Послание президента республики Казахстан- лидера нации Н. А. Назарбаева народу Казахстана. Стратегия «Казахстан - 2050». http://www.akorda.kz/ru/official_documents/strategies_and_programs.

③ Государственная программа инфраструктурного развития «Нұрлы жол» на 2015 - 2019 годы. http://www.akorda.kz/ru/official_documents/strategies_and_programs.

建设：全球竞争力”的国情咨文，提出了五大优先发展方向：一是加快经济技术现代化；二是从根本上改善和拓宽商业环境；三是稳定宏观经济；四是提高人力资源的质量；五是进行体制改革、安全与反腐败斗争。2018 年总统国情咨文提出了亟须实现的十大社会经济任务，包括工农业的创新发展、自然资源和人力资本的充分利用、交通基础设施的联通和过境潜力的开发、金融部门的重组，以及弱势群体的社会保障等。[①] 2018 年 2 月批准了《2025 年前国家发展战略规划》，引入了全新的经济增长模式——高劳动生产率、以出口为导向的竞争性经济模式，即提高生产率和经济复杂度、开发人力资源、鼓励私人资本、激活地方潜力等，立足于发展出口型生产。[②]

（四）乌兹别克斯坦

乌兹别克斯坦是后苏联地区经济基础较好的国家，独立后很长一段时期，乌都没有制定宏观的国家发展战略。米尔济约耶夫总统上台后，开始推行全方位的政治、经济和社会改革，而制定和实施国家中长期发展战略，确定国家的未来发展方向，则成为各领域改革的重中之重。

2017 年 2 月，米尔济约耶夫签发总统令，批准了《2017～2021 年乌兹别克斯坦五大优先发展方向行动战略》。为更好地征集和组织专家及民众意见，全面确保战略的制定和实施，乌兹别克斯坦还成立了战略发展中心。[③] 该战略分为五个阶段，每个阶段由总统宣布的“国家年”来确定并实施独立的年度国家规划：2018 年为“支持积极创业、创意和创新技术年”，计划在国家相关规划框架内使用 21 万亿苏姆（约合 25.92 亿美元）和 10 亿美元实施约 7.6 万个项目。五个优先发展方向分别为：完善国家治理体系；确保法制，深化司法制度改革；推动经济自由化发展；促进社会领域发展；保障

① Послание Президента Республики Казахстан Н. Назарбаева народу Казахстана. 10 января 2018 г. http：//www. akorda. kz/ru/addresses/addresses_ of_ president/poslanie – prezidenta – respubliki – kazahstan – n – nazarbaeva – narodu – kazahstana – 10 – yanvarya – 2018 – g.

② Стратегический план развития Республики Казахстан до 2025 года. http：//www. akorda. kz/ru/official_ documents/strategies_ and_ programs.

③ 乌兹别克斯坦战略发展中心官方网站，http：//strategy. uz/about – strategy。

国家安全、族群和睦、宗教宽容，推行平衡、互利和建设性的对外政策。其中，经济发展和自由化要求：（1）确保宏观经济稳定，保持经济高速增长，降低税负并简化税制，发展国际合作；（2）通过深化结构改革，推动主要经济部门的现代化和多元化，逐步提升国民经济的竞争力；（3）促进农业的现代化和集约化发展；（4）继续推进制度性和结构性改革，旨在降低国家在经济中的参与度，强化私有产权的保护和优先地位，刺激中小企业和私营企业的发展；（5）全面协调地区和城乡社会经济发展，开发并有效利用资源潜力。① 米尔济约耶夫总统还指出，2021 年前乌经济增长的动力主要来自五个重要行业——纺织工业、工业建筑材料生产、果蔬供给、制药和旅游业。②

2018 年 12 月 28 日，米尔济约耶夫发布国情咨文，宣布 2019 年为“积极投资和社会发展年”。根据计划，乌政府将实施 169 万亿苏姆和 81 亿美元的项目，并在 6 月 1 日前制定“乌中期远景投资战略”，视各地区发展情况确定优先引资方向。同时，为更好地拉动国内投资，还将建立法定资本为 10 亿美元的直接投资基金。③ 2019 年 1 月，米尔济约耶夫签署总统令，组建特别经济理事会，在协调各部门活动的基础上，分析改革风险，保障 2019 ~ 2021 年体制改革“路线图”的顺利推进。④ 目前，乌已经开始筹备制定 2035 年前国家发展战略。⑤

---

① Президент утвердил Стратегию действий по развитию Узбекистана. https：//www. gazeta. uz/ru/2017/02/07/strategy.

② Виктория Панфилова. Пять шагов Шавката Мирзиёева. Узбекистан начинает жить по новой Стратегии развития. http：//www. ng. ru/cis/2017 - 02 - 09/6 _ 6924 _ uzbekistan. html.

③ ПОСЛАНИЕ Президента Республики Узбекистан Шавката Мирзиёева Олий Мажлису（28 декабря 2018 года）. https：//nrm. uz/contentf? doc = 573873 _ poslanie _ prezidenta _ respubliki_ uzbekistan_ shavkata_ mirzieeva_ oliy_ majlisu_ ot_ 28_ 12_ 2018_ g.

④ О дополнительных мерах по обеспечению дальнейшего развития экономики и повышению эффективности экономической политики. http：//lex. uz/docs/4147303？query = банк *.

⑤ Начата подготовка стратегии развития Узбекистана до 2035 года. https：//www. gazeta. uz/ru/2018/01/12/strategy/.

（五）吉尔吉斯斯坦

吉尔吉斯斯坦政权稳定性差，政府更迭频繁，宪法不断修改，独立以来一直未能设立明确的宏观经济目标，改革的持续性不强，战略规划体系的构建与发展严重滞后。截至目前，吉尚未构建起完善的社会经济发展战略规划体系。

独立后吉尔吉斯斯坦致力于解决“生存问题”，获得了来自外部世界的援助和支持，也制定了一些规划，如“综合发展计划”“国家减贫战略”“新经济政策”及其他行业发展规划等。然而由于国家治理效率低下、政权腐败，国家政策缺乏继承性和指向性，没有形成足够的促进国家发展的动力，导致吉尔吉斯斯坦经济独立性很差，诸多预设指标都未能实现。吉官方认为，经济增速不稳定、社会政策不确定都说明政府未能争取到广大民众的支持，不能自主选择国家发展道路。① 阿坦巴耶夫上台后，全面整顿政治经济秩序，社会上也形成了一种共识，即必须制定和实施统一的可持续发展战略，将尖锐的政治、经济、社会、地区和种族等问题与巩固政权安全相关联。

2012 年，吉尔吉斯斯坦成立了国家可持续发展委员会②，以完善和协调各级政府部门之间的关系。2013 年 5 月，制定了中期国家发展远景规划《2013～2017 年吉尔吉斯共和国可持续发展战略》③，强调国家各领域发展任务和优先方向不能随着政权更迭而改变。该战略是吉向可持续发展模式转型的第一步，也是苏联解体后吉首次恢复以五年计划来统筹经济社会发展。战略指出了吉经济社会发展的主要任务，包括：向可持续发展转型阶段的优先方向（即稳定发展的政治基础）；解决社会问题；环境保护；可持续的经济

---

① http：//sot. kg/wpcontent/uploads/sites/4/2018/01/nacionalnaya_ strategiya_ ustoychivogo_ razvitiya_ kr_ na_ period_ 2013－2017_ gody. pdf.

② http：//www. president. kg/ru/apparat_ prezidenta/sovety_ pri_ prezidente/natsionalnyj_ sovet_ po_ ustojchivomu_ razvitiju_ kyrgyzskoj_ respubliki/.

③ Программа по переходу КР к устойчивому развитию на 2013－2017 годы. http：//www. gov. kg/？page_ id＝31364&lang＝ru.

增长和宏观经济稳定；改善营商和投资环境；发展战略性经济部门[①]；地区可持续发展政策。自此，可持续发展战略成为统领吉尔吉斯斯坦宏观经济发展的依据和保障。吉尔吉斯斯坦制定可持续发展战略的同时，对需要完成的各项指标和任务做出了具体的资金安排。资金主要来自：中期社会经济发展规划框架下的预算资金；发展预算中的国家投资规划和激励性拨款[②]；国际组织赠款和私人投资，包括外国投资。2017 年 8 月，吉出台政府决议“通向未来的 40 步”[③]，并在此基础上制定了《2018 ~ 2040 年可持续发展战略》，指出创造体面的就业岗位、推动地区的平衡发展（2018 年为“地区发展年”）、深入挖掘出口潜力，是国家未来经济政策的三大支柱。[④]

（六）塔吉克斯坦

塔吉克斯坦国家发展战略虽制定较晚，但体系较为完善，分为国家长期的宏观发展战略和各层级、各行业的中长期发展规划。[⑤] 2007 年塔吉克斯坦发布《2015 年前塔吉克斯坦国家发展战略》，确定了工业、建筑、交通、通信和中小企业等领域 129 个经济发展指标的目标值，形成了构建所有战略、规划和计划的垂直的国家发展体系。该战略具有以下特征：规定了社会经济发展的远景计划，包括大规模的改革方案；与联合国《千年发展目标报告》

---

① 包括能源、农业、粮食安全、制造业的节能技术、采掘业、建筑业、旅游业、交通基础设施、信息通信和电子政务。

② 吉尔吉斯斯坦设立发展预算的目的在于为实施具有重大社会经济意义的国家项目融资，专款专用。发展预算包括三部分：一是资本投资；二是激励性拨款；三是国家投资规划，http：//www. minfin. kg/ru/novosti/byudzhet/byudzhet - razvitiya. html。

③ Сорок шагов в будущее. http：//www. gov. kg/？page_ id = 3422&lang = ru.

④ http：//www. president. kg/files/docs/Files/proekt_ strategii_ final_ russ. pdf.

⑤ 塔吉克斯坦总统战略中心资料显示，塔正在执行中的国家战略和规划中，全国性规划包括：《2030 年前塔吉克斯坦国家发展战略》《2011 ~ 2020 年塔吉克斯坦创新发展规划》《2011 ~ 2020 年塔吉克斯坦劳动力市场发展战略》《2013 ~ 2020 年塔吉克斯坦打击非法贩运毒品国家战略》《2009 ~ 2018 年塔吉克斯坦财政管理战略》《2017 ~ 2019 年塔吉克斯坦外债管理规划》；行业规划包括：《2010 ~ 2020 年塔吉克斯坦国家医疗战略》《2020 年前塔吉克斯坦教育发展战略》《2020 年前塔吉克斯坦农业构想》《2025 年前塔吉克斯坦交通发展规划》《2030 年前塔吉克斯坦轻工业发展规划》。此外，各州均制定了独立的地方性规划。

等国际议程相适应；通过制定阶段性的中期发展战略，形成了一个持续的监督体系，成为政府与企业界、非政府组织和发展伙伴就战略发展方向问题进行对话的工具。

2016 年 12 月，塔政府发布《2030 年前塔吉克斯坦国家发展战略》指出，塔长期发展的最高目标是在保障经济稳定发展的基础上，实现人民生活水平的提高。确立了以下几个战略目标：一是保障能源安全和能源资源的有效利用；二是突破“交通困境”，将国家发展为重要交通枢纽；三是保障食品安全，为民众提供优质食品；四是扩大生产性就业。该战略是对《2015 年前塔吉克斯坦共和国国家发展战略》中规定的优先方向（国家行政制度改革、发展私营部门和吸引投资、发展人力资源）的合理延续和进一步发展。

《2030 年前塔吉克斯坦共和国国家发展战略》以五年为期，同样分三阶段予以实施。（1）2016～2020 年为第一阶段，主要任务是“向新的增长模式过渡”——以投资、扩大出口导向商品生产、进口替代为主导。该阶段的目标是：确保能源的可获性；克服食物自给率低的问题；整合跨境和国家内部运输走廊，发展电信网络；保障平等享有社会公共服务。①（2）2021～2025 年为第二阶段，是“以投资为基础的加速发展”阶段。（3）2026～2030 年为第三阶段，主要特点是快速工业化已经实现，知识和创新在经济发展中起到基础性作用。每一个阶段都将优先考虑：提高实体经济部门的效率、多样性和竞争力；发展人力资本；挖掘并增强国家的制度潜力；保障宏观经济和社会稳定，实现地区的均衡发展。② 2018 年 12 月，拉赫蒙总统发表国情咨文，提出未来三年争取将 GDP 增长 30% 以上，达 820 亿索莫尼。2030 年前工业产值占 GDP 的比重将达到 22% 。③

① ПРОГРАММА СРЕДНЕСРОЧНОГО РАЗВИТИЯ РЕСПУБЛИКИ ТАДЖИКИСТАН НА 2016 – 2020 ГОДЫ. http：//www. nbt. tj/files/program/programm_ ru. pdf.

② Национальная стратегия развития Республики Таджикистана на период до 2030 года. http：//www. nbt. tj/upload/strategia/strategiya_ ru. pdf.

③ Послание Президента Республики Таджикистан，Лидера нации Эмомали Рахмона Маджлиси Оли Республики Таджикистан. http：//www. president. tj/ru/node/16772.

（七）印度

印度经济发展战略的实施主要体现在历届政府经济政策的制定、推行和改革上。有学者指出，印度从来不缺乏发展理念和发展梦想，但似乎总会随着印度经济发展的波折起伏而声势渐微。[①]

2014 年 5 月，莫迪就任印度第 18 任总理。莫迪政府秉承“经济优先”原则，自执政伊始便着手制定和推出振兴经济、改革政府的诸多措施，期望摆脱缓慢的印度式发展速度，实现“跨越式的更新换代”。改革主要聚焦于三大方面：加强基础设施建设、促进制造业发展和改善外商投资环境。同年 9 月，政府提出“印度制造”计划，涵盖了汽车及其零部件、航空、生物、化学、建筑业、国防制造与出口、电力系统等 25 个经济部门，除航空（74%）、国防（49%）和印度媒体（26%）外，所有这些部门均允许 100% 外国直接投资。[②] 计划推出后的 2015 年，印度成为全球首屈一指的外国直接投资目的地，超过了美国和中国。[③] 莫迪还提出了“零缺陷零效应”口号[④]，作为印度制造计划的精髓，旨在引导企业引进先进工艺和技术的同时，不对环境和生态带来负面影响。[⑤] 2015 年 7 月，发起“数字印度”计划，包括三个核心部分——开发安全稳定的数字基础设施，以数字方式提供政府服务以及普及数字素养。2017 年 7 月，覆盖全国的商品服务税（GST）正式实施。这是印度独立以来最大规模的税制改革，改变了碎片化的财税格局，减少跨邦贸易障碍，降低交易成本。[⑥]

---

① 李艳芳：《印度莫迪政府经济发展战略转型的实施、成效与前景》，《南亚研究》2016 年第 2 期。

② “PM Modi’s ‘Make in India’ Turns One: All You Need to Know about the Initiative”. dna. 25 September 2015.

③ “India Replaces China as Top FDI Destination in 2015: Report-The Economic Times”, *The Economic Times*, retrieved 2017－01－14.

④ Thareja, Priyavrat, Directions in Production Engineering Research-Part IV (November 20, 2016). J. Adv. Res. Prod. Ind. Eng. 2016; 3 (2). Available at SSRN: https://ssrn.com/abstract=2873140.

⑤ “Ecologists Cheer Modi’s ‘Zero Defect, Zero Effect’ Slogan”. *The Times of India*.

⑥ 刘小雪：《从印度经济增长瓶颈看莫迪改革的方向、挑战及应对》，《南亚研究》2017 年第 4 期。

2018 年 1 月，印度政府公布了 2017 ~ 2018 财年的经济调查报告。报告指出，改革将使实际 GDP 增长 6.75%，增速将在 2018 ~ 2019 财年提升至 7% ~7.5%。从中期来看，印度经济政策重点在于扩大就业、改善教育和发展农业三个方面。私人投资和出口是维持印度经济持续快速增长的仅有的两大动力。① 从预算支出的角度来看，2018 ~ 2019 财年总支出的增长部分主要表现在农业部门、利息支付和内部安全支出的增加。2019 ~ 2020 财年政府将继续向农业、社会领域、教育和卫生医疗领域倾斜。②

（八）巴基斯坦

巴基斯坦是一个经济基础薄弱的发展中国家，发展经济、改善民生，实现“亚洲之虎梦”是历届政府的愿望。自 2013 年民选政府平稳过渡以来，巴基斯坦经济状况改善明显，政府执政趋稳，并保持了高于全球平均水平的经济增速。在谢里夫政府执政的第 14 个月，巴基斯坦“2025 年远景”出台，规划未来十年间国家战略发展的路线图，提出巴的中长期发展目标，即到 2025 年成为中高收入国家并跻身全球经济前 25 强，至 2035 年在关键目标领域实现地区和全球领先，2047 年前（独立 100 周年）跻身全球经济前 10 强。基于包容性，远景中提出的“5 + 7”模型成为国家发展和繁荣的综合公式。“五大助力”分别为社会公正、法律规范、和平安全、政治稳定和政策持续性、共同远景；“七大支柱”领域包括以人为本——发展人力资本和社会资本；实现持续、本土和包容性增长；民主治理、体制改革与公共部门现代化；水、能源和粮食安全；由私营部门和企业家精神带动增长；通过附加值来发展竞争性的知识经济；运输基础设施现代化和更大的区域联通性。③

---

① State of the Economy：An Analytical Overview and Outlook for Policy. http：//120.52.51.16/mofapp.nic.in：8080/economicsurvey/pdf/001 - 031_ Chapter_ 01_ ENGLISH_ Vol_ 01_ 2017 - 18.pdf.

② Union Budget 2019 - 20. https：//www.indiabudget.gov.in.

③《巴基斯坦“2025 远景”》，http：//www.pakbj.org/statics/css/pakbj/pdf/Pakistan - Vision - 2025.pdf。

2018年5月，巴基斯坦正义运动党的伊姆兰·汗胜选就任总理后，继续将竞选纲领作为执政的首要目标，并进行修改和补充，推出了“百日计划”。首先总结了百日内政府的施政方向：专注贫困人口、变更执政文化、强化联邦制度、重塑国际信誉、明确计划重点；同时，规划了六大主题，分别为转变治理方式、强化联邦制度、振兴经济、发展农业和节约用水、革新社会服务、确保国家安全，共涉及35项内容。为拉动经济增长，巴政府将为青年创造就业机会；提升制造业并启动中小企业发展计划；建造500万套房屋；促进旅游业发展；改革税收管理；优化商业和投资环境；聚焦能源挑战；改变中巴经济走廊现行的“游戏规则”；拓宽融资渠道。与伊姆兰·汗的竞选纲领相比，百日计划中剔除了发展包容性经济中的“强化国际贸易”“振兴纺织业、扩大出口”等相关内容。[①]

二　上海合作组织国家经济发展战略实施中的潜在问题

纵观各国经济发展战略、规划或经济政策，我们不难发现，无论是体系较为完备的中国、俄罗斯，还是刚刚致力于构建中长期规划的吉尔吉斯斯坦、乌兹别克斯坦，抑或是尚未形成战略规划拟定机制的印度和巴基斯坦，上海合作组织各成员国均对宏观经济稳定给予了高度的重视，这也构成了各国经济发展战略的中短期目标，为扩员后上合组织框架下双边和多边经济合作的发展提供了坚实的基础。

通过实现经济的稳定、可持续增长，进入全球发达经济体行列，是上海合作组织成员国经济转型和发展的长期目标。从实施路径来看，尤其是在当前国际政治经济充满各种不确定性因素的情况下，探索新的发展道路、遵循新的发展理念、追求新的发展模式可能成为上合组织国家面临的重要任务，

① 竞选纲领参见：Prime Minister's First 100 Days Agenda Transform Governance. http：//pm100days. pmo. gov. pk/downloads/100%20Days%20Progress%20Report. pdf。
“百日计划”参见：The Road to Naya Pakistan. http：//www. insaf. pk/public/insafpk/news/pti - launches - its - manifesto - 2018。

或以经济优先，或推动经济社会协调发展，通过国家财政预算、储备基金或吸引私人投资最大限度地提供资金保障。但事实上，从经济发展战略和规划方案的提出到最终实施，上合组织各成员国不可避免地会遇到诸多潜在的矛盾和问题，主要体现在战略的延续性、系统性、可行性和执行度等方面。

经济发展战略的延续性。中国、俄罗斯和哈萨克斯坦在维持经济发展战略的稳定性方面较为突出。这首先得益于安定的政治环境和政府强大的掌控能力；其次在于执政当局对宏观经济形势的准确判断和推动经济发展的能力。如哈萨克斯坦提出的“2030 年战略”和“2050 年战略”，从发展目标设定到具体的方案实施，都具有一脉相承的特征，包括为发展基础设施建设提出的“光明之路”“百步计划”等。而吉尔吉斯斯坦、印度和巴基斯坦则由于政权更迭频繁，安全形势严峻，历届政府虽均致力于发展经济，但由于执政理念不同，经济政策的持续性和稳定性差。如中吉乌铁路项目的推动一波三折，方案讨论近 20 年才取得重要进展。吉尔吉斯斯坦虽然于 2017 年 11 月首次实现了政权的平稳交接，但目前来看，新总统热恩别科夫和前总统阿坦巴耶夫之间的政治博弈导致了新一轮的政局动荡，经济增速放缓迹象越发明显。中亚其他成员国也将陆续进入选举周期，这对于保持宏观经济政策的可持续性具有一定的挑战。再以巴基斯坦为例。在对待中巴经济走廊的问题上，与谢里夫政府不同，新总理伊姆兰·汗认为，在走廊建设过程中，巴基斯坦高度依赖中国进口，本地参与不足，并未从相关项目中充分获益。这在其竞选纲领和“百日计划”中均有所提及。因此，他提出应聚焦本土资源增长战略，有较大可能通过强制要求本地资源的参与比例来落实走廊建设，这又必然会增加项目建设管理的复杂度和不确定性。①

经济发展战略的系统性。部分成员国虽已意识到战略规划的重要性，但由于起步较晚，或国内政治经济形势较为复杂，其经济发展战略还不具备系统性。以乌兹别克斯坦为例。《2017～2021 年乌兹别克斯坦五大优先发展方

① 林韩：《浅析巴基斯坦政府换届及拟申请国际货币基金组织贷款对中资企业在巴业务的影响》，《中国建设信息化》2018 年第 20 期。

向行动战略》的制定和实施，使得新总统的改革更富于计划性和科学性，为乌构建国家战略规划体系奠定了基础，成为乌“国家治理新阶段”的开端。同时，广泛听取专家和群众意见，一方面提高其在国家治理中的参与度，使得改革政策更关注民生，更贴近群众；另一方面也提升了总统的个人威望，有助于改革的平稳、顺利推进。但作为一项国家战略，它还不够系统和完善。从内容来看，它虽然指明了未来五年国家发展的主要方向和着力点，却未能做出具体的融资安排（包括融资规模和来源）；通过制定年度规划的方式（2018 年第 5308 号总统令规定了其年行动战略的主要措施、期限，以及部分措施的融资来源和规模）来明确该年将采取的改革措施、期限及部分融资情况，也使得国家经济政策具有一定的不确定性。①

经济发展战略的可行性。各国经济发展战略也好，政策也好，具体实施过程中都面临着资金短缺问题。以塔吉克斯坦为例。表面看来，《2030 年前塔吉克斯坦国家发展战略》既确定了宏观的发展目标，又规定了具体的实施路径。但是，1181 亿美元的资金需求意味着，每年为实施该战略需投入 84.3 亿美元，约为 2016 年塔国家预算收入的 3.7 倍。如何获取如此大规模的资金？目前，塔吉克斯坦最“富裕”的私人投资者便是为数众多的劳务移民，移民汇款成为塔最稳定的“外部资金”来源。然而，即使是来自俄罗斯的移民汇款收入最高年份的 2013 年，也仅达到 41.73 亿美元。近年来移民汇款收入显著减少，尤其是 2016 年，来自俄罗斯的侨汇收入同比下降了近 80%，仅为 4.96 亿美元。若抛开劳务移民不谈，谁又会定期为塔注资？根据塔国有资产管理和投资委员会公布的数据，2016 年 1 ~ 9 月，塔共吸引外国直接投资 3.55 亿美元，其中 2.5 亿美元来自中国，0.35 亿美元来自俄罗斯，0.26 亿美元来自英国，0.12 亿美元来自美国，0.1 亿美元来自

① Государственная программа по реализации Стратегии действий по пяти приоритетным направлениям развития Республики Узбекистан в 2017 – 2021 годах в «Год поддержки активного предпринимательства, инновационных идей и технологий». http://strategy.uz/davlat – dasturi.

法国。若一直保持这种态势，则战略实施将产生巨大的资金缺口。[①] 也有专家认为，若塔吉克斯坦不能降低腐败水平、改善营商环境，借此提高国际机构评级，国际组织提供的贷款就只能帮助其避免经济彻底崩溃，对塔的长期经济发展则不感兴趣。[②]

经济发展战略的执行度。以俄罗斯为例。“新五月法令”同样遭到了俄国内专家的质疑，认为战略目标的设定不切实际，政府部门也很难就任何有意义的行动计划达成一致。库德林指出：“政府计划将包括 66 个联邦项目，这将是一个复杂的多级记分卡。而目前公布的大多数指标都是无法核实的。”[③] 也有学者对于俄罗斯实现“突破性的科技和社会经济发展”表示悲观，认为普京执政方略将保持一贯的稳定性，创新无从谈起。[④] 俄舆论基金会公布了对 2012 年和 2018 年“五月法令”的调查结果。31% 的民众认为 2012 年的法令得到执行，43% 表示失望。仅有 8% 的受访者认为，在未来六年内，政府能够将贫困人口减半；1/3 的受访者认为国家无法实现实际收入的稳定增长。到 2024 年，期待全面实施“新五月法令”的民众所占比重将会更小。[⑤] 俄总理梅德韦杰夫在《经济问题》上发表文章称，制定短期和中期国家发展战略，形成符合现实需求的增长机制，必须遵守两个重要原则：一是稳定性，这是国家和企业之间信任的基础；二是灵活性，即能够快速适应条件的变化和可能出现的风险。至 2024 年俄罗斯能否成为世界五大经济体之一并不重要，这一目标只是作为俄罗斯福利和生活水平提高的保证。[⑥]

---

① “Стратегия – 2030”：где Таджикистан возьмет деньги на проекты. https：//ru. sputnik – tj. com/economy/20170223/1021735715/strategy – tadjikistan – dengi. html.

② Национальная стратегия развития Таджикистана：будет ли она реализована до 2030 года? http：//www. ca – portal. ru/article：31756.

③ Путин дал Кудрину новые полномочия. http：//www. ng. ru/economics/2019 – 01 – 21/1_ 7487_ kudrin. html.

④ Новый майский указ президента：основная суть. https：//bankiclub. ru/raznye/novyj – majskij – ukaz – prezidenta – osnovnaya – sut/.

⑤ Почему невыполнение майских указов не влияет на политику. http：//www. ng. ru/editorial/ 2018 – 05 – 31/2_ 7236_ red. html.

⑥ Д. А. Медведев. Россия – 2024：Стратегия социально-экономического развития. Вопросы экономики. 2018. No 10. С. 5 – 28.

人文合作

Humanities Cooperation

Y.17

2018年的上海合作组织文教合作：机制化和常态化

张　弘*

摘　要： 2018 年是上海合作组织成立的第 17 个年头，成员国的人文合作逐渐步入成熟轨道，中国在担任轮值主席国期间，与各成员国一起积极推动人文交流和合作。2018 年的人文合作机制主要呈现四个特点：合作机制日渐成熟，搭建起成熟的政府合作机制，形成了频繁的民间人文交流趋势；文化文艺交流十分活跃，双边和多边文化交流营造了良好的对话合作气氛；“上海精神”在人文合作中得到进一步宣传，促进了包容合作的国际关系形成；教育合作步入成熟，形成了上合组织大学联盟的研究生教育系统，中俄的科技合作成为典范，促进

* 张弘，博士，中国社会科学院俄罗斯东欧中亚研究所研究员。

共同发展。印度和巴基斯坦的加入为上合组织人文交流提出新的挑战。

关键词： 上海合作组织　人文合作　上海精神　科技合作

上合组织是欧亚地区重要的区域性国际组织，各成员国在推动文教合作方面有着广泛的共识。一年来，中国成功举办了一系列重要的机制性会议和160 多项（场）大型多边活动，内容涵盖政治、安全、经济、人文、对外交往和机制建设的方方面面，人文合作对于上合组织的发展发挥了极为重要的作用。

一　人文合作机制化建设

推动上合组织人文合作的机制性建设，侧重搭建成员国之间人文合作的长期机制。2018 年，在中国的推动下，上合组织成员国签署了多份人文合作的框架性文件。文化合作领域是上海合作组织成员国重要的合作领域之一，目前已经建立起来的国家级机制性平台有每年召开的文化部长会晤。

2018 年 5 月，第十五次上海合作组织成员国文化部长会晤在中国的海南省三亚市召开，各国签署了《上海合作组织成员国文化部长第十五次会晤纪要》，通过了《上海合作组织成员国文化部长第十五次会晤新闻声明》，批准了《上海合作组织成员国政府间文化合作协定 2018 ~ 2020 年执行计划》。[①] 该计划梳理了过去几年上海合作组织各成员国取得的文化艺术交流重点成果，还特别邀请各成员国更多地参与未来的文化交流，鼓励和支持各国艺术家、艺术团体进行联合创作和演出，促进艺术家的培训和人才交流，

① 叶飞：《文化交流架起上合组织民心相通之桥》，《中国文化报》2018 年 6 月 8 日，http：//www. ccdy. cn/yaowen/201806/t20180607_ 1386755. htm。

为上海合作组织框架下的多边文化交流与合作提出了清晰的路线图。

在此次文化部长会晤期间，还举办了首届上海合作组织成员国文化艺术专家研讨会。来自中国、印度、吉尔吉斯斯坦、俄罗斯和乌兹别克斯坦的专家就上海合作组织各国文化遗产的发掘、保护和修复工作交换经验，探讨了未来合作的可能性。[①] 上海合作组织国家地处“古丝绸之路”，有着丰富的历史和人文遗产，各国联合保护名胜古迹和传统文化也是此次研讨会的内容之一，各国考古领域专家的交流搭建了合作的平台。随着上合组织国家政治互信的不断提高，成员国之间设立文化中心的条件逐渐成熟，定期的文化宣传和交流日益频繁，促进了民心相通，增进了人们之间的了解。2010 年 9 月，俄罗斯在中国设立了俄罗斯文化中心，促进俄罗斯语言文化在中国社会的传播。中国则在上合组织成员国开设了多所孔子学院，促进当地汉语教育和中国文化研究。

二　文化艺术交流活跃

文化艺术交流是上合组织成立以来一直较为成功的交流内容，促进了成员国之间多样文化的融合，对促进民心相通发挥了不可或缺的作用。在上合组织青岛峰会之前，作为峰会的配套活动之一，2018 年 5 月 29 日至 6 月 1 日，上海合作组织成员国艺术节在北京举办，主要包括民族音乐会、民族舞蹈会演、文化古迹图片展、民族音乐和民族舞蹈大师班等活动。[②] 中国、吉尔吉斯斯坦、俄罗斯和乌兹别克斯坦的知名民族乐团各自演奏了本国颇具特色的代表性曲目，充分展示了上合组织成员国丰富多彩的音乐艺术成就。来自中国、哈萨克斯坦、吉尔吉斯斯坦、巴基斯坦、俄罗斯和乌兹别克斯坦的

---

① 叶飞：《文化交流架起上合组织民心相通之桥》，《中国文化报》2018 年 6 月 8 日，http：//www. ccdy. cn/yaowen/201806/t20180607_ 1386755. htm。

② 叶飞：《文化交流架起上合组织民心相通之桥》，《中国文化报》2018 年 6 月 8 日，http：//www. ccdy. cn/yaowen/201806/t20180607_ 1386755. htm。

民族舞蹈团参加上合组织成员国民族舞蹈会演的演出。① 在艺术节期间，还举办了上合组织文化遗产图片展，并组织成员国来华艺术家开展联合展示、技法研讨等艺术交流活动。中方还为各国青年文化工作者主办了第三届上海合作组织成员国青年夏令营，以文化创意为主题的夏令营受到各国青年的欢迎。②

目前，大部分上合组织成员国、观察员国、对话伙伴国之间已经形成了定期互办文化节、文化日的传统，各成员国积极推广本国的文化，介绍本国的风土人情。上海合作组织的扩大也为人文交流增添了新的内容，来自印度和巴基斯坦的艺术文化团体增进了成员国对南亚文化的了解。除了成员国之间的文化交流，上海合作组织还与其他国家定期互办文化节、文化日，举办文艺演出、专题展览、文化论坛、艺术研讨会、电影展映等活动。各国积极邀请其他成员国、观察员国、对话伙伴国参与本国主办的国际性文化活动，包括定期举办的各种艺术节、文化节、音乐节、电影节、图书展、博览会、艺术比赛等。③

2018 年影响较大的文艺交流活动有：中国的“相约北京”、上海国际艺术节、丝绸之路（敦煌）国际文化博览会，印度的德里国际艺术节，哈萨克斯坦的阿斯塔纳国际戏剧节，巴基斯坦的国家民俗节，俄罗斯的契诃夫国际戏剧节、莫斯科国际军乐节，乌兹别克斯坦的东方旋律国际音乐节，等等。④ 这些文艺活动不仅为各国艺术家提供了展示的平台，而且促进了上海合作组织国家人民的相互了解，弘扬了上合组织倡导的“尊重多样文明”的“上海精神”。

---

① 《上海合作组织成员国艺术节在京开幕》，新华社 2018 年 5 月 30 日电，http：//www. xinhuanet. com/culture/2018 －05/31/c_ 1122914586. htm。

② 《上海合作组织成员国艺术节在京开幕》，新华社 2018 年 5 月 30 日电，http：//www. xinhuanet. com/culture/2018 －05/31/c_ 1122914586. htm。

③ 叶飞：《文化交流架起上合组织民心相通之桥》，《中国文化报》2018 年 6 月 8 日，http：//www. ccdy. cn/yaowen/201806/t20180607_ 1386755. htm。

④ 叶飞：《文化交流架起上合组织民心相通之桥》，《中国文化报》2018 年 6 月 8 日，http：//www. ccdy. cn/yaowen/201806/t20180607_ 1386755. htm。

中俄不仅积极推动两国之间的文化交流，还为其他成员国搭建多种交流平台。2018 年，中俄两国共同在中国黑龙江省黑河市举办第九届“中俄文化大集”活动，该活动已经成为中俄地方合作的重要内容之一。此外，各国艺术机构还在上合组织框架下的丝绸之路国际剧院联盟、丝绸之路国际图书馆联盟、丝绸之路国际博物馆联盟、丝绸之路国际美术馆联盟下开展合作交流。这些文化交流活动不仅促进了各国人民的“民心相通”，也为地方经济和科技合作创造了友好的社会基础，文化交流的社会效果显著。中俄在上海合作组织内部的文化艺术交流中发挥了积极的作用，为其他成员国的文化交流做出一定的引领和带头作用。

三　通过交流弘扬包容的“上海精神”

经济现代化在给人类的物质生活带来各种便利的同时，也给我们的精神生活造成了巨大的冲击。伴随经济全球化的是西方文化的扩张，这也造成后发国家传统文化的失落，甚至一定程度上的湮没。在文化全球化的过程中，各民族文化的发展面临着西方中心论和文化相对主义的双重威胁。在信息电子化、传播网络化的时代，人们比过去更容易接触和吸收外来的优秀文化成果，同时这也给各种低俗文化的渗透提供了便利，使得欧亚地区很多国家的文化传统不可避免地受到外部文化的冲击，直接威胁着本民族国家的文化安全。

从国际发展的趋势看，文化是国家软实力竞争的重要内容之一。20 世纪后期，随着知识经济、人工智能、生命科学、互联网、新能源等的发展，人们越来越认识到文化已经成为当代国际竞争中的新焦点。“文化是民族国家生存和发展的重要力量。人类社会每一次跃进，人类文明每一次升华，无不伴随着文化的历史性进步。”① 冷战后，经济全球化带来的西方文化对全

① 《习近平总书记系列重要讲话读本（2016 年版）》，求是网，http：//www. qstheory. cn/books/2016 -05/04/c_ 1118799145_ 12. htm。

球的快速渗透，威胁着民族国家文化的多样性和独特性。“上海精神”在关注地区安全、经济发展的同时，还不忘重视文明的多样性。在“上海精神”中特意提出了要“尊重多样文明”。上合组织提出并践行着完全不同于西方主导的文化新理念，提倡以“多元包容”为特征的新文明观，即充分尊重文明的多样性与彼此的自主选择，倡导在求同存异中兼容并蓄，推动各种文明交流对话，促进区域认同与和谐区域建设。[①] 正是秉承“上海精神”，上合组织的人文合作得以顺利发展，也越来越受到地区国家的认可和支持。这不仅是促进上合组织成员国关系稳定发展的宝贵经验，也是促进国际社会共同发展的宝贵财富。

上海合作组织成员国、观察员国和对话伙伴国都是新兴经济体国家和发展中国家。“一带一路”倡议已与上合组织中的多国发展战略成功对接。“各方同意在上海合作组织框架内积极加强丝绸之路沿线国家之间的文化交流与合作”已被写入《上海合作组织成员国文化部长第十五次会晤新闻声明》中。[②] 目前，上合组织人文交流的伙伴网络初步建立，政府间的合作机制逐渐成熟，人文交流所产生的社会效益正在扩散。在上海合作组织成员国文化部长第十五次会晤期间，中国文化和旅游部部长雒树刚表示：“要尊重世界文明多样性，以文明交流超越文明隔阂、文明互鉴超越文明冲突、文明共存超越文明优越。”[③]

四　教育合作逐渐成熟

教育科技合作是上海合作组织人文合作的重要内容之一，也是为成员国合作提供人才和智力支持的基础。上海合作组织大学框架内的高素质人才培

① 邓浩：《从“两个构建”看上海合作组织发展方向》，《光明日报》2018 年 6 月 2 日，http：//opinion. people. com. cn/GB/n1/2018/0602/c1003 - 30030534. html。

② 叶飞：《文化交流架起上合组织民心相通之桥》，《中国文化报》2018 年 6 月 8 日，http：//www. ccdy. cn/yaowen/201806/t20180607_ 1386755. htm。

③ 叶飞：《文化交流架起上合组织民心相通之桥》，《中国文化报》2018 年 6 月 8 日，http：//www. ccdy. cn/yaowen/201806/t20180607_ 1386755. htm。

训是成员国在文化、科学、教育和经济合作等优先领域开展的内容之一。2007 年 8 月，在上海合作组织比什凯克元首峰会上，俄罗斯总统普京倡议成立“上海合作组织大学”。2010 年，第三届上合组织成员国教育部长会议确定区域学、生态学、能源学、信息技术和纳米技术等五个专业为上合组织大学第一阶段优先合作方向。2014 年，在第四届上合组织教育部长会议上，各方一致同意扩大上合组织大学的培养方向，增加经济学和教育学方向。①

上合组织大学的主要任务是构建统一的教学空间和促进教育一体化进程，扩大各国大学生、研究生和教育工作者的交流规模，加强科研合作，相互学习先进的教学方法和技术，为上合组织具体合作领域提供智力支持。②目前，上海合作组织大学联盟涵盖俄罗斯、中国、印度、巴基斯坦、哈萨克斯坦、乌兹别克斯坦、塔吉克斯坦和吉尔吉斯斯坦，以及观察员国伊朗和蒙古国。上合组织大学的联合人才培养工作首先从硕士研究生层面开始，目前已经开始向本科教育延伸。

近十年来，中国和俄罗斯的高校一起，以双边合作的方式，通过互派硕士研究生进行联合培养，互认教学计划、课程设置和学分，联合指导硕士学位论文的选题和撰写。在 2018 ~ 2019 学年，俄罗斯高校计划接受 200 多名成员国留学生，其中利用俄罗斯预算的招生名额有 150 名，主要提供给哈萨克斯坦、吉尔吉斯斯坦和乌兹别克斯坦国家的学生。中国在俄罗斯留学的 115 名留学生经费则由中国自己提供。目前，上合组织大学联盟的俄罗斯高校大部分开展研究生教育。

中国在上海合作组织教育合作领域的一个重要项目是“孔子学院”项目，通过与对象国的大学、中学等各级教育机构合作，为对象国的汉语教育提供智力支持，也成为“一带一路”促进民心相通的社会基础。截至目前，

---

① 《上合组织大学：搭建心桥的民间大使》，《光明日报》2017 年 06 月 11 日，http://epaper.gmw.cn/gmrb/html/2017 - 06/11/nw.D110000gmrb_20170611_1 - 06.htm? from = singlemessage&isappinstalled = 0。

② 《上合组织大学：搭建心桥的民间大使》，《光明日报》2017 年 06 月 11 日，http://epaper.gmw.cn/gmrb/html/2017 - 06/11/nw.D110000gmrb_20170611_1 - 06.htm? from = singlemessage&isappinstalled = 0。

上海合作组织成员国共有36所孔子学院和31个孔子课堂，在语言教学和文化传播的基础上，与各成员国国家发展战略的实际需要对接，进行更有针对性的功能转型。①

五　中俄引领下的科技合作

由于各成员国经济发展水平不平衡，科技合作在中俄之间相对更快一些，在其他成员国之间进展缓慢。目前，上合组织在政府层面将科技合作重点放在政策对接和战略对接上，通过政府间机制为企业合作创造适宜的政策平台。

首先，上合组织的科技合作水平尚处于上升阶段。各成员国都处在经济现代化进程中，国家的科技投入还有限，更多的是引进西方发达国家的先进技术和产品。2018年4月18日，上海合作组织成员国第四届科技部长会议在俄罗斯首都莫斯科召开，各方交换了各自国家科技发展政策信息，指出各方科技发展的优先方向和机制具有一致性。各方商定利用这一重要条件，进一步深化和密切上合组织框架下的科技合作。在上合组织成员国科技部长会议框架下，研究上合组织成员国多边科技合作项目资助与协调机制问题，同时各方将着力在各成员国共同感兴趣的优先领域发展科技合作：自然保护技术，能效和节能，农业领域创新技术（包括粮食行业和粮食安全、生物技术和生物工程），纳米及信息技术领域创新技术。2018年10月，在中国举行了第三届中俄高技术论坛，双方围绕加强中俄科技合作、推动双边协同创新发展等问题展开研讨。

其次，中俄科技合作水平日趋成熟。开展国家间科技合作的首要基础是政治信任，没有互信，就不可能开放；有技术实力，没有互信基础，科技合作也开展不了。经过长期经营，中俄关系始终保持了较高的水平，合作水平

① 《上合组织盛开人文合作之花》，《光明日报》2018年6月10日，http：//epaper. gmw. cn/gmrb/html/2018 -06/10/nw. D110000gmrb_ 20180610_ 1 -06. htm。

不断提高，规模不断创新。中俄两国的科技合作成为上合组织内科技合作的典范。俄罗斯是上合组织内科技水平优势明显的国家之一，中国拥有最具活力的市场和较大的经济规模，对引进高科技有着极大的兴趣。目前，中俄科技合作主要有三种方式：科技园、科研机构合作和大项目合作。2018 年 6 月，中俄达成多个科技合作大项目，确定两国将在示范快堆、田湾核电站两台机组、徐大堡核电站两台机组以及同位素热源供货等重大项目上开展合作。① 中俄在民用大飞机、重型直升机领域展开了技术合作和产业合作协商，计划通过联合研制和联合生产，降低科技研发的风险和成本。两国还在生物、纳米、新材料、通信等高技术领域和前沿学科开展全面合作，多个对俄科技合作基地在我国国内相关省份建立，促进了一大批俄先进科研成果在中国市场实现产业化。

中俄科技的产业园项目主要以烟台的中俄科技园为代表，目前这里已经成为中国与后苏联空间国家科技合作的基地，截至 2017 年，在产业园落地的项目超过 200 个，包括俄罗斯、乌克兰、格鲁吉亚和白俄罗斯等国家的科技项目。现已引进外籍院士团队 2 个（俄罗斯、格鲁吉亚），国家“千人计划”专家 1 人，“泰山学者”专家 2 人，山东省优秀中青年科学家科研奖励基金获得者 1 人，山东省港澳台专家 1 人，烟台市“双百计划”人才 4 人。②除此之外，中俄在北京、哈尔滨、西安、东莞等地设立了不少高科技合作园区，促进地方与俄罗斯的科技产业合作。2018 年 4 月 19 日，中俄两国总理一起在中国陕西咸阳见证了中俄丝路创新园的开园仪式。中俄丝路创新园是中俄两国政府战略层面的合作项目之一，显示出两国科技合作逐渐由中央政府层面扩散到地方和企业层面，合作形式逐渐多样化。

最后，农业技术合作成为中国与中亚国家合作的重要领域。随着上合组

① 《中俄高科技领域合作值得期待》，新华网，http://www.xinhuanet.com/world/2018-07/09/c_129909989.htm。

② 《中俄科技园：为新旧动能转换提供国际化创新引擎》，华龙网，http://cq.cqnews.net/html/2017-07/26/content_42386158.htm。

织成员国农产品贸易的兴起，农业科技合作在近年来有所升温。以科技带动农业可持续发展是上合组织科技伙伴关系发展的重要途径。目前，成员国之间的双边和农业科技合作取得了一定的进展，建立起一些农业技术合作机制。中国农业科学院与塔吉克斯坦农科院首次签署合作协议，就共建棉花、果树和畜牧兽医合作平台，举办学术研讨会以及人才培养等合作达成共识。中国农科院与哈萨克斯坦的赛福林农大建立了动物疫病防控联合实验室，并就联合实验室未来发展、农业大数据中心建设和人才培养等进行讨论，达成了广泛共识。山东省科学院向乌兹别克斯坦塔什干化学技术学院输出果蔬冷冻干燥技术，促进乌兹别克斯坦提升农产品加工水平。山东省科学院与哈萨克斯坦国立技术大学共建智能农机联合实验室，推动研发适合当地农业生产的新装备和新技术。

必须承认，当今世界已进入信息化、数字化时代，数字经济飞速发展，上合组织的科技合作水平和规模还很有限，主要聚焦能源、电力、医药和农业等传统产业，在以互联网、新能源和人工智能为代表的新技术浪潮中有所缺位，上海合作组织的科技合作还须在合作方式和合作机制方面进行创新。

六　小结

上合组织的人文合作已经步入第 18 个年头，见证了冷战后国际关系的巨大变化。人文合作是政治、经济和安全合作的社会基础，随着印度和巴基斯坦的加入，上合组织大家庭的人文交流任务更加重大，促进成员国关系的稳定和发展除了依靠各国政治家和国际社会的共同努力外，民心相同更是根本的基础。目前，上合组织成员国覆盖了欧亚大陆 60% 以上的面积和 40% 的世界人口。在这样一个辽阔空间里生活着 200 个以上的民族和族群，使用的语言超过 100 多种，信奉着 10 种以上的宗教。因此，需要继续发扬“尊重多样文明、谋求共同发展”的“上海精神”，共同营造“相互理解、相互尊重、相互欣赏的人文氛围与文化环境”。

Y.18

上海合作组织框架下的青年交流与合作

赵 臻*

摘　要： 青年交流与合作不仅仅是上合组织人文合作的一项内容，也渗透其他合作领域的方方面面。对于上合组织而言，加强青年交流与合作是实现“民心相通”的重要支撑，是获得国际化、高水平人才的重要途径，还有着防止“三股势力”蔓延、促进地区稳定的特殊意义。时至今日，上合组织框架内青年交流与合作取得了不小的成绩，这首先得益于各国政府对青年工作的重视以及高瞻远瞩的顶层设计。未来，上合组织青年工作还应制订深入、广泛、持久的交流计划，进一步拓展交流的内涵与形式，鼓励民间组织积极参与，注重发挥数字网络等现代科技手段在青年交流中的作用，并尽快将印度、巴基斯坦纳入现有合作机制中来。

关键词： 上海合作组织　青年交流与合作

一　上合组织重视青年议题

青年交流与合作不仅仅是上合组织人文合作的一项内容，也渗透其他合作领域的方方面面。对于上合组织而言，加强青年交流与合作是实现“民

* 赵臻，中国国际问题研究院欧亚所副研究员。

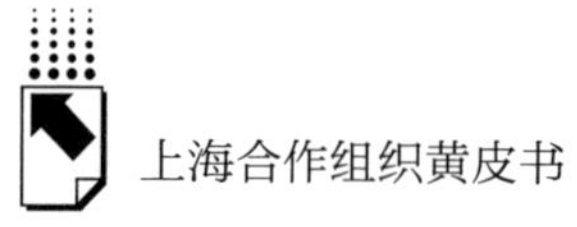

心相通”的重要支撑，是获得国际化、高水平人才的重要途径，还有着防止“三股势力”蔓延、促进地区稳定的特殊意义。

（一）青年交流与合作是上合组织“民心相通”的重要支撑

成立近18年来，上合组织逐渐发展成为世界上人口最多、地域最广、潜力巨大的综合性区域组织，形成了安全、经济、人文三大重点合作领域。这三大领域的合作都离不开“民心相通”的保障。青年这一群体是各国未来发展重任的担当者，也是人文交流的先行者。青年人之间的交流与互动有助于消除对彼此国家及国民的偏见和误解，加深对彼此历史文化的理解与尊重，形成对彼此政治、经济、社会发展的客观看法，达成求同存异、友好和平的广泛共识。各国青年间友谊的建立和持续发展不仅对参与者个人是宝贵的资源，对于国家间关系也是如此，青年人对彼此的态度和认知会影响国家关系的走向。因此，“国之交”的希望在于青年，“民相亲”就要从青年做起。

（二）青年交流与合作有助于为上合组织输送国际化、高水平的专业人才

上合组织各成员国间的贸易往来、安全合作、文化交流、信息传播等都须依赖国际化、高水平的专业人才。由于各成员国间存在文化背景和观念等差异，上合组织需要更多懂得成员国语言、了解成员国国情和文化、掌握国际合作规则规范的优秀人才直接或间接为上合组织本身的机制运转，为上合组织国家间的政治、经济、安全、文化合作服务。封闭和区隔无法满足培养国际化复合型人才的需要。

（三）对于上合组织而言，青年交流与合作还有着防范“三股势力”蔓延、促进地区稳定的特殊意义

上合组织所在地区是欧亚文明的交汇融合之地。不同民族和文化之间缺乏沟通和了解有可能使民族矛盾升级为仇恨和战争。恐怖主义、分裂主义和

极端主义是上合组织各成员国当前面临的主要威胁，青年人尤其容易受到极端思想的蛊惑，为“三股势力”所利用。中亚国家属于年轻国家，青年在人口中的比例较高。各国均把青年工作放在重要位置，特别是预防青年人思想极端化问题。因此，加强各成员国之间青年交流与合作不仅有助于不同国家、民族之间消除隔阂，减少误解，还有助于青年人客观、全面地认识外部世界，增强对激进思想的免疫力，汇聚正能量，从而促进地区稳定，防范“三股势力”蔓延。

2018 年 6 月 10 日，在中国青岛，上合组织成员国元首理事会第十八次会议专门通过了《上海合作组织成员国元首致青年共同寄语》及其实施纲要，分析了当前国际及地区局势的严峻性和复杂性，号召青年远离各种恐怖主义、分裂主义和极端主义组织活动。要达成上述目标，不仅要依靠各国相关主管部门的努力，还必须推动各国青年之间的走动和交流。在这次青岛峰会上，各国元首首次针对青年问题专门提出倡议和意见，体现了上合组织各国领导人对于青年发展以及青年参与上合组织事业的期待。

二　上合组织青年交流与合作的现状

上合组织一贯秉持重视青年的理念，其发展战略和规划为青年人提供了成长的舞台和交流的空间。上合组织国家间的青年交流也随着组织的成长而日益活跃。

广义的青年交流涵盖面较广，包括上合组织国家政府和外事部门的青年人、青年企业家、学者、媒体人、运动员、医生、文艺工作者、科技工作者以及上合大学里莘莘学子之间的交流。从更广意义上来说，上合组织各国青年基于地缘、族缘、血缘、学缘、业缘、文化、宗教等开展的民间交流活动都属于青年交流的范畴。从狭义来说，上合组织青年交流与合作仅指组织人文合作框架内专门设置了议题的、有明确指向的青年交流。它包括：一是为落实上合组织领导人会议的安排和指示，政府青年、教育、体育等部门和各级地方政府开展的交流互动；二是政党青年组织和民间青年机构开展的民间交流活动。从领域上看，又可分为教育、文化、体育等领域的交流与合作。

（一）上海合作组织青年委员会——开展青年工作的重要机制平台

上合组织开展青年工作的一个重要平台就是上合组织青年委员会（以下简称青委会）。青委会成立于2009年5月，是上合组织创始成员国中国、哈萨克斯坦、吉尔吉斯斯坦、俄罗斯和塔吉克斯坦的国家级青年组织共同发起设立的成员国间非政府青年交流协调机制。青委会的创始成员包括：哈萨克斯坦青年大会、哈萨克斯坦“祖国之光”人民民主党“祖国青年”青年团、中华全国青年联合会、吉尔吉斯斯坦青年公会、全俄社会组织“俄罗斯青年联盟”、俄罗斯青年公众院、塔吉克斯坦青年联盟。① 2018年1月，青委会通过《关于新成员申请资格和程序的规定》，为扩员奠定了制度基础。在同年7月召开的特别会议上，青委会实现扩员，乌兹别克斯坦青年联盟成为青委会正式成员。

青委会的主要宗旨是：在各领域发展上合组织国家间的青年合作。合作领域包括：（1）青年领袖合作，就国家间合作问题、上合组织议程中的相关问题以及青年人关心的迫切问题等向上合组织理事机构提出建议；（2）文化交流，举办旨在熟悉各国文化与传统的艺术节、展览、创作比赛、文学阅读、艺术讲座，组织青年交流营等多边青年交流项目；（3）体育合作，举行巡回赛和友谊赛、国青队比赛、体育营；（4）教育合作，组织相关国际会议，交换学生。

作为上合组织活动的重要组成部分，青委会的工作不仅有助于加深上合组织国家青年群体间的文化、教育等联系，也为组织的发展壮大注入了新的动力。各国依托青委会这一平台开展了内容丰富、形式多样的青年文化交流活动。

---

① 摘自上合组织青委会网站，http：//yc - sco. org/? lng = ru&module = pages&action = view&id = 65。

（二）上合组织青年论坛与青年领袖论坛——为地区发展与合作献言献策

上合组织青年论坛与青年领袖论坛的主要宗旨是弘扬“上海精神”，拓展上合组织国家间的文化与教育联系，探讨如何为地区发展贡献青春力量。

2015 年 7 月 26～29 日，在俄罗斯城市乌法举办首届金砖国家及上合组织青年论坛。其主要任务是吸引青年人参与国家迫切问题的讨论和解决，扩大金砖国家和上合组织空间内的青年合作。议题包括科技、文化、教育、创新管理等领域的合作。青年代表就促进金砖国家及上合组织国家间建立战略伙伴关系制定日程和方案。

2016 年 9 月 19～23 日，来自上合组织国家的 150 余名青年企业家、社会活动家、学者和记者齐聚俄罗斯城市鄂木斯克，参加首届上合组织青年领袖论坛，[①] 制定落实民间外交、科学、经济和医学等领域联合项目的路线图。论坛期间还启动了上合组织大学生能源企业孵化器、上合组织国际青年通讯社等项目。

2018 年 7 月 19 日，以“扬起青春之帆，助力上合发展”为主题的“筑梦丝路”上合组织青年论坛在青岛举行。[②] 出席第三届上合组织青年交流营的 200 余名营员代表参加了此次论坛。作为对青岛峰会上元首们发表的致青年寄语的热情回应，来自上合组织成员国、观察员国的 12 名青年代表宣读了《上海合作组织青年委员会青年宣言》。各国青年在宣言中表示：“积极响应上合组织成员国国家元首的呼吁，庄严承诺将进一步加强国际合作、制止青年加入包括信息空间在内的恐怖主义、极端主义、分裂主义组织，防止破坏性思想在各国青年中传播蔓延。”决定：“保护和传承上合组织成员国各自普遍接受的民族价值观念，在青年中进一步传播‘上海精神’。”并承

---

① 《鄂木斯克上合组织青年领袖论坛：全面合作》，俄罗斯卫星网，http：//sputniknews.cn/russia/201609221020807557/。

② 《上合组织青年交流营举办“筑梦丝路”青年论坛——“扬起青春之帆，助力上合发展”》，《人民日报》2018 年 7 月 20 日。

诺："将积极围绕上合组织成员国国家元首对青年共同寄语中提出的各项重要任务开展行动。"与会代表还围绕"上合组织地区民心相通新机遇"和"上合组织地区青年发展新举措"议题，结合本国青年发展规划及工作实践，就青年创新创业、地区安全、生态环保等问题，共同探讨如何才能为地区发展贡献青春力量。

2018 年 9 月 19 ~ 23 日，第二届上合组织青年领袖论坛在俄罗斯城市哈巴罗夫斯克举行。来自上合组织国家的 120 余名青年代表参加了此次活动。会上讨论了青年公共外交的发展、教育机构间合作、上合组织区域市场的公司及项目推广等议题。①

（三）上合组织青年交流营——深度互动、结成友谊的品牌项目

通过近距离接触和深度互动，各国青年拉近了彼此距离，结成了深厚的友谊。在 2015 年 7 月的上合组织乌法峰会上，中国国家主席习近平宣布：为加强青年交往，中方将在上合组织国家青年领导人访华研修计划的基础上，自 2016 年起连续 5 年在华举办上合组织青年交流营。

为落实习主席倡议，打造青年交流品牌项目，2016 年 8 月 22 ~ 29 日，由中华全国青年联合会主办、主题为"上合组织，合作新未来"的首届上合组织青年交流营活动在中国新疆、内蒙古和北京举办。② 来自上合组织国家政府机构、高校、学术研究机构、企业、青年组织和媒体的 131 名青年代表参加青年交流营活动。通过参观考察、拓展训练、座谈交流、联欢等活动，加深了相互了解和友谊。

2017 年 8 月 22 ~ 28 日，主题为"弘扬上海精神、构建青年伙伴关系"的第二届"上海合作组织青年交流营"在上海和北京举办。来自上合组织国家的约 200 名青年代表出席。代表们参加了上合组织青年企业家圆桌会

① Форум молодых лидеров стран ШОС открывается в Хабаровске，上合组织信息网，http：//www. infoshos. ru/ru/？ idn = 19340。

② 《首届"上海合作组织青年交流营"成功举办》，中国社会科学网，http：//ex. cssn. cn/skyskl/skyskl_ yw/201609/t20160929_ 3220658_ 2. shtml。

议、上合组织青年文化论坛、上合组织青年故事会等活动，听取了相关专家学者的专题讲座，开展了座谈、联欢等活动。①

2018 年 7 月 16 ~24 日，主题为“新上合、新伙伴”的第三届上海合作组织青年交流营在青岛和北京举办。来自上合组织国家的 200 多名青年参加了“筑梦丝路”上合组织青年论坛、上合组织青年故事会、中国文化体验等活动板块。

（四）上合组织“大学生之春”国际艺术节——构筑文化之桥

“大学生之春”艺术节旨在支持上合组织国家青年人展示并发展艺术才能，促进青年间的沟通和交流，构筑起文化之桥，拉近彼此距离。

2014 年 7 月 2 ~7 日，首届上合组织“大学生之春”国际艺术节在俄罗斯城市赤塔举行，来自上合组织的 3500 多名年轻人参加。此次艺术节涵盖了艺术表演、体育比赛、青年政策研讨、青年记者媒体论坛等内容。

2017 年 6 月 24 ~28 日，第二届上合组织与金砖国家“大学生之春”国际艺术节在俄罗斯城市乌法举行，共有来自 17 个国家的千余名大学生参加。

（五）上合组织大学——人才培养的摇篮

在 2007 年的上合组织比什凯克峰会上，俄罗斯总统普京提出成立上合组织大学的倡议，即组建一个由成员国高校组成的大学网，促进成员国之间学生和人员流动。俄方的提议得到各成员国的一致赞同。

早在 2006 年 6 月，上合组织成员国元首就在上海签署了《上海合作组织成员国政府间教育合作协定》。2008 年 10 月，各国教育主管部门在阿斯塔纳签署了《上海合作组织成员国教育部关于为成立上海合作组织大学采取进一步一致行动的意向书》。2010 年 4 月，相关高校在莫斯科签署了《哈萨克斯坦共和国、中华人民共和国、吉尔吉斯共和国、俄罗斯联邦和塔吉克

① 《第二届“上海合作组织青年交流营”闭营式在京举办》，《中国青年报》2017 年 8 月 29 日。

斯坦共和国高等学校关于成立上海合作组织大学的合作备忘录》。

上合组织大学的主要目标和任务是：加强成员国间的互信和睦邻友好关系；推动教育、科研和技术领域里的一体化进程；为拓展教育、科研、文化合作增添新的动力；为青年人接受高质量的现代化高等教育、为教师和科研人员开展学术交流提供更多的机会；为上合组织在具体合作领域开展的项目提供智力支持等。

目前，上合组织大学涵盖五个成员国、82 所院校，共有 7 个联合培养方向：区域学、生态学、能源学、IT 技术、纳米技术、经济学和教育学。自 2010 年以来，上合组织大学先后启动了硕士研究生和本科生的招生工作。从 2015 年起，上合组织大学开始实施项目院校博士层面人才培养计划，并启动青年教师培训项目。上合组织大学框架内接受教育的学生在结束学业并通过相关考试后，除获得所在院校文凭外，还可获得上合组织大学颁发的学历证书。

中国政府为参与项目交流的学生提供了中国政府奖学金，包括来华合作院校学习的外国学生以及派出到合作院校学习的中国学生。2015 年 12 月，李克强总理在上合组织郑州总理会上宣布，中方决定从 2016 ~ 2017 学年起，在未来 5 年共向成员国提供 2 万个中国政府奖学金名额。

上合组织国家高校间的交流与合作，对于促进各成员国学生间的文化交流与磨合非常重要。在上合组织区域内建立网络式的统一教育空间，也有助于成员国著名高校间优势互补，培养懂得对象国语言，了解对象国文化，能够服务于上合组织成员国间多领域、全方位合作的高层次国际性专业人才。

（六）上合组织国家青年联合会——共创上合青年命运共同体

2017 年 4 月，一群来自上合组织国家、现在中国工作或学习的年轻人自发在北京成立了上合组织国家青年联合会。这是一个独立、非商业、秉持“上海精神”的开放平台，为上合组织成员国青年人提供思想共享、对话交流的机会。其宗旨是通过与各高校院系及各领域专家建立联系和与上合组织秘书处及其他国际组织协作，为上合组织国家青年实现自身目标、加强相互联系、共创命运共同体提供支持与帮助。

目前，上合组织国家青年联合会的参与者已超200人，包括来自上合组织国家的大学生、研究生、公司中高层管理人员、媒体代表等。虽然成立时间不长，但上合组织国家青年联合会非常活跃。不定期组织学习旅行、培训课程，以及与各领域专家、企业家、政治家和外交家的交流座谈等活动。2018年6月2日，青年联合会在上合组织秘书处举办了“模拟上合”活动，来自八个成员国和四个观察员国的大学生模拟召开成员国元首理事会，并发表联合宣言。上合组织秘书处为他们颁发纪念证书，以表彰青年代表对“上海精神”的不懈追求。同年11月9～11日，上合组织国家青年联合会作为协办方参与了由上合组织秘书处主办、主题为“上合组织青年反对恐怖主义和极端主义”的上合组织首届青年代表大会。

三　几点思考

上合组织框架内的青年交流与合作取得了不小的成绩，这首先得益于上合组织各国政府对青年工作的重视以及高瞻远瞩的顶层设计。各种交流合作机制平台搭建起来，高规格、宽领域、深层面的青年交流活动顺利展开。

未来，上合组织青年工作还可在以下方面进一步加强。

（一）制定深入、广泛、持久的青年交流与合作计划

青年交流与合作不像政治、经济、安全合作那样立竿见影，其成效显现需要一个漫长的过程，但其重要性并不亚于政治、经济和安全合作。青年交流与合作不仅作用于当下，更是在为未来奠基，为国家间关系的长远发展储备力量。因此，青年工作需要持之以恒地做下去，应着眼长远，制订深入、广泛、持久的青年交流与合作计划。

（二）进一步拓展青年交流的内涵与形式

从目前看，上合组织青年交流多是落实上海合作组织成员国领导人或部

长级会议的计划内安排，主要以会议、演出、文化节、体育运动会等方式进行，内容形式较为单一。未来可进一步拓展青年交流的内涵与形式，探索更加全方位、多样化的青年交流与合作。例如，根据中国和中亚地区的地缘特点，可在生态环境保护、文化遗产保护、体育赛事服务等领域联合开展志愿服务活动。努力探索深化交流后续工作，使交流成果在更多的青年人中传播和分享。

（三）除官方主渠道外，应鼓励民间组织在青年交流中发挥重要作用

青年交流由政府主导的好处自不必多言，但也导致青年交流在一定程度上走高层路线，这就意味着能够参与政府计划内交流的青年多为政治、经济、文艺、体育领域内的精英。而对更加简单、便捷、迅速、有效的民间性青年交流，其作用发挥尚不够明显。因此，除官方主渠道外，应鼓励民间组织在青年交流中发挥重要作用。对于现有民间青年交流项目也有待进一步引导和整合。

（四）重视并创造条件发挥数字网络等现代科技手段在青年交流中的作用

如今，电脑、智能手机在上合地区青年人中已十分流行。互联网尤其是社交媒体成为年轻人获取信息、相互交流的重要渠道。上合组织应重视并创造条件发挥数字网络等现代科技手段在青年交流中的作用，突破传统的面对面交流在受众人数、迅捷程度和时空等方面的限制，建立上合组织青年信息空间和社交网络，传递并汇聚正能量，破除误解和偏见。

（五）尽快将印度、巴基斯坦纳入现有的青年交流与合作机制

印度、巴基斯坦作为上合组织大家庭的新成员，须尽快熟悉并适应上合组织的各项规则、机制，参与并融入上合组织框架内的多边合作。为此，青年交流与合作是一个不错的切入口。

Y.19
一种对话语霸权的修正：上合组织成员国间的媒体合作

文龙杰　王德禄*

摘　要： 在当今世界中，话语已成为保障和实现国家利益的重要资源。不同话语所编织出的不同意义系统，具有不同的权力指涉。在西方话语霸权的控制下，诸多非西方国家的话语权受到了损害。大众传媒在话语的生产与传播中发挥着重大作用。近年来，上海合作组织各成员国媒体间的交流与合作日趋活跃，其标志性事件是2018年6月上海合作组织首届媒体峰会的召开。上合组织成员国媒体间的合作是对西方话语霸权体系的一种修正，将被西方话语所歪曲和遮蔽的事实还以本来面目。本文尝试从“话语”这一概念切入，对上海合作组织框架内的媒体交流与合作进行梳理分析。

关键词： 话语　上合组织　霸权　权力

近年来，上海合作组织框架内的媒体交流与合作日趋活跃。2018年6月上海合作组织首届媒体峰会的召开无疑是一次值得关注的标志性事件，这既是对此前各成员国媒体之间交流与合作的一次总结，也为未来合作搭建了框架。若从全球层面来看，上海合作组织各成员国媒体之间的交流与合作是

* 文龙杰，主任记者，中国新闻社驻哈萨克斯坦首席记者；王德禄，主任记者，中国国际广播电台驻哈萨克斯坦首席记者。

一项具有巨大意义的话语实践。本文尝试从“话语”这一概念切入对此进行梳理分析。

一 话语概念

“话语”一词现已是人文社会科学研究的习见概念。这一概念使人们的注意力从思想转向表达思想的媒质——言说、意象、文本。语言学家早在20世纪50年代就在谈论“话语分析”，但在福柯之前，“话语分析”还只是一项语言学的学科专项技能。福柯于20世纪60年代末在其《知识考古学》一书中引入和阐发了“话语”这一概念，将这一语言学概念抽象化，用以对“知识”“真理”进行批判。其实，与其说福柯关注“话语”，不如说他引导着人们去更加关注“话语”背后的权力。在福柯看来，权力利用话语来“建构”其所关涉的话题。话语并非对现实的客观描述，而是在为背后的权力进行言说。因此，关于同一客观存在，不同的话语体系能建构出不同的“真理体制”。接受了某种“真理体制”，也就接受了这种话语体系所建构出的权力安排。① 而话语权无疑就是掌握和使用话语的权力和能力。在国际关系领域，关于话语权的明争暗斗早已成为保障和追求国家利益的重要行为实践。

随着冷战的结束，世界权力格局开始从两极朝着多极发展，但国际话语权的“中心－边缘”格局并未发生变化。一方面，西方针对冷战结束建构出一套“历史的终结”的话语体系，即历史是以民主和自由的胜利为终结的，西方通过这一话语体系更加巩固了其在国际话语权领域的中心/霸权地位；另一方面，话语作为一种独特的权力行为实践，并不与国家的政治、军事和经济实力存在必然的相关性。② 一国经济的快速发展并不必然会提升其

① 〔英〕彼得·伯克：《历史学与社会理论》，姚朋、周玉鹏、胡秋红、吴修申译，刘北城修订，上海世纪出版集团，2010，第106页。

② 甚至有学者批评存在着一种“迷信”，即认为国家话语权份额与国家实力相对应。如果不破除这种迷信，不把注意力转到话语本身（质量）上来，是不可能提升话语权的。参见张志州《语言质量：提升国际话语权的关键》，《红旗文稿》2010年第14期。

在国际话语权领域的地位。以进入2000年以后的俄罗斯为例。在那段时间，随着国际油气价格的上升，俄经济快速发展，引起世界瞩目。但其国际话语权和话语环境未见明显提升和改善。中国同样身处这样的困境。尽管近年来国力提升，但如张新平、庄宏韬（2017）研究指出，中国现仍面临着来自西方话语的打压、歪曲、不信任、制约及自身话语乏力等挑战①。

与此同时，如张新平、庄宏韬（2017）研究所指出的那样，国际话语权不只是一种权力，还是一种权利。张新平、庄宏韬的研究认为，“权力”属性要比“权利”属性更重要，因为国际话语权的关键在于对他人产生影响和作用，前者是本质，后者是前提。② 本文认为，权力是对他人产生影响和作用，是一种结果或者说状态，是主体间性的，而权利是主体实施一定行为以实现某种利益的资格，是主体性的。对于后者，梁凯音（2009）认为“是对知情权、表达权和参与权的综合运用”，如在国际政治中，对某一行为或时间进行定义、评审、批评和裁决。③

二　上合组织成员国媒体合作

一个国家没有国际话语权或话语权较弱，就无法向世界说明、解释和传播自己的立场与政策，也就是没有自己的声音，即世界“听不见”。但国际话语权并不仅是一种声音，如前所述，话语还是一种真理/知识体系。在国际话语权缺失的情况下，世界可能“听见了”，但因为不同话语体系之间的不可通约乃至相互抵牾而“听不懂”。甚至，还可能存在即便“听得见”“听得懂”，但思维长期受西方话语体系的形塑和陶冶，对于来自非西方的话语产生抵触、反感、犹疑，因而固执地“不相信”。④ 上合组织自成立以

① 张新平、庄宏韬：《中国国际话语权：历程、挑战及提升策略》，《南开学报》（哲学社会科学版）2017年第6期，第1页。

② 张新平、庄宏韬：前引文，第2页。

③ 梁凯音：《中国拓展国际话语权的思考》，《中共中央党校学报》2009年6月，第13卷第3期。

④ 张新平、庄宏韬：前引文，第6~7页。

来，在互信、互利、平等、协商、尊重多样文明、谋求共同发展的“上海精神”指导下，各成员国在安全、经济和人文交流等领域取得丰硕成果，却仍面临着“好花开在深山人不知”的困境，不仅在西方国家，甚至在上海合作组织成员国范围内也普遍存在着对上合组织下的合作成果“不知”“不懂”“不信”的情况。概言之，上海合作组织各成员国在国际话语权领域均处于边缘地位。

从话语权的两重属性来看，可以得出结论：上合组织成员国的媒体合作具有双重意义。一方面，从国际话语权的权力属性来讲，上合组织成员国通过加强媒体合作提升自身国际话语权的努力，是对当前不对称、不公平的国际话语权格局的一种因应。当前的国际话语体系不能客观地反映上合组织所取得的成绩及给各成员国民众带来的福祉。另一方面，从国际话语权的权利属性来讲，上合组织有权利对当前的话语体系进行修正，乃至构建自己的话语体系，将被遮蔽的真相呈现出来，让上合组织各成员国的民众和世界了解上合组织所秉承的“上海精神”，了解该组织自成立以来在安全、经济和人文等诸多领域取得的巨大成绩。从更广泛的意义上来讲，给予一直受西方话语体系影响的受众一个新的认知平台和认知窗口，启发人们去发现另外一种可能。

在具体实践方面，上合组织框架内的媒体交流与合作近年来日趋活跃，主要表现为：中国媒体与上合组织其他成员国媒体签署各类合作协议，促进媒体资源交流；联合组织具有广泛社会影响力的媒体活动，通过相关活动带动受众之间的互动，进而促进各国人民间的了解和信任。其中，以中俄媒体合作、中哈媒体合作较具规模和深度。现以中国与俄罗斯、哈萨克斯坦的媒体合作与交流为例进行说明。

（一）中俄媒体合作

与上合组织其他成员国相比，中俄媒体合作开始最早、机制最多、领域最广、内容最丰富。从整体上看，双边媒体合作具有以下特点。

一是政治定位高，两国元首亲自关注媒体合作。中国与俄罗斯间的媒体合作是双边人文交流的重要组成部分，是促进中俄全面战略协作伙伴关系不断深化的重要因素。在历次中俄两国国家领导人互访期间，中国国家主席习近平与俄罗斯总统普京都会见证双方媒体签署相关合作协议，这充分体现了中俄高层重视双边媒体交流与合作。其中，最具代表性的是两国联合举办“中俄媒体交流年”。

2015 年 5 月，习近平主席和普京总统宣布，两国将于 2016 年和 2017 年共同举办“中俄媒体交流年”。这标志着媒体合作被从国家战略高度列入了双边关系日程。据俄方统计，“中俄媒体交流年”期间共举办了大约 300 项各类充分展现两国媒体职业水平的活动。俄方对此高度评价，俄总统办公厅第一副主任格罗莫夫在总结双边媒体合作成果时表示，“中俄媒体交流年”是两国最成功的人文领域合作项目。双边媒体合作迅速发展，已经成为两国全面战略协作伙伴关系的必要组成部分。①

二是构建媒体互动平台，实现中俄媒体交流与合作机制化。近年来，在中俄人文合作委员会以及中俄友好、和平与发展委员会等框架内，双边媒体合作有声有色，形式日益广泛和多样，主流媒体定期举行圆桌会议，就双边关系以及国际社会中具有紧迫性的议题进行交流和对话。

中俄媒体论坛是中俄媒体交流与合作的最主要平台，论坛的成功举办是双边媒体合作机制化的直接体现。自 2015 年开始，该论坛在中共中央宣传部、中国国务院新闻办公室和俄罗斯总统办公厅的统筹下已成功举办了四届。每届论坛主题和议题的设置都反映了双方媒体合作的持续深入。2015 年 6 月 25 日，第一届中俄媒体论坛在圣彼得堡举行，中俄主流媒体代表就中俄两国战略对接框架下的媒体合作，以及全媒体、新媒体合作②进行了全面交流并达成广泛共识；2016 年 3 月 25 日，以“‘一带一盟’对接与中俄媒体交流合作”为主题的第二届中俄媒体论坛在北京举行；2017 年 7 月 4

① 《“中俄媒体交流年”成果丰硕 促进中俄两国和人民友好交往》，国际在线，http://news.cri.cn/20180126/e3178297-e3fd-6baa-8a48-ff96c0b9a867.html。

② 首届论坛设置了“丝绸之路经济带建设与欧亚经济联盟建设对接合作中的媒体作用”“全媒体时代下如何做好国际传播”“中俄新媒体交流与合作”等议题。

日，第三届中俄媒体论坛以“中俄合作新未来与媒体使命”为主题，于习近平主席对俄罗斯进行国事访问期间在莫斯科举行；2018 年 11 月 4 日，以“新时代中俄媒体合作新方向”为主题的第四届中俄媒体论坛在上海举行。

三是实现传播品牌化，合作传播社会效益显著。虽然中俄两国媒体在对方国家落地还有待推进，但近年来双方媒体合作传播已取得了不错成果，一批具有社会影响力的媒体品牌脱颖而出，其中最具影响力的是“中俄头条”客户端。

作为两国在新媒体合作方面取得的最新成果，“中俄头条”客户端于 2017 年 7 月在莫斯科举行上线仪式。中俄双语移动客户端“中俄头条”由中国国际广播电台（现已合并为中央广播电视总台）和“今日俄罗斯”国际新闻通讯社共同打造和发布，集中了两国优势的主流媒体资源。截至 2019 年 1 月，该客户端的下载量已突破 550 万，半数以上下载量来自俄罗斯境内受众。

在传统媒体方面，中俄两国媒体深挖合作潜力，加强合作传播的引导力和影响力。2018 年 9 月 11 日，在俄罗斯第四届远东经济论坛期间，在两国元首见证下，中央广播电视总台同“今日俄罗斯”国际新闻通讯社签署了战略合作协议。另外，论坛期间，中央广播电视总台还同《俄罗斯报》就加强合作及扩大俄文杂志《中国风》发行数量和覆盖城市达成了一致。该杂志由中央广播电视总台与《俄罗斯报》合作发行，年发行量 36 万册，在俄罗斯莫斯科、圣彼得堡、符拉迪沃斯托克、叶卡捷琳堡等 16 座城市发行。俄罗斯外交部部长谢尔盖·拉夫罗夫曾建议本部门工作人员将《中国风》作为了解中国发展动态的重要期刊。

四是影响范围广，成功以媒体活动带动社会互动。自 2006 年中俄两国开始互办“主题年”以来，两国媒体紧紧围绕双边关系大局，策划实施了一系列媒体活动，其中包括“情动俄罗斯·中国人唱俄语歌大赛”“中俄友谊之旅”“‘丝路中俄’全媒体采访”“中俄百万青年网上交流”等。

从受众范围看，最具影响力的是《你好，中国》大型多媒体文化项目。该项目始自 2010 年，为契合中俄“主题年”活动，相继推出了《你好，中国》语言季、旅游季、青春季以及专题纪录片。据全俄电视广播总公司、RT 电视台等俄方合作伙伴提供的收视数据，《你好，中国》的收看次数突破 3 亿人次，传播力和影响力空前。

（二）中哈媒体合作

哈萨克斯坦是上海合作组织创始成员国之一，是“一带一路”的首倡之地。加强与哈萨克斯坦的媒体合作既能促进中哈两国人民的相互了解，更能向世界传播“一带一路”合作项目的典范效应。中哈两国媒体当前交流与合作呈现以下特点。

第一，从双边层面看，中哈媒体合作兼具紧迫性与重要性。虽然中哈两国是邻国，但客观而言，两国人民及受众的相互认知和了解仍存在巨大“赤字”，在某些问题上甚至存在严重隔阂。苏联时期，哈萨克斯坦曾是反华前哨。苏联当局向中亚各国民众灌输了大量关于中国的负面信息，受历史记忆的影响，相当一部分中亚民众仍对中国存在误解乃至错误认知。哈总统纳扎尔巴耶夫早在 2011 年接受中国媒体联合采访时就指出，这种负面影响直至今天仍在延续且拥有一定市场。

而自 2013 年中国提出“一带一路”倡议以及 2016 年中哈签署“丝绸之路经济带”倡议与“光明之路”新经济政策对接合作规划以来，双边合作水平大幅提升，合作范围大幅扩大，涉及人群也更为广泛，交流层次也更为深入，这对中哈媒体的合作提出了新的要求。

中哈媒体面临着新的历史使命，近年来展现了高涨的合作热情，实际合作成果在促进中哈民心相通方面发挥了重要作用。具体而言，人民日报社、新华社、中新社、中国国际广播电台、新疆电视台等中方媒体与哈萨克斯坦国家通讯社（即哈通社）、哈国家广播电视公司、《实业报》等哈方媒体签署了合作协议，加强在传统媒体和新媒体领域的合作。

第二，在传统媒体方面，两国媒体以资源置换、人员交流、合作传播等方式加大合作力度。2013 年 9 月 7 日，中国国际广播电台与哈通社、《哈萨克斯坦实业报》、国际文传电讯社哈萨克斯坦分社、BNEW 网站、“今日哈萨克斯坦”通讯社合作，对习近平主席在纳扎尔巴耶夫大学演讲进行了联合网络视频直播，效果十分显著。2015 年 9 月 22 日，人民日报社与哈通社签署了备忘录，将在新闻报道、资源共享、联合采访和人员交流等方面加强合作。[①] 2016 年 5 月 24 日，中国第一本以“一带一路”倡议为主题的外文双语（俄语和哈萨克语）期刊《丝路瞭望》首发式在哈萨克斯坦首都阿斯塔纳举行。该杂志凭借精良内容，获得了哈萨克斯坦政界、工商界和学界的普遍认可和赞誉，成为直接和真实地了解中国、了解“一带一路”倡议的重要窗口。2016 年、2017 年，人民画报社与哈通社签署协议，合作出版发行了《美丽中国 美丽哈萨克斯坦》画册，取得良好社会反响。2017 年 6 月 5 日，中哈媒体交流座谈会在阿斯塔纳举行。座谈会期间，两国主流媒体负责人就促进中哈各领域友好关系发展和进一步加强媒体交流合作等话题交换了意见。6 月 6 日，由中国国家新闻出版广电总局和哈萨克斯坦哈巴尔电视台联合举办的中哈“丝路剧场”开播仪式在阿斯塔纳举行。仪式上，中国新疆电视台与哈萨克斯坦哈巴尔电视台签署了《影视节目互换播出合作协议》[②]。当天，由中国国际广播电台与《哈萨克斯坦实业报》及《俄罗斯报》联合制作发行的《中国风・哈萨克斯坦特刊》首发式在阿斯塔纳举行。该刊全景展示了中哈友好关系发展和各领域合作的成果。[③] 2017 年 11 月 30 日，中国新闻社与哈通社签署谅解备忘录。双方计划通过策划和实施联合项目打造统一信息空间，推动在相关领域的客观和专业报道。在备忘录框架内，双方媒体将在平等、尊重、互利的基础上达成信息交流合作协议。

---

① 人民日报社当天与来自 23 个国家的 33 家国外主流媒体在京签署双边合作谅解备忘录。参见裴广江、张梦旭《人民日报社携手 33 家国际媒体签署合作谅解备忘录 建新闻产品互换机制》，《人民日报》2015 年 9 月 22 日，人民网，http：//politics. people. com. cn/n/2015/0923/c1001 – 27622390. html。

② 根据该协议，由新疆电视台译制的《丝路，重新开始的旅程》《大黄山》等哈语版纪录片将在哈巴尔电视台播出。参见《中哈“丝路剧场”开播仪式等文化交流活动成功举办》，新华社 2017 年 6 月 6 日电，新华网，http：//www. xinhuanet. com/world/2017 – 06/06/c_ 1121098160. htm。

③ 《中哈“丝路剧场”开播仪式等文化交流活动成功举办》，新华社 2017 年 6 月 6 日电，新华网，http：//www. xinhuanet. com/world/2017 – 06/06/c_ 1121098160. htm。

第三，在新媒体方面，中哈两国媒体都看重技术进步对媒体传播方式的影响，纷纷布局在客户端开发、视频交换等领域的合作。2017 年 6 月 29 日，新华社社长蔡名照与哈通社社长阿斯哈尔·奥玛若夫在北京签署了谅解备忘录，双方有望促进在媒体、视频和互联网及社交平台领域的合作关系。[①] 2018 年 6 月 1 日，中国国际广播电台与哈萨克斯坦《实业报》在上海合作组织首届媒体峰会期间签署了新媒体合作传播协议，双方将依托“中俄头条”双语客户端开展信息和节目互换、联合报道、共同策划和举办媒体活动。哈萨克斯坦《实业报》将在官网首页开设“中俄头条”专区，发布“中俄头条”客户端刊发的有关中国的俄文资讯。双方还将围绕“一带一路”建设、中哈领导人互访及重要国际性会议，联合制作新媒体产品，在各自网站及新媒体平台发布。

第四，从上合组织的多边层面看，中哈媒体合作带动和促进了中国与上合组织其他成员国间的媒体互动。近年来，哈萨克斯坦等国知名记者被邀请参加在中国国内举行的“丝路大 V 中国行”、博鳌亚洲论坛亚洲媒体高峰会议及“一带一路”媒体合作论坛等活动；中国国家新闻出版广电总局、外文出版发行事业局（即外文局）等连续组织中亚记者培训班，促进业务探讨与交流，加强哈、乌、吉、塔、土等中亚国家记者对中国的了解和认知。总体而言，中哈媒体交流与合作的快速发展以及对中哈合作项目卓有成效的报道，成功地向上合组织其他成员国受众展现了“一带一路”建设在哈萨克斯坦取得的积极成果以及典范效应。

三　举行首届媒体峰会，发出共同倡议

2018 年 6 月 1 日，来自上海合作组织成员国、观察员国、对话伙伴国等 16 个国家的逾 110 家媒体共聚北京，举行了上海合作组织首届媒体峰会。

---

① 《哈通社同新华社签署合作备忘录》，哈通社 2017 年 6 月 30 日电，http：//www. inform. kz/cn/article_ a3041032。

与会各方就共同加强上合组织框架内新闻媒体交流与合作充分交换了意见，形成广泛共识，联合发布了《上海合作组织首届媒体峰会关于加强媒体交流合作的倡议》。各方在该倡议中指出：要坚定弘扬“上海精神”；密切关注国际和地区安全形势新挑战；及时报道组织内的务实合作新进展；积极支持各成员国间的人文交流与合作；共同构建跨国传播网络；深入开展各国媒体专业领域合作。在这六个方面进一步深化上合组织框架内媒体合作。① 上述倡议内容可大体分为三个层面。

在思想层面，在“构建人类命运共同体”的宏观框架下对上合组织合作进行报道，坚定弘扬“上海精神”。当今世界面临全球气候变化、国际恐怖主义、难民潮、核危机等各种挑战，这些挑战已不能只靠一国甚至哪一个地区的力量来予以应对，需要全人类共同携手应对。但与此同时，也出现了一些逆全球化的现象，试图退回自我封闭的孤岛，将责任转嫁他人。在这样的背景下，互信、互利、平等、协商、尊重多样文明、谋求共同发展的“上海精神”更显珍贵。向后看的保护主义无法应对当前危机，追求排他性利益也不能长久，唯有站在人类整体的高度来审视世界发展，才能实现共同

① 上合组织各国新闻媒体共同倡议：

——坚定弘扬“上海精神”，积极传播上合信息，深入报道青岛峰会，展示上海合作组织国家新型国际关系的成功实践，呼吁国际社会进一步树立“人类命运共同体”观念，携手建设和平、安全、繁荣、开放、美丽的世界；

——密切关注国际和地区安全形势新挑战，聚焦上海合作组织维护地区和平稳定的努力，围绕各方为打击“三股势力”、毒品犯罪和网络犯罪等开展的执法安全合作进行联合采访报道，为加强地区安全营造良好舆论氛围；

——及时报道上海合作组织务实合作新进展，广泛传播上海合作组织在促进贸易投资便利化等方面的新举措，推动形成支持经济全球化、反对贸易保护主义的舆论共识，促进地区经济融合发展；

——积极支持上合组织人文交流与合作，发挥不同媒体的优势和特点，讲好各国民间友好交往故事，支持文明对话与交流互鉴，为上海合作组织未来发展厚植民意基础；

——共同构建跨国传播网络，加强国际新闻报道合作，努力排除意识形态等因素干扰，客观公正报道国际事务，推动建设更加公正、合理的国际传播秩序；

——深入开展各国媒体专业领域合作，加大新闻信息产品互换，深化媒体合作项目对接，举办新闻从业人员培训，加强新媒体技术交流，共同提升媒体报道能力和水平。

参见《上海合作组织首届媒体峰会关于加强媒体交流合作的倡议》，新华社北京 2018 年 6 月 1 日电，新华网，http：//www. xinhuanet. com/politics/2018 －06/02/c_ 1122926485. htm。

发展，走出危机，构建起人类的命运共同体。上海合作组织国家新型国际关系的成功实践便是对构建人类命运共同体的最好注脚，成员国媒体对本组织框架下合作成果进行报道便是对“人类命运共同体”这一国际话语的有力诠释。各成员国媒体以构建“人类命运共同体”的理论体系来看待和报道上合组织框架下的各类合作，将会对各国间的合作有更深刻更丰富的认识。

在议题层面，积极报道上合组织各成员国在安全、经济和人文等各领域的密切合作。（1）安全领域，上合组织成员国 17 年来携手共同应对安全威胁与挑战。在打击“三股势力”方面，成员国除定期举行联合反恐演习之外，还特别着力于“治病求本”，对涉恐融资、涉恐人员招募和培训、涉恐思想传播等加大联合打击力度。此外，还在打击非法毒品交易、打击跨国有组织犯罪等领域取得了显著成果。成员国在安全领域的合作为本地区人民安居乐业和社会稳定发展奠定了重要基础。（2）经济领域，上合组织已成为本地区繁荣发展的有力引擎。17 年来，各成员国在经贸、基础设施、交通运输、能源、投资及金融领域取得了众多成果，在保障居民就业、提高人民生活水平方面做出了重要贡献。成员国致力于推动贸易和投资自由化便利化，欢迎在中国“一带一路”倡议与俄罗斯“大欧亚伙伴关系”计划、哈萨克斯坦“光明之路”新经济政策的战略对接中进一步提升合作水平，深化合作内涵。上合组织框架内的多边合作，为各国经济发展注入了强劲动力，特别是在当前贸易保护主义抬头的国际背景下，各成员国对自由贸易和多边贸易体制的支持，成为消除贸易壁垒、构建开放型多边贸易体制的样板。（3）人文交流与合作领域，上合组织成员国之间的双边和多边交流与合作现已覆盖科教文卫、旅游、民族手工艺、环保、青年交流、媒体、体育等诸多领域。[①] 国之交在于民相亲。上合组织框架下举办的各类论坛、比赛、旅游年、文化年、艺术节、音乐节、戏剧节、留学生互换、联合科研、学术访问等活动，促进和加深了各国人民之间的相互了解，同时也让各国的

① 《上海合作组织成员国元首理事会青岛宣言》，新华社青岛 2018 年 6 月 10 日电，新华网，http：//www. xinhuanet. com/world/2018 -06/11/c_ 1122964988. htm。

文化传统走出国界，涌现出新的生命力，在“美人之美、美美与共”的多样性包容氛围中，进一步夯实了各国之间的合作基础，促进了民心相通。

在技术层面，各国应加强专业领域合作。各国主流媒体，包括通讯社、报纸、电视台、电台、网站等，应借鉴相关模式，总结已有经验，在上合组织框架下建立起长效的合作沟通机制，就产品、信息、人员和技术等进行交流合作。例如，可合作互换稿件、图片、影像、声音等新闻产品；可就相关采访信息和采访资源进行共享；各国新闻从业人员可定期进行互换交流、培训和研讨，可就某一议题进行联合采访，放大上合组织的声音。此外，各国还应注意加强在新媒体领域的合作。目前，传媒业已进入新媒体时代，以移动端为载体的新传播方式给各国民众的思维和生活方式带来了深刻的变革。传统媒体正逐渐受到自媒体和社交媒体的冲击，其权威性正在消解。各国在合作时必须重视这一新的变化。由于新媒体具有碎片化、去中心化的特点，在这方面的合作不像传统媒体合作那样方便，这要求各国媒体机构进行积极探索和大胆尝试，培养和储备相关方面人才。新媒体时代，信息的生产和交换都在加快，人们在享受信息盛宴的同时，也饱受鱼龙混杂、真假难辨之苦。从这个角度来说，各国在新媒体领域加强合作，讲好上合组织的真故事、好故事，也是各国媒体的职业责任。

结　语

在当今世界中，话语已成为保障和实现国家权力的重要资源。不同话语所编织出的不同意义系统，具有不同的权力指涉。话语的生成与流布，仰仗学术研究、文学叙事、大众传媒、艺术创作等话语实践。其中，大众传媒凭借在信息获得、剪裁、传播和遮蔽等方面的绝对优势，拥有强大的话语生产能力。在西方所标榜的软实力中，大众传媒的强大话语生产能力是其中的重要组成部分。西方能够建立起自己的话语霸权，媒体发挥着不可忽视的作用。但在西方话语霸权控制下，诸多非西方国家的话语权受到了损害。上海合作组织成员国媒体间的合作正是对这种话语霸权体系的一种修正，将被西方话语歪曲和遮蔽的事实还以本来面目。这一方面与上合组织国际地位不断提升有关，上合组织国际地位的提升要求其在国际舞台上必须有自己的上合之声；另一方面，随着上合组织框架下各领域合作的不断推进，各成员国媒体有责任在促进成员国间民心相通方面做出更多工作，这也是各国民众对媒体的要求。

上合组织成员国已在媒体交流与合作方面进行了探索和尝试，积累了宝贵的经验，取得了丰硕成果。各成员国媒体现又通过首届媒体峰会为未来合作在思想、议题和技术三个层面搭建起了框架。但与此同时，上合组织成员国在推进媒体合作时应进行扎实调研，充分厘清和了解各成员国的媒体生态，对其复杂性形成深刻认识，为下一步开展合作打下坚实的知识基础。有些媒体在当地并非主流媒体，与这样的媒体进行合作不但不会提升当地民众对上合组织的了解，反而会带来不必要的疑惑。此外，鉴于部分上合组织成员国仍在相关问题上存在争端，[①] 在推进各国媒体合作的具体实践中，一定要厘清各成员国间的关系，避开敏感的双边关系，避开敏感的议题。中亚国家之间还存在领土争端、水资源争端等问题，若对此不加以注意，上合组织成员国间的媒体合作不但无法推进，甚至会引火烧身。

① 例如，由于印巴两国之间长期积累起来的矛盾，双方媒体经常互相攻讦。2017 年 9 月 23 日，印度外长斯瓦拉吉在联合国大会一般性辩论上发言时称，印度在独立 70 年后成为世界 IT 大国时，巴基斯坦却成了出口恐怖主义的工厂。印度的《经济时报》《印度时报》，巴基斯坦的《印度斯坦时报》《论坛快报》《今日巴基斯坦》《黎明报》，及两国社交媒体马上展开互怼，印媒赞其讲话“强硬”“伟大”“难以置信”，巴基斯坦媒体批其“恶毒、愤怒和充满敌意”。一定要避免触碰此类无解的话题，避免将其拖进上合组织框架。易简、有马、陈欣：《印度外长演讲激起印巴互怼 在网络挑动对立情绪》，http：//mil.huanqiu. com/world/2017 - 09/11279494. html。

Y.20
上海合作组织文化与旅游合作

王明昌*

摘　要： 旅游合作作为兼具经济效益和文化交融作用的合作，长期以来一直是上海合作组织成员国间互动的重要内容。上合组织各成员国间高水平的政治互信以及经贸和人文合作诸多成果为上合组织框架内的旅游合作奠定了坚实基础。虽然目前上合组织成员国间的旅游交流总体还处于初级阶段，存在旅游资源开发不足、基础设施落后、签证困难、语言障碍、法律差异等问题，但综合来看，随着各成员国对该领域兴趣的不断上升，旅游合作有望成为上合组织框架内最具潜力的合作领域。

关键词： 旅游合作　人文交流　上海合作组织

旅游合作是兼具经济效益和文化交融作用的合作，长期以来一直是上海合作组织经贸和人文合作的重要内容。“上海精神”所倡导的“尊重多样文明、谋求共同发展”之理念为该领域合作奠定了坚实的基础。近年，各成员国对旅游领域合作的兴趣不断上升，特别是“一带一路”倡议提出后，旅游合作已成为上合组织框架内最具潜力的合作领域之一。

---

* 王明昌，中国现代国际关系研究院欧亚研究所助理研究员。

一　旅游合作历程

纵观上海合作组织的旅游合作发展，可以分为三个阶段。

第一阶段是2001 年至2009 年的萌芽阶段。在这一时期，旅游合作作为上合组织经贸和人文合作的组成部分在多个重要文件中被提及，但并未出台在该领域合作的具体举措和专门文件。在具体合作方面，该时期上合组织成员国间的旅游合作主要体现在中俄旅游合作方面。2002 年 6 月第二届上海合作组织元首峰会上通过的《上海合作组织宪章》第三条就提出，上合组织要“扩大在科技、教育、卫生、文化、体育及旅游领域的相互协作”，成为首份提到旅游合作的官方文件。

2003 年上合组织通过的经贸领域的首份文件——《上海合作组织成员国多边经贸合作纲要》中明确提出：“能源、交通运输、电信、农业、旅游、银行信贷领域、水利和环境保护领域，以及促进中小企业实体间的直接交流是合作的主要方向。”2006 年 6 月通过的《上海合作组织五周年宣言》首次提出将旅游领域的合作机制化，指出：“需要将文化艺术、教育、体育、旅游、传媒等领域双边和多边合作机制化。鉴于成员国拥有独特、丰富的文化遗产，本组织在促进文明对话、建立和谐世界方面，完全可以发挥促进和示范作用。”2007 年通过的《上海合作组织长期睦邻友好合作条约》中第十九条提出：“缔约各方促进彼此间在文化、艺术、教育、科学、技术、卫生、旅游、体育及其他社会和人文领域的交流与合作。”

第二个阶段是2009 年至2016 年的起步阶段。2009 年受国际金融危机扩散的影响，上合组织各成员国经济均遭受不同程度的压力，各方对多边经贸合作的需求明显上升。在此背景下，2009 年 6 月上合组织发表了《上海合作组织成员国关于加强多边经济合作、应对全球金融经济危机、保障经济持续发展的共同倡议》，文中特别提出要“通过充分发挥上合组织成员国经贸部长会议潜力、提高专业工作组工作效率等途径，共同致力于实现多边经贸合作进一步快速发展”。

2011 年 11 月，上合组织成员国政府首脑共同发表了《上海合作组织成员国政府首脑（总理）关于世界和上合组织地区经济形势的联合声明》，表示“全球经济金融危机给世界经济带来负面影响，使大部分国家的国内生产总值增速减缓，妨碍了民众社会福利水平的提高”。在此形势下，“大力发展和加强上合组织框架内的经济合作具有重要意义。上合组织面临着在扩大区域内及与国际市场的互联互通、发展民生工程，以及建立现代化国际物流、贸易和旅游中心，建设新型企业，使用创新和节能技术，发展可再生能源等领域实施大型合作项目的任务”。此后，旅游合作作为经贸合作的组成部分更加受到成员国的重视。2012 年和 2013 年，俄罗斯与中国互办了旅游年，俄成为第一个与中方举办旅游年的国家，双边旅游互访人数明显上升。2015 年 3 月，首届上海合作组织旅游部门领导人会议在莫斯科举行，会议签署了《上海合作组织成员国旅游部门领导人会议纪要》。

2015 年 7 月通过的《上海合作组织至 2025 年发展战略》中提出：“未来进一步增加旅游团组、提升旅游服务品质是旅游合作的主要任务，成员国将交流国家旅游政策和经验，扩大主管机关和行业组织之间的联系，举办旅游展会，开辟新的旅游线路，定期交换旅游市场、旅游资源信息。成员国将在旅游部门领导人会议框架内开展协作，制定该领域合作文件。”

第三阶段是 2016 年至今的加速发展时期。在各方旅游合作需求不断上升、中方提出“一带一路”合作倡议的背景下，特别是在中亚国家的积极推动下，2016 年 6 月，上合组织成员国签署了《上海合作组织成员国旅游合作发展纲要》（下称《纲要》），成为上海合作组织旅游合作领域签署的首份正式文件。《纲要》汇集了各方需求和意见，详细描绘了未来上合组织框架内旅游合作的主要方向和具体方式。

《纲要》提出：“各方将努力扩大和发展平等、互利的双边和多边旅游合作，在现行的文化、历史和经济联系的基础上形成共同旅游空间，加强旅游交流，增加上合组织成员国在该领域的收入，创造新的就业机会，提高居民的生活质量。各方将采取必要措施共同提升旅游服务质量，在保护旅游者合法权益和保障旅游安全方面开展合作。各方将促进旅游企业和相关行业的合作，吸引投资建立和完善上合组织成员国旅游基础设施。各方都指出上合组织有关成员国发展跨境和跨区域旅游合作具有的重要作用和美好前景。”

各方认为：“上合组织成员国旅游合作的主要形式包括以下内容：通过参加国际旅游展览会、洽谈会和国家旅游部门支持举办的其他活动联合推广旅游产品；促进旅游主管部门和业界之间的合作；为上合组织成员国公民旅游往来创造便利条件；交换旅游资源信息资料，使用专业旅游信息中心的电子和印刷媒体，在上合组织区域创造良好的旅游信息环境；举办旅游论坛、研讨会、圆桌会议，交流经验，形成组织旅游活动的共同观点，吸引投资建立和完善旅游基础设施；支持旅游企业关于开通和推动新的旅游线路的倡议；在旅游科研和技术领域开展工作；在保障旅游活动安全、完善旅游保险体系方面进行合作。”

《纲要》还宣布成立上合组织成员国旅游合作专家工作组，负责落实《纲要》的协调工作。工作组会议每年在上合组织秘书处或在某一成员国举行。专家工作组协商一致提出的旅游合作建议和意见将在上合组织成员国旅游部门领导人会议（部长级）上进行审议。旅游部门领导人会议每两年在某一成员国举行一次。2017 年 6 月，上合组织各成员国元首签署了《2017～2018 年落实〈上海合作组织成员国旅游合作发展纲要〉联合行动计划》。同年哈萨克斯坦举办了“中国旅游年”，借举办专项世博会之机有条件地对中国游客实行了免签证政策，标志着中哈旅游合作进入了新阶段。

2018 年 5 月，在中国武汉举行了首届上合组织旅游部门部长级别的会议。同年 6 月，在上合组织青岛峰会上，各成员国旅游部门代表签署了《2019～2020 年落实〈上海合作组织成员国旅游合作发展纲要〉联合行动计划》。联合行动计划涵盖五个方面，“涉及国家旅游部门合作、旅游产品合作、旅游服务质量合作、保护旅游者合法权益及保障旅游安全合作、科研和旅游技术合作等。成员国决定将推动实施更便利的签证措施，简化入境旅游通关手续，提升旅游便利化水平，拓展旅游合作平台，鼓励地方政府和旅游企业对话，推动成员国间人文交流，促进社会经济可持续增长”①。

二　旅游合作的特点

（一）各方政治互信水平高，开展合作的意愿强烈

上合组织是在新安全观和新发展观下建立的睦邻互信组织，其建立的基础是军事互信和共同安全，谋求的目标是世代友好、和谐共生。各方弘扬“互信、互利、平等、协商、尊重多样文明、谋求共同发展”的“上海精神”，签署了《上海合作组织成员国长期睦邻友好合作条约》，在涉及主权、安全、领土完整、发展道路等重大问题上相互支持。目前，中俄全面战略协作伙伴关系已进入新阶段，中俄关系处于历史最好时期，双方在国际和地区事务中保持密切战略协作；中国与中亚国家（除土库曼斯坦外）也确立了全面战略伙伴关系，在国际和地区事务中紧密协作，共同推动“一带一路”框架内的合作；中巴之间建立了具有准盟友性质的全天候战略合作伙伴关系，在地区热点问题、反恐合作以及“一带一路”建设等领域密切协作；中印作为发展中国家的“领头羊”，在国际金融危机、气候变化、能源和粮食安全等重大问题上立场一致，并主动管控边界分歧，致力于建立面向和平与繁荣的战略合作伙伴关系。上合组织各成员国间高水平的政治互信以及领导人间的频繁互访，为上合组织框架内的旅游合作奠定了坚实基础。各成员国间的多边旅游部门领导人会晤机制和双边层面的旅游合作委员会定期会晤机制对推动上合组织的旅游合作发挥了重要作用。

（二）旅游资源丰富，但合作水平仍较低

上海合作组织成员国境内旅游资源丰富，特别是2017年印巴正式加入

---

① 李国文：《旅游合作：上合组织的新时期担当》，http：//www.chinatoday.com.cn/zw2018/rdzt/2018shzz/news/201806/t20180609_800132187.html。

后，旅游合作已成为成员国经济发展的重要组成部分。目前，上合组织成员国共有联合国教科文组织名录中的世界遗产128处，占名录总数的12%[①]。而且各国的国际游客总量庞大，具有巨大的合作空间。2018年中国出境游旅客已达到1.4亿人次[②]；2018年俄罗斯出境旅游数达到4450万人次[③]；2018年印度出境游旅客达到2400万人次。[④] 从入境旅游市场看，目前中国年入境旅游人数已经达到1.4亿人次，印度的旅游市场每年入境约1000多万人次，俄罗斯400多万人次。

受综合因素影响，与欧美等发达国家相比，上合组织成员国间的旅游合作还处于初级阶段，存在“发育不平衡、旅游资源开发不充分、政热经温旅游冷等问题”[⑤]。据公开数据显示，2017年上合组织成员国到访中国的游客约360万人次，占外国人入境总人次的2.57%；中国到访上合组织成员国的游客不足210万人次，占中国出境总人次的比重为1.6%。[⑥] 而以印度旅游部公布的数据，2017年赴印度旅游的俄罗斯游客有38.57万人次，占入境游客的3.79%。[⑦] 可见，虽然上合组织成员国具有丰富的旅游资源和庞大的游客群，但受各方面因素的影响，域内旅游合作的紧密度仍较低。

（三）旅游合作不平衡，以双边旅游合作为主

观察上合组织成员国间旅游合作的数据可以发现存在较为明显的不平衡问题。

---

① 戚振宏主编《上海合作组织回眸与前瞻（2001～2018）》，世界知识出版社，2018，第213页。

② 《2018年中国出境游达1.4亿人次》，http：//finance. huanqiu. com/gjcx/2019－01/14016514. html？ agt＝1。

③ Статистика выезда российских граждан за рубеж в 2018 году，http：//www. pitert. ru/news/ctatistika－vyezda－rossiis.

④ 《2020年印度出境游人数将达到5000万人次》，http：//go. huanqiu. com/news/tour/2019－01/14089227. html？ agt＝1。

⑤ 《上合组织成员国将继续深化旅游合作》，https：//www. sohu. com/a/231284729_ 275039。

⑥ 《上合组织国家来华旅游人数达361.7万人次》，https：//www. takefoto. cn/viewnews－1490651. html。

⑦ Российский турпоток в Индию вырос на 69% в 2017 году，http：//www. atorus. ru/ru/press－centre/new/42004. html.

首先，中俄旅游合作一枝独秀，占据了上合组织旅游合作的绝大部分。中俄旅游合作不但起步早，而且合作水平高，成果丰硕。早在上合组织成立前中俄就开展了互相简化签证的工作，2012 年和 2013 年中俄又互办了旅游年。2015 年 3 月首次上海合作组织旅游部门负责人会议在莫斯科举行，当时中方派出的是全国红色旅游工作协调小组办公室常务副主任罗迪辉，[①] 其主要原因就是中俄旅游合作占据了上合组织旅游合作的绝大部分。近年，赴俄红色旅游、北极旅游等新的旅游产品和线路受到越来越多中国游客的欢迎。中俄双方迄今已举办了 3 届中俄红色旅游系列交流活动。[②]

中俄之间的跨境游客数量占上合组织成员国间旅游人数的一半以上。根据中俄双方的数据，2017 年俄罗斯公民访华 234.46 万人次，同比增长 18.7%。2017 年中国公民访俄人数 147.8 万人次，同比增长 14%。未来赴俄的中国游客每年能够达到 600 万人次。[③]与此同时，中俄两国旅游领域的交流机制日趋完善，政策保障不断优化。中俄双方通过多个多边合作机制、多个地方合作机制，密切合作，协商立场，并定期会晤。2017 年 9 月，双方签署了《关于在提升服务质量方面进一步扩大合作的谅解备忘录》。

其次，来华旅游人数高于中方到对方国家的游客量。据统计，2017 年中国前往俄罗斯、印度和哈萨克斯坦的游客数量分别为 170 万人次、20 万人次、20 万人次，对方来华旅游人次分别为 230 万人次、80 万人次、20 万人次。[④] 2018 年中国的出境游客高达 1.4 亿人次，但只有不到 30 万人次去往印度；2018 年印度出境游 2400 万人次，来华旅游 140 万人次。[⑤] 明显可

---

① 戚振宏主编《上海合作组织回眸与前瞻（2001～2018）》，世界知识出版社，2018，第 71 页。

② 《中国文化和旅游部：中俄旅游合作成效显著 互访人数稳定增长》，http://sputniknews.cn/russia_china_relations/201810301026696884/。

③ 《中俄旅游合作风景这边正好》，http://news.ifeng.com/a/20180618/58772436_0.shtml。

④ 李国文：《旅游合作：上合组织的新时期担当》，http://www.chinatoday.com.cn/zw2018/rdzt/2018shzz/news/201806/t20180609_800132187.html。

⑤ 《中国 1.3 亿人次出境游仅 25 万人次去印度》，https://baijiahao.baidu.com/s?id=1610109382112907201&wfr=spider&for=pc。

见，上海合作组织其他国家来华旅游人数高于中国到当地的旅游人数，在中国赴境外旅游人数逐年增加的背景下，中国与上合组织的旅游合作仍未得到有效开发。

三 旅游合作的前景

目前上合组织成员国间的旅游合作仍处于初级阶段，各国旅游市场发育不平衡、旅游资源开发不充分，存在签证耗时费力，在语言、法律和规则方面有许多差异，但综合来看，未来上合组织成员国间的旅游合作具有较大的发展潜力。

第一，成员国的境外旅游潜力巨大。未来，随着各成员国中产阶级的不断壮大，各国跨境旅游人数将再创新高。特别是中国和印度快速增长的中产阶级为上合组织框架内旅游合作的中长期发展奠定了基础。预计到 2020 年，中国出境旅游人数将超过 2 亿人次[①]，而印度的年出境游人数也将达到 5000 万人次[②]，届时上合组织成员国的出境旅游人数总量有望超过 3 亿人次，将带来巨大的经济效益。目前，在全球经济发展面临较大不确定性的背景下，上合组织各成员国对加大域内旅游合作的兴趣十分高涨。

近年，在各方政府相关部门的推动下，各成员国间旅游合作已经呈现明显高速增长态势。以印度旅游部公布的数据，2017 年赴印度旅游的俄罗斯游客同比增长了 69%；[③] 而据俄罗斯统计，2017 年赴俄旅游的印度游客数量同比增长 40%，2018 年同比增长 9.5%；[④] 2017 年上合组织成员国来中国

---

① 《2020 年中国出境旅游人数料逾 2 亿人次》，http://www.chinanews.com/cj/2016/05-24/7881115.shtml。

② 《2020 年印度出境游人数将达到 5000 万人次》，http://go.huanqiu.com/news/tour/2019-01/14089227.html?agt=1。

③ Российский турпоток в Индию вырос на 69% в 2017 году，http://www.atorus.ru/ru/press-centre/new/42004.html.

④ Статистика выезда российских граждан за рубеж в 2018 году，http://www.pitert.ru/news/ctatistika-vyezda-rossiis.

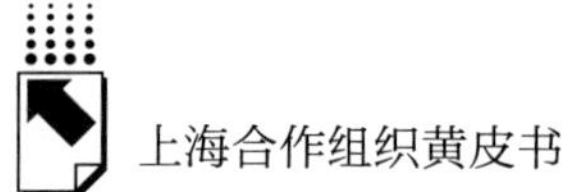

旅游的人数同比增长 11.75%①。因此，未来旅游合作有望成为上合组织经贸合作的重要领域之一。

第二，各国旅游基础设施和服务水平有望得到改善。上合组织成员国间旅游合作不如预期的主要原因之一就是各国均存在旅游资源的开发和宣传不足问题，并且在语言、交通、签证等方面存在诸多障碍。目前，上合组织成员国间基本没有实现免签政策，且存在明显的语言障碍。如印度全国只有不到 50 名执证的中文导游②，俄罗斯和中亚国家的英语普及率仍然很低。

为此，各成员国都在积极采取措施，改善国内的旅游环境。目前，中俄旅游合作分委会正在就完善中俄互免团队旅游签证机制，即就重新签署《中华人民共和国政府和俄罗斯联邦政府互免团队旅游签证的协议》进行磋商；在 2018 ~2019 年中俄地方合作交流年框架内就两国地方在联合宣传推广、促进边境旅游等方面加强合作；继续在多边和国际组织框架下协商立场，保持密切合作。此外，中方还将借鉴俄罗斯相关经验，借举办 2022 年冬季奥运会之机，与俄就开展冬季体育带动旅游方面开展合作。③ 俄罗斯 2014 年启动的旨在为在俄中国游客创造舒适环境的“友好中国”项目获得成功，目前俄罗斯已有 20 多个联邦主体加入。④

为推介印度旅游资源，印度旅游部在北京设立了旅游办事处。⑤ “一带一路”倡议提出后，中亚国家也加大了旅游领域的改革力度，围绕丝绸之路主题，深挖国内旅游资源，加大交通、互联网、酒店和旅游景点等旅游基础设施建设。

---

① 李国文：《旅游合作：上合组织的新时期担当》，http：//www. chinatoday. com. cn/zw2018/rdzt/2018shzz/news/201806/t20180609_ 800132187. html。

② 《印媒称印度计划采取措施吸引更多中国游客》，http：//world. huanqiu. com/exclusive/2018 - 08/12844614. html? agt = 1。

③ 《中国文化和旅游部：中俄旅游合作成效显著 互访人数稳定增长》，http：//sputniknews. cn/russia_ china_ relations/201810301026696884/。

④ 《俄 20 多个地区加入“友好中国” 项目》，http：//sputniknews. cn/society/201807261025969821/。

⑤ 《印媒称印度计划采取措施吸引更多中国游客》，http：//world. huanqiu. com/exclusive/2018 - 08/12844614. html? agt = 1。

乌兹别克斯坦对国内旅游业主管部门进行全方位改革，制定了《2019年至2025年乌兹别克斯坦旅游业发展规划》，对部分国家居民实行免签、简化签证和实现电子签证系统等，成立了首个旅游特区——恰尔瓦克旅游自由经济区，计划到2025年旅游业占国内生产总值的比重将从2017年的2.3%提升至5%，每年访乌外国游客数量增至900万人次。[①] 哈萨克斯坦也不断出台吸引外国游客的举措，提出效仿欧盟成立中亚地区的申根签证。目前，乌、哈已经签署了两国旅游签证互认协议，将于近期生效，未来吉尔吉斯斯坦、塔吉克斯坦等周边邻国有望继续加入。同时，乌、塔两国还在内务部专门成立了保护国际旅游人士的旅游警察，确保国际游客的人身安全。[②]

第三，旅游合作有望与其他领域的合作形成良性互动。目前，伴随国际形势的新变化，上海合作组织框架内的经贸和人文合作已经进入新时期，各项实质性措施的出台为上海合作组织的旅游合作奠定了基础。如上合组织贸易投资便利化合作已取得初步成果，成员国在海关通关、支付结算、检验检疫等方面签署了一系列协议，为成员国间的人员和资本往来提供了便利；人文合作的内容不断丰富，从文化、教育、救灾，拓展至卫生防疫、体育、媒体、环保、青年交流、考古和文物保护等，合作主体由官方向社会层面转变。[③] 人文领域合作的不断拓展和深入，促进了旅游合作的长远发展。《上海合作组织至2025年发展战略》提出："成员国将努力为发展科技、教育、文化、卫生、旅游合作，深化社会团体与民间交往创造条件。""成员国将在上海合作组织地区文化与自然遗产研究与保护方面开展合作，包括'丝绸之路'历史沿线，防止盗窃文化珍品及其非法进出境，建立古文化清单和数据库，在培训文物保护专家、艺术品复原、科技与艺术鉴定、博物馆规划、非物质文化遗产研究、民俗学、现代艺术与媒

① 《乌兹别克斯坦加快发展旅游业成效显现》，http：//field.10jqka.com.cn/20190201/c609575905.shtml。

② В Таджикистане ужесточили наказание за оправдание терроризма，http：//vestikavkaza.ru/material/238568.

③ 戚振宏主编《上海合作组织回眸与前瞻（2001～2018）》，世界知识出版社，2018，第69页。

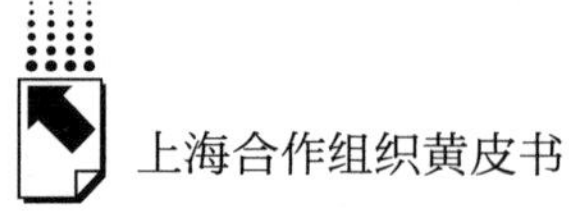

体文化、电影、戏剧，艺术经济学和艺术社会学以及文化政策研究方面开展合作。”[①] 同时，上海合作组织成员国间比邻而居，山水相依，历史源远流长，旅游合作的推进也必将带动成员国间民众的互相了解，增信释疑，促进民心相通和文明互鉴。

① 戚振宏主编《上海合作组织回眸与前瞻（2001～2018）》，世界知识出版社，2018，第73页。

海外舆情

Overseas Opinions

Y.21
俄罗斯学界及媒体对上海合作组织的最新评价

吕　萍*

摘　要： 本文综合分析俄罗斯国内关于上合组织的学术研究成果和相关文章，对俄罗斯学者重点关注的问题和相应观点进行整合分析。俄罗斯学者认为，青岛峰会是上合组织扩员一年后的首次峰会，之前人们所持有扩员能够推动上合组织更快更好发展的预期并未实现，因此对峰会的评价持谨慎乐观态度。但是学者们同时也认为，青岛峰会作为上合组织扩员后印度和巴基斯坦首次参加的峰会具有重要的历史意义。会议签署了十多个工作文件，为成员国之间的未来合作确定了方向。相对于安全合作上取得的成就，上合组织框架内的经济合作

* 吕萍，中国社会科学院俄罗斯东欧中亚研究所副研究员。

状况遭到俄罗斯学者的普遍批评。虽然近年来经济合作已被提上上合组织的发展日程，但实践中仍举步维艰，成员国之间的经济合作依然局限于双边级别，缺少全员参与的联合项目。对于上合组织的未来发展前景，悲观者认为上合组织扩员后发展受限，前景堪忧；乐观者则认为在国际政治经济秩序重建的新国际形势下，上合组织扩员后拥有了广大的合作空间，有利于俄罗斯推进地区政治和经济一体化进程和应对西方的经济制裁。2019 年 6 月以后，俄罗斯将担任上合组织轮值主席国，其将利用这一有利条件，着力推动实现普京提出的大欧亚伙伴关系战略构想的目标。

关键词： 上合组织　俄罗斯　青岛峰会　经济合作　发展前景

2017 年，印度和巴基斯坦正式成为上合组织成员国，一年来上合组织扩员后的发展态势是俄罗斯学者热衷讨论的话题，上合组织的未来发展前景以及新国际形势下其对俄罗斯的意义也是俄学者普遍关注的焦点。

一　青岛峰会历史意义重大

2018 年 6 月 9 日至 10 日，上合组织成员国元首理事会第十八次会议在青岛召开。此次峰会召开之时，上合组织峰会所面对的世界及其自身情况均与往年历届峰会有着巨大的不同。

首先，特朗普领导下的美国奉行“美国优先”的孤立主义外交政策，不仅对以俄罗斯和中国为代表的传统对手国实施经济制裁，也拒绝在经济、政治和军事上继续充当其西方盟友的庇护者，其盟友同样未能躲过特朗普的贸易战。在欧洲，由难民危机引发民粹主义和保守主义思潮抬头，传统社会价值观正被不断撕裂。特朗普领导下的美国打破了二战结束后形成的国际政治经济秩序，西方世界开始出现裂痕。2018 年，七国集团（G7）峰会（6 月 8 日至 9 日召开）与上合组织青岛峰会同时召开，美国与其他六国之间的矛盾和冲突因美国宣布将退出伊核协议而更加白热化。

其次，青岛峰会是印度和巴基斯坦正式成为上合组织成员国后其领导人首次参加峰会。上合组织在 2015 年的乌法峰会上启动了接纳印度和巴基斯坦为上合组织成员国的程序，在完成所有必要的程序后，两国于 2017 年在上合组织阿斯塔纳峰会上被授予正式成员国地位。2018 年，印度总理莫迪和巴基斯坦总统马姆努恩·侯赛因首次作为国家元首参加上合组织峰会，这对上合组织的发展具有重要的历史性意义。

俄罗斯学者认为，在西方国家之间的裂痕越来越大的国际背景下，较之同时召开的七国集团（G7）加拿大峰会，上合组织成员国在青岛峰会上所表现出的团结难能可贵。瓦尔代俱乐部项目主任博尔达乔夫指出，上合组织虽然同样存在难以解决的问题和矛盾，但是上合组织有包容和平等的精神，更为重要的是，上合组织拥有在重大问题上制定共同观点，同时又保持成员国利益多元化的能力。这种交流方式应当成为 21 世纪国际组织的模式。青岛峰会的成功出乎大部分观察人士的预料。这是印度和巴基斯坦领导人首次参加上合组织峰会，虽然已经成为上合组织成员国，但将两国之间割裂开来的分歧和矛盾远远多于能够将它们联合起来的因素。很多专家甚至担心接收这两个彼此威胁的拥核国家将成为上合组织走向终结的开始。“现在可以充满信心地说，这不会发生，也未必会发生。接受印度和巴基斯坦加入上合组织已成为最重要的外交成就，为两国与其同宗同源的欧亚空间一体化创造了新的条件。这尤其关系到印度，不应当将其视为一座因高山和政治矛盾而远离大陆的‘孤岛’。”①

专家认为，上合组织的未来命运取决于中国和印度。阿斯塔纳峰会结束

① Тимофей Бордачёв，ШОС как фундамент Большой Евразии，http：//ru. valdaiclub. com/a/highlights/shos – kak – fundament – bolshoy – evrazii/？sphrase_ id = 53001.

一星期后，中印之间就爆发了洞朗冲突，濒临战争的边缘；刚刚获得正式成员国资格的印度和巴基斯坦也紧随其后在有争议地区发生了交火，人们对上合组织扩员后的未来前景充满了悲观。但中国尽最大努力改善了因洞朗冲突而恶化的中印关系，保证了青岛峰会的成功举办，为上合组织在印巴两国加入之后依然保持平稳发展做出了重要贡献。

俄罗斯独联体国家研究所学者安德烈·格罗津从会议最终取得的具体实际成果出发，认为上合组织青岛峰会是一次纯粹的工作会议。“青岛峰会实际上是工作性会议。看看最后签署的文件、宣言。从这个意义上来讲，在上合组织整个发展过程中青岛峰会并没有什么特别之处。”他认为，此次峰会的独特之处仅仅在于印度和巴基斯坦作为正式成员国首次参加上合组织峰会，其他都是例行的工作协商，峰会上签署的文件和双边协议——包括中俄在峰会上达成的双边协议在内，都说明了这一点。从经济合作的角度来看，中俄两国在核能领域达成的协议是突破性的，意义非常重大。格罗津指出，上合组织区域实际上已经涵盖了大部分欧亚地区，聚合了欧亚大陆大部分居民和经济潜力，而伊朗和叙利亚形势涉及整个欧亚大陆的利益，因此上合组织应当加强对国际政治的关注。下一届比什凯克峰会在外交立场的调节方面应该能够通过较为实际的决议。①

总体而言，印度和巴基斯坦一同加入上合组织一年后，之前人们所预期的上合组织因扩员而能够得到更快更好发展的前景并没有实现。中印、印巴之间的矛盾在阿斯塔纳峰会后甚至突然升级到军事冲突层面反而印证了人们对上合扩员后发展前景的担忧，俄罗斯学者也因此对上合组织青岛峰会的评价持相对谨慎乐观态度。

二　经济合作状况堪忧

安全合作、经济合作、人文合作是上合组织框架内合作的三大“支柱”

① Андрей Грозин: Страны ШОС стали самой большой частью Евразии, https: // interaffairs. ru/news/show/20047.

方向。但与其他两个方向相比较，经济合作一直是上合组织框架内合作的短板。最初创建上合组织是为了加强安全合作，打击恐怖主义、分离主义和极端主义这“三股势力”。自成立以来上合组织框架内的安全合作取得了长足进展，成员国专门成立了地区反恐机构以强化安全合作，交流反恐信息和情报，举行反恐演习，保证了上合组织区域的社会稳定，成效显著。但是，随着时代的前进和上合组织的不断发展，尤其是最近，上合组织越来越被视为一个经济合作的平台，经济合作被提上了发展日程。俄罗斯一直担心中国凭借经济实力在中亚取代自己而居于主导地位，因此对上合组织经济合作态度消极。因乌克兰事件被西方制裁以后，俄罗斯的态度发生转变，也开始积极推动上合组织框架内的经济合作，以期改善国内的经济状况。但是，与安全合作相比，上合组织框架内的经济合作远远不能算作成功。

俄罗斯学者均认为，上合组织框架内的经济合作发展得并不顺利，成员国仍无法通过系统的方法制定一体化经济项目。迄今为止，上合组织框架内依然没有包括所有成员国，哪怕是多数成员国参加的联合项目实施，没有任何明确的、有组织的、系统的专家分析和科学跟踪项目，包括基础设施项目。多数成员国存在这些问题，很多决定的做出是出于短期利益，即使有项目也是短期的，不具有长期规划性。

对此，莫斯科国际关系学院东亚和上海合作组织研究中心主任亚历山大·卢金直接表示，根本看不出上合组织框架内有任何经济上的成就。他认为，中国提出了丝绸之路的构想，却没有在上合组织内得到其他成员国的积极响应，于是就决定自己单独落实丝绸之路经济带倡议。“官员们在报告经济合作情况时谈的是双边合作，以此冒充上合组织的工作。上合组织是为双边合作创造了某些条件。但是说的很多，比如有关建立银行形式的金融机制已讨论了超过 15 年，在这期间金砖银行都成立了，可上合组织内还和以往一样没有任何这样的东西。”①

① «Прокитайский характер интеграции»: В чьих интересах развивается ШОС?, https://regnum.ru/news/economy/2405521.html.

俄罗斯对外经济银行副行长、经济发展部前副部长安德烈·克列帕切在第二届索契欧亚一体化论坛上指出："上合组织应当转变为保持经济稳定的有效工具……现在的重要任务是避免世界陷入新一轮贸易战。在这方面，上合组织和正在其基础上形成的经济伙伴关系也可以是当前的另一种选择，它不仅是政治安全的承担者，也应是保持经济合作以便这里不发生贸易冲突的工具。"

第二届索契欧亚一体化论坛举办时正值美国在全球发起贸易战，对"占美国便宜"的国家实施经济制裁。2018 年 3 月 8 日，美国总统特朗普宣布美国将对进口钢铝产品征收 25% 和 10% 的关税，以此维护美国的"国家安全"。美国的贸易战对象不仅包括中国和俄罗斯等传统的竞争对手国，其西方盟友也未能幸免。美国外交政策上的单边主义反映在经济领域则表现为赤裸裸的贸易霸凌。

克列帕切认为，目前世界正处于经济力量平衡急剧改变的时期，但贸易战并没有使世界变得更加安全。如欧洲在政治、地缘政治和经济上被撕裂，美国及其支持者对俄罗斯实施制裁，美国与中国之间爆发贸易战，等等，各种冲突愈演愈烈。在这一背景下，上合组织不仅能够协调贸易政策和基础设施项目，而且实际上也具有了在整个大欧亚地区构建经济合作空间的可能性，可以在这方面发挥领导作用。上合组织拥有巨大的协作和相互充实的空间以推动解决每个成员国都存在的问题。克列帕切指出，金融体系的问题在当前条件下变得尤其尖锐，然而在上合组织框架内，甚至是在框架外，在双边基础上都存在巨大的、以本币结算消除货币风险的合作潜力。① 充分发挥上合组织的经济潜力，推动成员国之间的经济合作能够使上合组织成员国避免或减少美国贸易战带来的损失。

在目前世界经济力量结构发生重大改变的背景下，充分利用上合组织这一广阔平台发展经济合作，是各成员国最大限度避免经济停滞和贸易损失

① Риски торговой войны: будет ли ШОС инструментом экономической безопасности?, https: //regnum. ru/news/polit/2405467. html.

的有效途径。俄罗斯总理梅德韦杰夫在上合组织政府首脑理事会会议上表示，由于安全领域的威胁增多，经济风险也在逐年增加，俄罗斯希望在上合组织伙伴的帮助下应对西方的“贸易保护措施、非法的单边制裁和政治讹诈”①。

上合组织发展到今天，发展经济合作早已被提上日程，尤其是因乌克兰事件被西方制裁以来，俄罗斯近年来逐渐改变了对上合组织框架内经济合作的消极态度。青岛峰会召开前夕，俄罗斯工商会会长、上合组织实业家委员会俄方主席谢尔盖·卡特林表示经济议事日程已经开始在上合组织内占主导地位，安全问题虽然仍很迫切，但经济问题已经是上合组织协作中的第一要务。他认为工商业希望的首先是“消除上合组织空间内的行政壁垒，从签证到投资限制，再到商品、服务和劳动力流通”；其次是“制定上合组织所有成员国均应遵循的游戏规则”，“上合组织联合了世界上40%多的居民，具备相应的经济潜力”。② 但是俄罗斯当局对中国的担忧仍妨碍其将发展上合组织经济合作的各种倡议落到实处。虽然俄罗斯多数的学者和部分官员看到了上合组织在经济合作上的惨淡现状，认为上合组织扩员后的广阔合作空间有助于应对西方的经济制裁，但俄罗斯当局能否真正放下顾虑，解决经济合作中存在的问题，改变不利现状，仍令人存疑，有待观察。

三　上合组织助力俄罗斯实现大欧亚伙伴关系构想

梅德韦杰夫在2018年上合组织政府首脑理事会上的发言中指出，西方针对上合组织的重要成员——俄罗斯和中国实施贸易保护措施、单边制裁，甚至进行政治讹诈，上合组织国家所面临的外部环境“很难说是舒适的”，尽管如此，上合组织对俄罗斯仍具有特殊的意义。俄副总理阿基莫夫也表

① ШОС делают щитом от санкций: Страны хотят получить от организации больше экономической выгоды, https://www.kommersant.ru/doc/3770551.

② 《经济议事日程已经开始在上合组织内占主导地位》，http://sputniknews.cn/economics/201806071025591224/。

示，俄罗斯视上合组织为“推动公平的多边互利合作的积极参与者”①。

俄罗斯学者认为，特朗普就任美国总统以来奉行单边主义和孤立主义外交政策，拒绝全球化原则，美国领导的布雷顿森林体系的失效令世界处于十字路口，面临诸多挑战。在这一背景下，地区一体化的趋势日渐增强，逐渐成为一种经济秩序的象征。上合组织等多边合作平台能够通过地区组织、开发银行、主权基金的一体化和合作对这些挑战做出回应。与之前的“中心—边缘”模式相比这种全球化模式更加稳定，也更加包容。② 因此，俄罗斯副外长莫尔古洛夫在瓦尔代俱乐部国际辩论会上发言时表示，不论美国在这一问题上的政策和喜好如何，俄罗斯都将继续在自己的空间内推进经济、政治的一体化进程，“这是我们一贯实行的系统性路线，它引导我们创建欧亚经济联盟、发展上合组织框架内的合作”③。

俄罗斯能否实践地区一体化的路线取决于上合组织能否健康稳定地发展。对于扩员后的上合组织是否能稳步向前发展的问题，俄罗斯学者的态度不一。悲观的看法认为，相互敌视的印度和巴基斯坦加入后上合组织的协商一致原则难以实现，实际上将上合组织变成了“清谈馆”，效率低下，几乎处于停滞状态，和谐团结的氛围也遭到了破坏，而如何走出这一困境目前尚不得而知。目前的上合组织充满了不确定性，能否迎来新的发展阶段令人存疑。

瓦尔代俱乐部项目主任博尔达乔夫则对上合组织的未来发展持乐观态度。他认为，作为上合组织中的两个大国，中国和印度的关系关乎组织的未来命运。在中国的努力下中印关系在经历洞朗冲突的危机后得到了实质性的改善。不仅如此，中国一度因无法推动经济合作而失去对上合组织的兴趣，但在特朗普的贸易战压力下改变了对上合组织的消极态度。这些因素都令上

① ШОС делают щитом от санкций: Страны хотят получить от организации больше экономической выгоды, https://www.kommersant.ru/doc/3770551.

② Марк Узан, Ярослав Лисоволик: Новое глобальное управление: на пути к более устойчивой системе, http://ru.valdaiclub.com/a/valdai - papers/valdayskaya - zapiska - 88/? sphrase_ id =81683.

③ Россия продолжит курс на развитие интеграции, заявили в МИД, http://ru.valdaiclub.com/about/media/rossiya - razvitie - integratsii/? sphrase_ id =81683.

合组织有了新的发展动力。虽然印度和巴基斯坦的加入给上合组织带来了诸多问题，但同时也使其突破了狭小的地区范围，成为拥有更为广阔的空间、能够集中力量解决宏观地区发展问题的欧亚组织。美国越来越具有进攻性的政策激发了上合组织在这方面的潜力，在应对重构世界力量方面的准备远胜于欧洲和其他地区。

对俄罗斯来说，上合组织更是推进其实现大欧亚伙伴关系构想的基石。2019 年 6 月，俄罗斯将接棒上合组织轮值主席国。面对如何解决上合组织作为国际合作机构的未来发展问题，逐步推动建立上合组织框架内的自贸区是可行的解决办法之一。由于担心来自中国商品的竞争，俄罗斯一直拒绝建立上合组织自贸区。但是，经济自由化是亚洲经济的重要发展趋势，俄罗斯和欧亚经济联盟其他国家在这一进程中的缺席已经阻碍了俄罗斯对外贸易的发展，阻碍其与世界经济的一体化，这也阻碍了俄罗斯实现自己的国家目标，即大欧亚伙伴关系构想。普京于 2015 年提出了建立大欧亚伙伴关系的战略构想，经过不断完善，普京将大欧亚伙伴关系的基础定位为欧亚经济联盟、上合组织和东盟。

瓦尔代俱乐部项目主任博尔达乔夫认为，俄罗斯可以利用担任上合组织轮值主席国的有利条件有效推动大欧亚伙伴关系构想的实现。作为战略目标，上合组织广阔的欧亚伙伴关系将不仅在外交层面，也将在对外经济层面赋予俄罗斯政治以更大的完整性，也更具有新意。这样的伙伴关系应当建立在上合组织和本地区国际环境最重要的品质之上，即开放、平等和所有国家对共同事务的参与性。①

结　语

总体而言，俄罗斯国内对上合组织乐观的、悲观的评价兼而有之。悲观

---

① Тимофей Бордачёв：ШОС как фундамент Большой Евразии，http：//ru. valdaiclub. com/a/highlights/shos – kak – fundament – bolshoy – evrazii/？ sphrase_ id =53001.

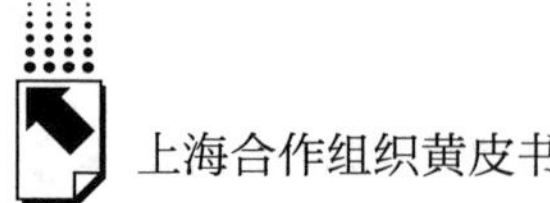

评价认为上合组织的生命力随着印度和巴基斯坦的加入而萎缩，未来前景堪忧；乐观者则认为，尽管印巴的加入对上合组织的工作有负面影响，但上合组织有能力解决自身的问题，在世界政治和经济秩序发生动荡的新国际形势下有新的发展契机，对俄罗斯而言还可借担任轮值主席国的机会推进大欧亚伙伴关系构想的实现。而对经济合作发展严重滞后的不满则是俄罗斯学者的共同看法。与此同时，普京在青岛峰会上仍一如既往地强调安全合作，打击恐怖主义是上合组织现阶段的首要任务。

Y.22

印度和巴基斯坦各界对上海合作组织的评价

高焓迅*

摘　要： 扩员事关组织的开放性和透明性，对组织发展意义重大。2017年6月，上合组织阿斯塔纳元首峰会给予印度和巴基斯坦正式成员国地位。印度和巴基斯坦均是体积庞大、具有重要影响力的世界和地区大国，其加入对上合组织发展具有战略性利好，使上合组织虽挂有地区性国际组织“标签”，但具有了全球属性。作为新成员国，历经十余年的“转正”历程，印度和巴基斯坦对加入上合组织的基本立场是否发生改变？其背后的影响因素又是什么？印巴两国参与上合组织的动因不同，其参与组织框架内各领域合作的侧重又有何差异？本文将对此进行分析和探讨。

关键词： 上合组织　印度　巴基斯坦　优先合作

通过对国内外相关文献的简单梳理，可以看出：一是现有研究对印度和巴基斯坦加入上合组织的基本态度及其直接影响因素的分析性论述不多，系统性和多视角的研究比较少；二是在组织功能层面，缺乏较有针对性的国别研究。鉴此，本文尝试以印巴两国国家利益为出发点，分析两国加入上合组织的动因及其侧重点，并得出一些初步结论。

* 高焓迅，中国社会科学院研究生院俄罗斯东欧中亚研究系博士生。

一　国内外学者关于印巴加入上合组织的研究综述

在印巴加入的问题上，无论是上合组织的内部成员国，还是对上合组织感兴趣的有关国家的研究学者，由于观察视角不一，得出的结论也大不相同。

（一）国内学者

中国专家从宏观的国际层面出发，肯定者指出，随着印巴加入上海合作组织，其参与区域一体化的态度越发积极，如促成南亚自贸协定、积极参加南盟合作等，霸权国希望争取印巴以使亚洲战略态势朝有利于自身的发展而变化，而印巴加入上合组织无疑有利于国际格局加速向“多极世界”演变。[①] 反对者则强调，这一“加速”将以牺牲上合组织发展为代价。印巴两国加入给上合组织未来发展带来了诸多问题，其中既有中印、印巴关系的旧问题可能带来的风险，也有政治文化差异性带来的磨合问题，还有对上合组织内部势力均衡带来的冲击。[②]

在中观的地区层面，有学者认为，印巴加入上合组织为俄罗斯和中亚国家提供了南下印度洋的通道，有利于中国借重上合组织推进“一带一路”建设，但难点在于：中印两国有边界纠纷和达赖问题，印度对中国崛起比较忌惮；巴基斯坦国内政局不稳，恐怖势力较猖獗；印巴存在边界纠纷；等等。印巴加入可能给上合组织带来诸多不确定性因素，损害上合组织发展。[③]

在微观的组织层面，有学者认为，上合组织奉行“协商一致”的决策原则，印巴两国的加入，可能会给组织带来一些“麻烦”和问题，但更多的是给上合组织带来发展机遇。在业已形成的多领域、多层次、多维度的基

---

① 杜幼康：《略论中印两国同时崛起的地区影响和国际意义》，《南亚研究》2012 年第 4 期。

② 林民旺：《中印巴三角关系对上合组织发展的影响与挑战》，《世界知识》2018 年第 11 期。

③ 张宁：《关于上海合作组织扩员的战略方向的分析》，《辽宁大学学报》（哲学社会科学版）2016 年第 4 期。

础上拓展新的合作领域，深化组织潜力。自 20 世纪 90 年代以来，印巴通过印度—中亚国家“5 +1”会晤、中西亚经济合作组织对话机制和国际组织，不断发展与中亚国家的双边、多边合作，上合组织吸收印巴加入可谓顺势而为。[①] 也有学者指出，印巴两国加入上合组织的过程可谓“有志者事竟成”。十多年来，上合组织通过的重要文件有数十个，印巴加入上合组织的谈判并不轻松。但问题总会解决，过程总会结束。[②] 而反对者提出，印度对加入上合组织并非一直“热心”，这从印度成为正式成员国之前，其国家领导人出席上合组织活动的情况就可一晓端倪。[③]

印度虽对上合组织的重要性有一定认识，但问题在于：一是印度认为上合组织是中国主导的国际组织，加入后会受制于人；二是与中俄两国相比，作为新成员的印度在上合组织内可以发挥的空间很小；三是俄罗斯虽是其加入的积极推动者，但在组织内实现“联俄制华”的可能性很小；四是加入上合组织后，印度可能会冒很大的地缘政治风险，其担心中国借上合组织之名合法介入印巴冲突；五是印度担心中国会进一步染指南亚地区。

（二）俄罗斯学者

俄罗斯专家从国际秩序调整和比较政治的研究分析认为：在西方国家占据主导地位的战后世界秩序中，印巴两国加入上合组织，一方面代表着国际力量对比正在发生重大变化；另一方面也意味着由单一国家主导、单一意识形态组建的国家利益集团已时过境迁。[④] 从表面来看，上合组织所有成员国均对传统和非传统安全威胁感到担忧，并希望增加经济和人文领域的合作交流，但实际上各成员国对组织优先合作领域，以及参与组织框架内各领域合

① 孙壮志：《中亚安全形势及上合组织的重要作用》，《俄罗斯学刊》2018 年第 2 期。

② 王宪举：《从乌法峰会看上海合作组织发展战略》，《俄罗斯学刊》2015 年第 6 期。

③ 白联磊：《印度对上合组织的认识和诉求》，《印度洋经济体研究》2017 年第 4 期。

④ Александр Дугин: Индия и Пакистан стали членами Шанхайской организации струдничества, 09.06.2017, http://russnov.ru/aleksandr-dugin-indiya-i-pakistan-stali-chlenami-shanxajskoj-organizacii-sotrudnichestva-09-06-2017/.

作的深度有很大差异,① 而且，印巴加入后，原本安全领域合作的分歧也将进一步扩大，如在针对打击宗教激进主义的立场表态时，巴基斯坦与其他成员国存在明显的差异。② 中亚国家在印巴加入问题上尽管存在一些担忧，但总体而言还是乐见其成。哈萨克斯坦学界认为，扩员后的上合组织应更加突出经济合作方面的内容，无论扩员与否，经济合作是事关中亚国家稳定和发展等的核心问题。③ 印巴的加入无疑提升了组织内部市场空间和外来资本。中亚国家的担忧则集中于扩员后组织行动能力方面，在“协商一致”原则下，若成员国间将双边矛盾带进组织，将难以形成共识。④

（三）西方学者

欧美等西方国家研究学者着重探讨印巴加入对于本国国家利益关切和区域格局变化的影响，同时也对上合组织功能、定位和未来发展方向等问题进行了研究。美国战略界认为，美国不在乎上合组织“是否扩员”，而在乎“加入了谁”。相较于“印度 + 伊朗”，美国更乐于看到“印度 + ”的局面。能源领域是美国关注的重点，对巴库—第比利斯—杰伊汉管道的安全和稳定尤为重视。若伊朗加入，无疑会使美国未来几十年的欧亚地区外交政策复杂化。⑤

---

① Колдунова Е. В. Роль Шанхайской организации сотрудничества в регионе Центральной Азии: сравнительный анализ исследовательских дискурсов // Сравнительная политика. 2013. № 2. – ст. 60 – 69.

② Крыжко. Е. В. Пакистан и интеграционные процессы в Центральной Азии // Культура народов Причерноморья. 2010. №177. – ст. 202 – 207.

③ Zakieva Zh. The Role of the SCO in Eurasian Integration // Central Asia's Affairs. – 2016. – No2. P. 44 – 55. 转引自 Муратшина. К. Г. Приоритеты стран Центральной Азии в ШОС в контексте их взаимоотношений с Китаем //Вестник Омского университета//Серия «Исторические науки». 2017. No 3 （15）. С. 445 – 456。

④ Элдор Арипов. Все решения внутри ШОС принимаются на основе консенсуса. http: // www. aloqada. com/m/news/2017/06/22/laquo – vse – resheniya – vnutri – shos – prinimayutsya – na – nbsp – osnove – konsensusa – raquo – nbsp – mdash – eldor – aripov.

⑤ Jefferson E. Turner. What is Driving India's and Pakistan's Interest in Joining the Shanghai Cooperation Organization? Strategic Insights, 2005, Vol. 4 （8）.

在组织功能方面，西方学者认为扩员后上合组织在安全和经济合作领域的目标有所改变：一是上合组织关注的焦点将由应对非传统安全转移至优化成员国间政治关系；二是上合组织的地缘经济优势将进一步放大，俄罗斯、哈萨克斯坦等能源生产国与中国、印度等能源消费国间的能源互补性增强，在经济合作方面拥有更多机遇。①

在组织未来发展及引领方面，欧美学者认为，无论谁加入，扩员后的上合组织依然不能解决组织内的平衡问题，也正是基于这种不平衡，上合组织未来发展的动力依然来源于中俄两国。上合组织始于两国的承诺，扩员后的组织发展方向还将取决于两国的对外战略及相互间的战略协作。②

二　印度加入上合组织的动因分析

印度是不结盟运动的发起国，历届政府均强调，在不结盟外交政策的基础上与所有国家发展友好关系，力争在地区和国际事务中发挥重要作用。随着综合国力的不断增强，印度加紧推进大国外交和周边外交，强调外交灵活性和多元性。在保持与俄罗斯及其他独联体国家友好关系的同时，印度积极发展与美日欧等发达国家，以及东盟、亚太地区国家间的关系，吸引外部资金和先进技术，提升印度国际地位，扩大其国际影响力。当前国际政治经济秩序存在诸多不公平、不合理现象，原因在于该秩序实为霸权国及其同盟为了维护既得利益而构建，新兴国家崛起引发的国际政治经济秩序调整必然触及霸权国集团的既得利益，促使其加大对新兴国家的遏制力度。欧亚大陆上的大国博弈也趋于激烈。作为新兴的世界级大国，印度对此表示认同。从维护本国利益的角度出发，印度需要一个不违背本国外交政策原则，且拥有足够权威和能力的国际合作平台。因此，印度十分关注上合组织的发展，在加

① Nozimahon Sayfıddınova. Shanghai Cooperation Organization And Dynamics of Economic Integration In The Far East，International Journal of Engineering Inventions，2017，Vol. 6，p. 58 –63.

② Linda Maduz. Flexibility by design：The Shanghai Cooperation Organisation and the future of Eurasian cooperation. CSS STUDY. Zurich，2018 Vol. 5，p. 19 –21.

入上合组织问题上也一直较为积极。

印度加入上合组织，首先在于其对该组织核心理念“上海精神”的认同。1996 年 4 月和 1997 年 4 月，上合组织创始五国元首分别签署了《关于在边境地区加强军事领域信任的协定》和《关于在边境地区相互裁减军事力量的协定》，确立了“睦邻友好、平等互信”的新型国家关系准则，形成了“相互裁减军事力量、相互尊重安全利益”的新型安全关系，构建了“互利协作、共同发展”的新型区域合作模式。[①] 当时，印度就对这两个协定的签署予以高度关注。上合组织成立后，倡导以“互信、互利、平等、协商、尊重多样文明、谋求共同发展”为基本内容的“上海精神”，与印度不结盟的外交政策也不相悖。其中，“新型国家关系”以“互信、互利、平等、协商”为核心，强调相互尊重、平等相待、协商一致、互利合作。每个成员国都拥有决策权，最大限度地维护了各成员国的国家利益。这种力求“平等互利，合作共赢”的国家间关系原则为成员国间相互信任奠定了政治基础，也为印度参与上合组织各领域合作打消了疑虑。2005 年，印度以观察员国身份与上合组织建立正式官方联系，表明其对加入组织的基本态度。

经济合作是推动印度加入上合组织的首要因素。从供给侧看，印度国内商品在上合组织域内，特别是在中亚地区比较有竞争力，在国家间关系较为友好的前提下，易于打开中亚及俄罗斯市场；从需求侧看，印度长期从中东进口油气资源，如今正寻求多方位多渠道的能源供应，以避免潜在的能源短缺。俄罗斯、哈萨克斯坦等传统油气资源丰富的国家，以及吉尔吉斯斯坦、塔吉克斯坦等水能丰富、电力市场前景可期的国家，都是印度希望合作的伙伴。

保证能源安全供给是印度国家利益的优先方向。对内，印度政府整合包括印度石油天然气公司、印度石油有限公司、印度斯坦石油公司等十余家具有全球规模的大型国有能源企业，或整合、合并成能源巨头，或组建能源企业联盟，由专门工作组负责。对外，印度曾设计过专门的能源外交战略，被

① 王海运：《王海运将军文集》（第四卷），上海大学出版社，2015，第 7 页。

学界归纳为"丁"字战略。[①] 该战略向北意图获取俄罗斯等环里海油气板块的能源资源，向西则指向伊朗到印度的能源安全通道，向东则面向缅甸天然气出口。就北线而言，2005 年，印度石油天然气公司就计划收购俄罗斯能源巨头尤科斯财团，计划此后进口的 1/5 原油来自俄罗斯。[②] 2017 年，俄油收购了印度第二大民营炼油企业埃萨石油公司，并拥有涵盖 4500 个加油站的零售网络。据印度专家介绍，2018 年印度在俄投资规模为 130 亿美元，其中 100 亿美元是对俄油田的投资。目前，印度企业已入股俄罗斯国家石油公司，并与俄签署了新的石油和 LNG 购销协议。此外，印俄民用核能合作进展迅速，于 2013 年启动了库丹库拉姆核电站建设，俄专家正在帮助扩建 3 号和 4 号机组，并计划在未来两年内建造 5 号和 6 号机组，从而将装机容量扩至 6000 兆瓦。[③]

在能源运输方面，印度拟修建三条油气输送管道。第一条是土库曼斯坦—阿富汗—巴基斯坦—印度（TPI），第二条是伊朗—阿富汗—印度（IPI），第三条是缅甸—孟加拉国—印度[④]。环波斯湾油气板块对印度来说极为重要，其进口油气资源的 2/3 来自该地区。然而，由于中东及海湾地区长期动荡，能源安全系数低，一旦发生冲突波及印度在这一地区的相关能源产业，印度必将蒙受重大损失。因此，寻求能源来源多元化，确保安全稳定供给是印度的必然选择。在能源消费方面，所谓"亚洲溢价"，其实是中国、印度等亚洲国家受到不公正对待。印度与欧佩克、国际能源组织虽建立了联系，但上述多为同质行为体，例如，欧佩克（OPEC）全部由能源生产国组成；国际能源机构（IEO）则全部由能源消费国组成。这意味着，无论是生产国集团，还是消费国集团，任一集团达成合作必将有损于另一集团的利益。上合组织框架下的国际能源合作，特别是多边能源合作一旦推动，必

① 戴永江、袁勇主编《中印海外能源战略研究》，时事出版社，2014，第 79 页。

② 戴永江、袁勇主编《中印海外能源战略研究》，时事出版社，2014，第 79 页。

③ 《俄印持续扩大能源合作》，《中国能源报》2018 年 10 月 15 日。

④ 秦永江、张伟：《印度经济增长与能源消耗的现状与对策》，《南亚研究季刊》2012 年第 1 期。

将综合考虑各方利益，寻求“最大公约数”。

印度为发展与中亚国家间的经贸联系，致力于建设直接陆路交通走廊。印度拥有中亚国家紧缺的资金、技术和市场等优势，希望与中亚国家分享其在农业、金融、科技、传媒、医药等领域的发展经验，为本国商品走向中亚赢得发展机遇。近年来，印度不断加强对中亚国家的直接投资和贸易联系，获得中亚国家的认可和欢迎。乌兹别克斯坦总统米尔济约耶夫就曾赞扬印度企业在乌国的投资，特别指出锡尔河自贸区的两家印度医药公司（«Новафарм»和«Ультра Хелс Кеар»）为“外国企业在乌投资合作的典范”①。然而，由于地理上的局限性，印度没有直接连接中亚国家的陆上交通走廊，贸易交往缺乏直接的陆路交通联系。印度政府一直致力于建设连接中西亚国家间的陆路交通走廊。上合组织框架下的国际公路项目为印度优化交通运输线路提供了多种可能性方案。

经济与安全是相互倚重的关系，印度重视经济合作，但如果没有一个安全稳定的环境，一切都无从谈起。安全合作是印度加入上合组织的另一个重要动因。历经十余年发展建设，安全合作已成为上合组织各领域合作的亮点。上合组织在塔什干建立专门的地区反恐机构，制定《打击恐怖主义、分裂主义和极端主义上海公约》和《上海合作组织成员国关于合作打击非法贩运麻醉药品、精神药物及其前体的协议》等纲领性文件。2017 年 6 月，又通过了《上海合作组织反极端主义公约》，夯实了域内安全合作的法律基础。同时，上合组织加强了反恐职能部门之间的相互沟通，强化了反恐情报共享，并开展了多次联合军事演习，有力地震慑了域内的“三股势力”，对域内安全稳定起到了重要作用，得到各方认可。②

印度是种族和宗教冲突爆发较频繁的国家，来自中亚的“三股势力”

① Президент Узбекистана и Нарендра Моди обсудили возможности сотрудничества. https：//anhor. uz/events/11033.

② А. Ф. Клименко. Возможные шаги России во взаимодействии с Китаем по обеспечению безопасности на пространстве ШОС. Китай в мировой и региональной политике. История и современность. Выпуск № 20/ том 20/ 2015.

是其国内安全的重要威胁。印度国内一直有“国内恐袭大多获得国外支持”的论调。印度学者认为，如果仅靠国内的内生性力量，在印度制造恐袭的犯罪分子难以形成规模和势力。上合组织域内的安全稳定，特别是阿富汗周边地区对印度安全具有直接影响。“9·11”事件使阿富汗及中亚地区形势发生了变化，美国等域外国家军事力量介入，使印度的地缘政治和国家安全形势复杂化。国际恐怖主义自西向东，由中东地区经中亚过道阿富汗进入南亚，事实上完全可行。这一地区民族语言相通，宗教文化相近，共同边界线漫长，易于相互串联，恐怖主义会殃及域内多个国家，印度不可能独善其身。因此，印度对参与上合组织安全合作的积极性很高，尤为重视域内反恐信息交换。业已形成的上合组织安全合作机制和取得的丰硕成果，成为印度在错综复杂的周边安全形势下寻求高效国际安全合作的不二选择。

印度对外政策的摇摆性限制了其参与上合组织框架内各领域合作。自1991年印度实行经济改革以来，印度外交政策一直受到两种相互交织观念的影响：一种观念源于现实主义，主要认为，军事实力所提供的安全稳定环境是经济发展最重要的保障，主张发展可靠的第二次核打击能力和常备军事力量；另一种观念源于自由主义，主要认为在经济全球化和地区主义兴起的当下，经济上的相互依存已使得暴力冲突无利可图，主张发展经济实力而非军事实力作为国家发展的首要目标，在保持与大国和谐相处的同时，强调加强与周边国家间的睦邻友好合作。由于边境问题的长期性和敏感性，印度对中巴两国的猜疑始终存在，制约了印度自由主义者所期盼的“经济优先”目标。此外，印度中央政府治理能力较差，地方政府拥有较大的自主权，形成了中央统一管辖不力，地方在经济和安全等领域又存在资源不足的复杂局面。这在2019年初的印度大选中就可见一斑。① 需要指出的是，尽管印度与多个成员国间存在分歧，但印度始终强调与新兴国家、发展中国家的交流与合作，在多个场合都强烈表示要以推进“多边主义改革”为基调的国际

① 吴永年：《2019年大选，莫迪和印度人民党还能赢吗?》，《解放日报》2019年1月16日，第八版。

秩序调整。[①] 因此，借重上合组织这一国际合作平台与相邻国家深度交流、对话，增进相互间认识，避免战略误判，对印度而言极为难得。

三 巴基斯坦加入上合组织的动因分析

巴基斯坦奉行独立和不结盟的外交政策，对外政策的根本是为国家利益服务，为本国寻求安全保障。大国关系因素和伊斯兰宗教因素是影响巴基斯坦外交的主要因素。不单一依赖同一大国，不因大国与印度的关系改善（如中印关系正常化、美印关系上升等）而调整本国与该大国间的关系，是巴基斯坦处理与大国关系的原则。“伊斯兰”是巴基斯坦立国的基础，也是其作为独立国家的重要社会文化特征。巴基斯坦始终强调自身的“伊斯兰”身份，与伊斯兰国家发展紧密的联系与合作，历任巴政府视“伊斯兰”为整合资源、凝聚共识、动员社会等所必须依赖的工具。

巴基斯坦对上合组织的评价很高，在加入组织之前，曾多次向中国表达希望加入组织的强烈意愿，并希望得到中国的支持。2000 年 11 月，巴基斯坦正式向上合组织秘书处递交请求加入组织的申请。2005 年，在上合组织阿斯塔纳峰会上，经成员国元首会议批准，巴基斯坦与印度一同成为上合组织观察员国。2006 年 2 月，巴基斯坦总统穆沙拉夫访华时专门访问了位于北京的上合组织总部，并表示，巴方高度重视上合组织，希望早日成为该组织正式成员，以便在更大程度上参与该组织框架内的各项合作。2017 年 6 月，在上合组织阿斯塔纳峰会上，成员国一致同意印巴两国成为上合组织正式成员国。

巴基斯坦希望加入上合组织主要基于其政治、安全和经济三个方面的考量。在政治方面，从直接因素上讲，根据《上海合作组织接收新成员条例》规定，不接收“与一国或数国存在武装冲突”的国家[②]，意味着如果上合组

① 《印度总理在 G20 期间金砖国家领导人非正式会议上的讲话》，印度驻华使馆官网，http：//jinriyindu. in/index. php？ m = Mobile&c = Index&a = show&catid = 29&id = 521。

② 《上海合作组织接收新成员条例》，上海合作组织官网，http：//chn. sectsco. org/documents/。

织只接受印度，那么巴基斯坦将永远无法加入组织。巴基斯坦认同“上海精神”，希望与包括印度在内的上合组织成员国，在双边和多边层面提高政治互信，增进相互谅解，加强包括政治领域在内的各领域合作。从间接因素上讲，加入上合组织有利于巩固和发展其对华、对俄关系，有利于巴基斯坦抵御来自美国的政治压力。伊斯兰因素同样也起到很大作用，上合组织创始成员国中，四个中亚国家的主体民族皆信奉伊斯兰教，从对外传统上讲，巴基斯坦致力于加强对伊斯兰世界的影响。

在安全方面，巴基斯坦受到来自三个方向的威胁。

一是巴基斯坦与印度存在结构性矛盾。英国殖民者留下的“烂摊子”，使印巴两国从立国理念、意识形态，到政治社会生态、民意基础等方方面面矛盾尖锐。巴基斯坦追求南亚穆斯林家园，除其本质的伊斯兰因素外，其背后的隐喻就是“不做印度人”①。两国关系长期处于紧张状态，多次兵戎相见。独立后相继爆发了三次局部战争，甚至一度走到核战争的边缘。即便加入上合组织之后，两国边界武装冲突仍然时有发生。

二是巴基斯坦与阿富汗存在长期性问题。巴基斯坦与阿富汗既有历史积怨，也有现实矛盾。巴基斯坦独立后加入联合国，阿富汗是唯一投反对票的国家。两国存在大量民族和边界划分问题。从源头上讲，这是历史上大英帝国与沙皇俄国争夺中亚主导权的结果。巴基斯坦的帕坦人与阿富汗的普什图族人同宗同源，二者均是巴阿两国的大族，分别占人口比例的10%和40%左右，对两国内政外交影响颇深。20世纪80年代末，苏联从阿富汗撤军后，亲巴势力介入阿富汗内战，并在阿落地生根。“9·11”事件后，迫于外部压力，巴基斯坦参与美国主导的反恐战争，并成为打击主体为普什图族人的塔利班政权的“反恐前沿”。塔利班政权倒台后，亲美势力上台又积极采取亲西方和亲印度对外政策，两国边界划分的复杂性，以及大国博弈、非传统安全等问题使阿富汗问题不再是单一的国家间或地区问题，而是全球治理难题。

三是巴基斯坦与美国等西方国家之间存在的隔阂越发严重、复杂。美国

① 沈宏：《巴基斯坦的战略选择和战略困局》，《外交评论》2011年第5期。

对巴影响深远，无论是巴基斯坦国内政治社会建构，还是对外政策制定，巴基斯坦的方方面面都有美国的影子。外交是内政的延伸，巴基斯坦国内“文人—军人联合体”与“穆斯林联盟”的对抗，取胜的关键在于美国选择哪一方，美巴之间签订的军事和经济援助条约是巴基斯坦国内财政的重要支撑。然而，美巴隔阂也在不断加剧。“9·11”事件后，巴基斯坦以“非北约同盟国”身份参与美国主导的全球反恐战争，在付出巨大伤亡和重大经济损失的情况下，美国反而多次在公开场合指责巴方反恐不力，并时常以“不再给予军事和经济援助”相威胁，严重损害巴国尊严，在巴国内激起了强烈的反美情绪，形成了“依赖美国却又反对美国”的复杂关系。事实上，在美国主导的两国关系中，一旦出现双方意见、步调的不一致，两国间的分歧就随之扩大。

巴基斯坦选择加入上合组织，从政治角度看，一方面是基于不对一个大国产生单一性依赖的考量。上合组织尽管还是地区性国际组织，但中俄印等具有世界级影响力的大国加入，实际使上合组织具有了全球属性。此外，上合组织多个大国均为巴基斯坦的邻国，对巴基斯坦参与实现区域有效治理，如阿富汗问题等，具有重要意义。另一方面，美巴双方信任不足，政治上相互妥协难度较大。在美国主导的阿富汗和平进程中，美国加大了对南亚地区的干预力度，使南亚国家对美国的政治军事依存度上升。同时，美国也加大了对巴民主改造的力度，使巴社会日益分化，面临越发严重的国内宗教极端主义的威胁。尽管巴基斯坦依然视美国为重要盟友，但双方之间的不信任，以及巴基斯坦日益高涨的反美情绪，迫使巴基斯坦国内执政精英不得不考虑除美以外的其他合作伙伴。

经济合作也是巴基斯坦加入上合组织的重要动因之一。在全球化受到一定冲击、区域一体化蓬勃兴起的背景下，巴对参与多边主义经济合作抱有很大期望。巴国内对参与区域一体化进程一直有种紧迫感，担心本国经济游离于世界经济的边缘。巴基斯坦虽参与过南亚一体化进程，但受制于印巴关系以及一系列政治、安全因素，该进程严重停滞。巴基斯坦是传统的农业大国，工业人口少，工业基础薄弱。新总理伊姆兰·汗上台后，面对的是一个内外交困的巴基斯坦：国内，本币贬值严重，非就业人口庞大，基础设施因长期动荡破损严重；对外则出口不振、外汇储备下降、债务风险加剧，等等。纵观巴基斯坦经济发展，每次引起国际收支危机的最直接原因不外乎两个：一是石油价格上涨，导致当年经常账户逆差过大，外汇储备迅速枯竭；二是债务压力过大，外汇储备不足以支付到期债务。① 此次危机也正是由于国际油价在过去一段时间上涨50%，而IMF在2013年提供给巴的展期贷款也进入了偿还期。巴基斯坦希望通过加入上合组织更广泛地参与区域一体化合作，实现自身经济发展和社会稳定。积极“北上”，打通连接阿富汗—中亚的陆路交通线，实现能源供应多元化和商品服务贸易便利化，此为巴基斯坦政府的务实之举。

巴基斯坦的部分属性因素制约了其参与上合组织各领域合作的深度。

一是美国因素。巴基斯坦深度参与美国对阿军事政治合作，尽管这一合作的有效性广受质疑，但巴基斯坦已深陷其中。随着美俄、西俄关系的日趋紧张，加之西方曾在中亚多个国家制造过多起“颜色革命”，多个成员国从国家到社会均对美国介入域内军事政治安全合作存在抵触心理。俄罗斯学者曾形容：与其说跨境侵略等传统安全威胁“退居二线”，不如说是安全威胁改换了形式。②

二是民族宗教因素。巴基斯坦宗教氛围浓厚，世俗化程度较高的中亚国家对此颇为忌惮。比如，宗教激进主义有多个派别，对界定反恐标准造成一定麻烦。上合组织反对一切形式的“三股势力”，但流窜于阿巴边境地区的激进分子与巴基斯坦有着千丝万缕的联系，有的还曾获得过巴军方的支持。③

三是国内政治经济基本面不稳。巴基斯坦国内政治经济变动频繁，参与

① 刘小雪：《伊姆兰·汗：阳光总在风雨后》，《环球》2018年第16期。

② Д. В. Тренин. Традиционные и новые вызовы безопасности в международных отношениях, Россия в глобальной политике. https：//globalaffairs. ru/global – processes/Traditcionnye – i – novye – vyzovy – bezopasnosti – v – mezhdunarodnykh – otnosheniyakh – 17512.

③ 陈继东、张仁凤：《巴基斯坦加入上海合作组织：必要性与问题》，《学术探索》2010年第5期。

上合组织多边经济合作，特别是落实大型项目的难度系数较高。因此，使巴基斯坦的地缘优势得以充分发挥，最大限度地与成员国间达成谅解、建立互信，是巴基斯坦加入上合组织后面临的关键问题。

四 小结

印度和巴基斯坦的加入，使上合组织的影响力进一步扩大，成为更有影响力的地区性国际组织。但通过前文的分析可以看出以下几点。

第一，基于对上合组织的认知不同，印巴两国期待参与组织框架内合作领域的优先次序也不同。印度希望参与组织框架内的经济合作，借助其地缘经济优势，强化与成员国间包括能源在内的经济合作联系。巴基斯坦面临多重的安全威胁，通过参与上合组织实现对棘手问题，如阿富汗问题的有效治理是其当务之急。印巴两国参与上合组织的动因差异为上合组织确定现阶段各领域合作的优先方向从而实现资源有效配置提出了挑战。

第二，值得深思的是，关于印度和巴基斯坦之间的矛盾，是否存在被夸大之嫌？莫迪上台后，尽管对巴基斯坦多有批评，但他更多的是谴责、威胁存在于巴基斯坦国内的国际恐怖主义，而非直接批评其官方。对此，是否应区别对待？上合组织遵循“协商一致”原则，紧盯印巴之间的相互矛盾和分歧，只会降低上合组织的行为效率，印巴两国所追求的安全和经济利益的实现也必然大打折扣。

第三，印巴两国都十分重视与中亚国家间的交往，加入上合组织可视为其与中亚国家强化国家间关系的重要工具。伴随扩员后上合组织地域辐射范围的进一步扩大，中亚国家是否还能保留其“核心区”的地位？其实，上合组织自成立以来所签署的文件很少涉及“核心区”这一概念，可以说，不必纠结于“谁是核心，谁不是核心”的问题。只要成员国通力合作，提高相互间互信水平，平等协商，积极践行“上海精神”，“核心区”这一概念就不再重要。

附　　录

Appendix

Y.23 2018年上海合作组织大事记

1月

1月24～26日　上合组织成员国国际信息安全专家组例行会议在武汉举行。会议期间，与会者指出，国际信息安全作为国际安全体系的重要组成部分，其重要性日益凸显。与会各方协商一致，进一步积极落实2009年签订的《上海合作组织成员国保障国际信息安全政府间合作协定》。

1月30日　上合组织国家协调员理事会会议在上合组织秘书处举行。会议议程囊括了30多个议题，皆与中国担任上合组织轮值主席国期间主要活动的落实相关。会议期间，各国协调员重点讨论了在山东省青岛市举办的第十八次上合组织成员国元首会议筹备工作以及上合组织当前的主要活动。

1月29日至2月2日　上合组织的代表出席了在维也纳召开的国际网络安全会议。来自联合国、欧盟、欧洲安全与合作组织、美洲国家组织、欧洲刑警组织、国际电工委员会等其他国际组织的专家，以及来自微软、华为的世界领先企业的代表参加了会议。会上各方就一系列重要问题展开了热烈讨论。

2月

2月7~8日 关于加强中亚、南亚交通互联的区域政策对话在曼谷联合国会议中心举行。上合组织秘书处代表出席会议。50多名高级专家以及中亚、南亚各国交通领域的政府部门、研究机构和商业公司代表出席了区域政策对话，重点讨论了亚洲地区国家所面临的开通国际交通运输、启动新的和改建现有跨区域过境运输走廊的相关问题，分析了该领域目前存在的问题，并就未来发展提出了建议。

2月27日至3月1日 上合组织成员国安全会议秘书会议的专家会在北京举行。会议期间，各方就上合组织成员国安全会议秘书第十三次会议的筹备和举办等问题展开讨论，并拟定了会议成果文件草案。针对上合组织青岛峰会中拟签署的文件建设性地交换了意见。

3月

3月13日 上合组织成员国国防部长会议专家工作组第一次会议在莫斯科举行。会上，各方就本地区目前的安全形势交换意见，并对组织下一阶段“和平使命”联合反恐军事演习展开讨论。会议指出，上合组织各成员国防务部门应进一步加强合作，共同维护本组织责任区的安全与稳定。

3月13~14日 关于成立上海合作组织开发银行和上海合作组织发展基金（专门账户）的专家会议在北京举行。会议期间，各成员国的专家就建立上海合作组织融资机制交换了意见，并决定继续在专家层面进行磋商。会后签署了议定书。

3月13~16日 上合组织成员国国家协调员理事会会议在北京举行。会议中，各方研究了在中方担任上合组织轮值主席国期间上合组织青岛峰会、上合组织成员国安全会议秘书会议和上合组织成员国外交部长理事会会议的筹备问题。各方讨论了上述活动期间将要签署的文件草案以及本组织当前活动的其他问题，其商议结果将被记录在最终的会议纪要中。

3 月 13 ~ 19 日 上合组织观察员团在俄罗斯境内监督俄总统大选的筹备和举行情况。3 月 19 日，观察团发布公告指出，俄罗斯联邦总统选举符合《俄罗斯联邦选举法》及通行国际契约的要求。观察团未发现违反国家立法规范、引发选举合法性质疑的行为。观察团认为：已结束的此次大选是透明、可信和民主的选举；已落幕的总统选举是俄罗斯联邦民主发展进程中的重要一步。

4月

4 月 4 日 第七届莫斯科国际安全会议在莫斯科召开，上合组织派代表参会。上合组织秘书长阿利莫夫在“多极世界中的全球安全问题”专题全体会议上发表讲话。来自 95 个国家的 850 多位来宾参加了第七届莫斯科国际安全会议，包括 30 名国防部长、15 名总参谋长以及多名国防部副部长、多个国际组织代表和多名高级外交官、专家。

4 月 3 ~ 4 日 上合组织成员国贸易便利化专门工作组会议在北京举行。会议期间，专家们就《简化上海合作组织成员国政府间贸易关系协定》草案和《上海合作组织成员国在服务贸易合作框架协议》草案交换了意见。专家们就拟定于 2018 年举办的上海合作组织展览会、论坛和博览会进行了信息交流，包括在各种国际经济平台上组织联合活动和展示会的事宜，以及社会组织——上海合作组织实业家委员会代表参与专门工作组工作的可能性。

4 月 9 ~ 10 日 首届上海合作组织人民论坛在西安举行。本届论坛以“推动地区和平与合作，共建人类命运共同体：民间组织的使命”为主题。80 余位来自上合组织成员国及观察员国、对话伙伴国的代表出席论坛，并通过了《首届上海合作组织人民论坛西安宣言》。

4 月 11 日 上合组织观察员团监督阿塞拜疆总统选举投票过程。上合

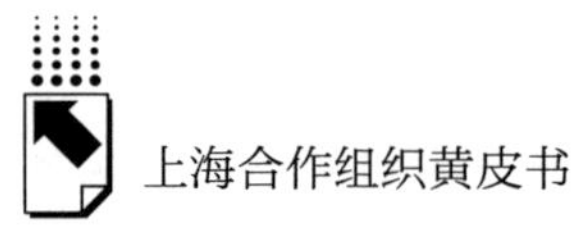

组织观察员团各小组分别在巴库、苏姆盖特、阿布歇隆、占贾及明格切维尔等地展开工作。4 月 12 日，上合组织观察员团发布声明，并在其网站上公布了关于选举的详细信息。

4 月 11 ~ 12 日 上合组织成员国发展过境运输潜力专门工作组会议在塔什干召开。与会专家审议了《上海合作组织公路协调发展规划》草案，旨在提高成员国在全球运输服务市场的竞争力，发展国际贸易，并从整体上使经济活动活跃起来。

4 月 12 ~ 13 日 上合组织在北京召开部际磋商会，讨论各国在上合组织活动期间的新闻保障问题，其中包括即将举办的上合组织青岛峰会。磋商期间，各方就进一步加强上合组织成员国外交部在本组织活动中的信息保障合作进行了深入的交流，并重点讨论了青岛峰会准备阶段及召开期间开展协调合作的实际方案和近期计划。

4 月 16 ~ 18 日 上合组织成员国第十次环保部门专家会议在北京举行。与会代表就环保领域的合作问题交换了意见，并就成员国环保合作构想草案达成一致意见。这一合作方案的诞生意味着上合组织成员国将在环境保护领域开展多边合作，为保护和恢复生物多样性做出贡献。

4 月 19 ~ 23 日 上合组织成员国国家协调员理事会会议在北京举行。国家协调员们讨论了成员国外长理事会会议议题草案中的一系列议题，以及首次以“上合组织八国”阵容举行的上海合作组织峰会筹备和举行等问题。此外，国家协调员们就上海合作组织成员国元首将于青岛峰会期间通过的最终文件和决议草案达成一致。

4 月 24 日 上合组织成员国国防部长会议在北京举行。部长们就当前国际和地区安全形势、进一步加强上合组织成员国在防务安全领域的务实合作，以及其他共同关心的问题深入交换了意见，达成广泛共识。部长们强调落实《上海合作组织成员国国防部 2018 ~ 2019 年合作计划》的重要性，指出上合组织上述领域活动不针对第三方。

4 月 24 日 上合组织成员国外交部长理事会例行会议在北京举行。外长们原则通过了《上海合作组织成员国元首理事会青岛宣言》及《上海合作组织成员国元首理事会会议新闻公报》草案。通过了《上海合作组织成员国长期睦邻友好合作条约实施纲要（2018～2022年）》《上海合作组织成员国打击恐怖主义、分裂主义和极端主义2019～2021年合作纲要》，这将促进深化上述领域合作。外长们还通过了一系列关于本组织日常工作和即将在青岛举行的上合组织成员国元首理事会会议的决议。

4月24～25日 上合组织成员国海关合作专门工作组会议在杜尚别举行。与会专家们讨论了一系列问题，旨在建立统一的过境运输体系以及在知识产权保护和对货物的海关监管领域开展更加密切的合作。与会者通过了《上海合作组织成员国海关合作专门工作组海关合作条例》《使用CENCOMMILO－莫斯科操作平台开展全天候联络点信息合作章程》《臭氧层破坏物质及危险废物越境转移信息交流备忘录》草案。

5月

5月4～5日 上合组织论坛在阿斯塔纳举行，来自上合组织的120名代表和专家，上合组织各成员国21个国家研究中心的代表团，上合组织观察员国、对话伙伴国科学中心和上合组织地区反恐机构执委会的代表团出席了会议。会议各方就上海合作组织在新的地缘政治现实中和本组织进一步发展前景下的作用和意义广泛交换意见，会后各方签署了《上海合作组织论坛会议纪要》。

5月8日 上合组织成员国旅游合作专家会议在武汉举行。会上讨论了上合组织成员国旅游局长会议议程草案，制订了《2019～2020年落实上海合作组织成员国旅游合作发展纲要联合行动计划》草案。与会人员交流了国家在旅游领域的政策执行经验和立法工作经验，同时也讨论了在上合组织成员国国家旅游局的支持下举办国际旅游展览会和展销会的情况。

5月9日 上合组织成员国旅游部门领导人会议在武汉举行，各代表团团长高度评价了近年来在组织框架下旅游领域合作交流取得的新进展，介绍了本国旅游业发展，就进一步挖掘合作潜力、拓宽合作领域、深化务实合作交换了意见。

5月12日 上合组织成员国跨境动物疫病联合防控合作会议在西安召开。上合组织成员国、观察员国和对话伙伴国的科学社会团体的专家和代表，以及各国际组织的专家和代表出席了此次会议。会上通过的联合声明，使世界动物卫生组织开展的跨境动物疫病联合防控工作具有连续性。

5月16日 上合组织成员国文化合作专家工作组会议在三亚举行。专家讨论了举办上合组织成员国文化部长第十五次会晤的若干问题，并敲定了成果文件草案。专家就上合组织框架下文化合作的进一步发展问题充分交换了意见，并就如何在当前的现实和机遇中寻找合作的新形式和新方向进行了深入探讨。

5月14～15日 上合组织成员国禁毒部门高官会议在上合组织秘书处召开。各方就上合组织内的禁毒形势，以及在组织框架下完善禁毒合作实际措施的可能性交换了意见。此外，与会人员讨论了联合打击麻醉品非法贩运和毒品预防领域的文件草案。

5月17日 上合组织成员国禁毒部门领导人会议在天津召开。会议期间，各方重申，在全球毒品形势恶化背景下，有必要进一步强化上合组织成员国合作，以协调应对非法贩运毒品问题。与会者指出，坚定维护现行国际禁毒体制，维护联合国三大禁毒公约，反对非医疗使用麻醉药品和精神药品合法化。各方赞同《上海合作组织预防麻醉药品和精神药品滥用构想》草案。

5月17日 上合组织成员国文化部长会议在三亚举行。各国文化部部长回顾了过去一个阶段上合组织框架下文化艺术领域合作的发展情况，就《上海合作组织成员国政府间文化合作协定》和历届文化部长会晤共识的执行情况交换了意见。各方批准了《上海合作组织成员国政府间文化合作协定2018～2020年执行计划》。

5月21～22日 上合组织安全会议秘书第十三次会议在北京召开。各方就上合组织地区安全与稳定方面的形势交换了意见，讨论了上合组织成员国进一步开展合作打击恐怖主义、分裂主义、极端主义、非法贩运武器、毒品走私、跨国有组织犯罪及保障国际信息安全等问题。各方表示，在上合组织青岛峰会上通过旨在防止青年参与恐怖和极端组织活动的《上海合作组织成员国元首致青年共同寄语》及其实施纲要十分重要。会后各方签署了《上海合作组织成员国安全会议秘书第十三次会议纪要》。

5月22~23日 上合组织成员国对外经济贸易部门高官会议在北京举行。上合组织成员国经贸部门高官会特别关注了《〈上海合作组织成员国多边经贸合作纲要〉落实措施计划》的执行情况、各成员国在经济领域的实际工作情况以及相关纲要和规划文件的落实情况。与会各方讨论了巩固和充实经贸合作的法律基础以及完善上合组织成员国合作机制的问题。

5月25日 上合组织成员国最高法院院长会议在北京举行。与会代表围绕“深化上合组织框架内司法合作”这一主题，就法院信息化与智慧法院建设，打击暴恐、毒品、洗钱等犯罪涉及的法律适用问题和跨国司法合作，刑事诉讼非法证据排除规则与司法实践，跨境货物买卖合同的法律规则与司法实践以及上合组织内国际司法合作机制完善等具体议题进行交流、探讨，达成共识，并在会后发表声明。

5月28日 上合组织秘书长拉·阿利莫夫出席了在北京召开的上合组织—阿富汗联络小组会议，出席会议的嘉宾包括上合组织成员国和阿富汗的外交部副部长。会议讨论了上合组织和阿富汗未来的合作方式。与会者一致认为，应在联络组框架内开展和深化上合组织成员国和阿富汗的合作，联络组可以成为一个磋商机制。

6月

6月6日 上合组织银联体理事会会议在北京召开。会议由上合组织银联体主席、中国国家开发银行董事长胡怀邦主持。中国国家开发银行在担任银联体主席行期间积极参与扩大上合组织成员国银行金融合作影响力和提高其效率的事务中，阿利莫夫秘书长对此予以高度评价。会后各方通过了会议纪要。

6月9日 上合组织秘书长在青岛主持召开独联体、集体安全条约组织和上合组织安全机制最高领导人三方会晤。会晤期间，各组织负责人就安全形势、欧亚地区经贸和人文领域的合作发展充分交流了意见。与会各方均认为应进一步巩固和加强国际反恐合作，并强调在反恐合作过程中，应发挥联合国的中心协调作用，严格遵守联合国宪章，以国际法为基础和摒弃双重标准。

6月9~10日 上合组织成员国元首理事会在青岛举行。中国国家主席习近平主持会议并发表重要讲话。上海合作组织成员国领导人、常设机构负责人、观察员国领导人及联合国等国际组织负责人出席会议。与会各方共同回顾上海合作组织发展历程，就本组织发展现状、任务、前景深入交换意见，就重大国际和地区问题协调立场，达成了广泛共识。会议发表了《上海合作组织成员国元首理事会会议新闻公报》《上海合作组织成员国元首关于贸易便利化的联合声明》《上海合作组织成员国元首致青年共同寄语》《上海合作组织成员国元首关于在上海合作组织地区共同应对流行病威胁的声明》等文件。

6月13~17日 首届上合组织国家电影节在青岛举行，这是上合组织历史上首次由中方倡议举办、汇集八个成员国和四个观察员国优秀电影制作人的大型活动。本届电影节从6月11日以来在青岛影院上映的55部参展影片中挑选23部电影参加评比。除开幕式和电影市场环节以外，还举办成员国主题日活动以及促进成员国间电影艺术与合作电影论坛。本届电影节设置了最佳影片、最佳导演、最佳编剧、最佳男演员、最佳女演员、评委会特别奖共六项大奖，所有奖项在电影节闭幕式暨颁奖典礼上公布。

6月19~25日 应土耳其共和国外交部邀请，上合组织观察员团在土耳其境内开展工作，观察土耳其议会和总统提前选举准备和实施过程。观察员团由上合组织副秘书长波塔片科率领，由上合组织成员国和秘书处观察员组成。6月24日，上合组织观察员团在土耳其首都安卡拉及土耳其贸易、工业和文化中心的伊斯坦布尔对土耳其总统和议会选举工作进行了监督。6月25日上合组织观察员团在安卡拉与媒体代表会面。在新闻发布会期间上合组织观察员团总结了观察员团的工作成果，并发表了正式声明。

7月

7 月 12 日　上合组织秘书长阿利莫夫在莫斯科出席上合组织成员国副外长关于本组织国际合作问题磋商。在磋商过程中各方详细讨论了加强上合组织与其他国际和地区组织，特别是与联合国及其专门机构合作的前景，以及发展与观察员国和上合组织对话伙伴国关系等问题。

7 月 25 ~ 29 日　上合组织观察员团首次对柬埔寨王国国会议员选举的筹备及举行情况进行监督工作。7 月 29 日，观察员团发表声明指出，2018 年柬埔寨王国举行的国民议会选举符合本国选举法，符合民主标准，切实反映了民意；观察团未发现违反国家立法规范、引发选举合法性质疑的行为。观察员团认为：已结束的此次选举是合法、透明、可信和民主的选举；本次柬埔寨国民议会选举是社会民主化和保障本国和平、稳定和繁荣过程中重要的一步。

8月

8 月 24 日　上合组织成员国司法部长会议在乔尔蓬阿塔举行。会议讨论了为企业和公民提供法律服务的议题，强调借助信息技术提供法律服务是成员国司法部的一项重要任务。与会部长一致认为，在国际社会努力应对现代威胁、挑战的情况下，上合组织成员国司法部间的相互合作和积极参与具有重要性和紧迫性。根据与会部长在推进上合组织成员国法治建设问题上达成的共识，并考虑到《上海合作组织至 2025 年发展战略》确定的共识和任务。会后，各成员国司法部部长发表了声明。

8 月 28 ~ 29 日　上合组织成员国军队总参谋长（联合参谋部参谋长）会议在莫斯科举行。会议期间，各方就国际和地区安全以及在上合组织空间内打击国际恐怖主义等热点问题交换了意见。与会各国军队代表还出席观看了在车里雅宾斯克州切巴尔库尔市靶场举行的“和平使命 – 2018”联合反

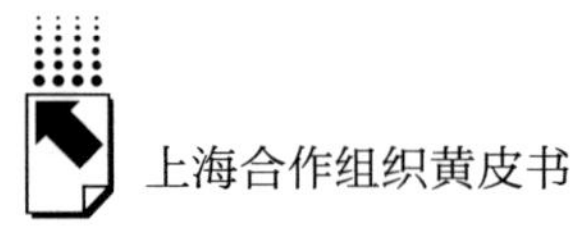

恐军演。会后，各方就继续参与反恐演习一事达成一致，并在打击国际恐怖主义方面增进了相互理解。

9月

9月11日 上海合作组织秘书长阿利莫夫率领秘书处代表团开启出席2018年东方经济论坛行程。本次代表团工作日程包括出席全会、平行论坛以及一系列双边会见。上合组织同有关方面重点探讨本组织框架内包括交通运输、环境保护、粮食安全、青年合作等经贸领域的迫切问题。

9月14~17日 上合组织成员国协调员会议在北京举行。各协调员在会上就上合组织青岛峰会期间各国元首提出的倡议落实工作交换了意见，讨论了2018年下半年大型活动的举办计划以及上合组织框架内务实合作计划。与会者详尽地探讨了《上海合作组织主要活动计划》和《2019年上海合作组织成员国外交部合作规划》，为文件和决议制定了具体的落实步骤。

9月19日 上合组织成员国铁路部门领导人会议在塔什干召开。除了各成员国铁路部门管理层之外，上合组织观察员国（阿富汗、白俄罗斯、伊朗和蒙古国）以及上合组织对话伙伴国（阿塞拜疆）相关部门人员也出席了本次活动。会上，各国铁路部门领导就有效利用及进一步开发成员国铁路运输潜力交换了意见，还讨论了一系列与交通运输机制和运输一体化管理办法相关的国际法律文件。

9月20日 上合组织成员国总检察长会议在塔吉克斯坦首都杜尚别召开。会上，各方就一系列问题展开讨论，包括加强打击极端主义和恐怖主义力度，消除促使国际恐怖主义和极端主义蔓延的因素，禁止利用互联网实施极端主义和恐怖主义活动，调查研究极端主义和恐怖主义犯罪以及深化此领域的合作和信息交流等。与会各方交流了上合组织成员国应对日益严峻的安全和利益威胁经验，并根据交流结果签署会议纪要。

9月19日 上合组织成员国经贸部长会议在杜尚别举行。会议期间，各国部长总结了上合组织成员国多边经贸合作文件和规划的落实成果，讨论了经贸领域合作中的其他重要问题。会议期间也举办了上合组织经贸信息展。展览向观众介绍了上合组织经贸合作现状，以及上合组织成员国各类经济数据。会后，与会者签署了议定书文件并通过新闻稿。

10月

10月11~12日 上合组织成员国政府首脑（总理）理事会第十七次会议在塔吉克斯坦共和国首都杜尚别举行。会议期间，各代表团团长在建设性的气氛中就当前国际和地区经济发展问题广泛交换意见，讨论了深化上合组织框架下经济和人文合作的前景与措施。会议旨在落实青岛峰会的重要文件，会议批准了《上海合作组织成员国2019~2020年科研机构合作务实措施计划（路线图)》，通过了《上海合作组织秘书处关于〈上海合作组织多边经贸合作纲要〉落实情况的报告》。会议批准了上合组织2019年预算，并就上合组织常设机构的一系列财务和组织问题签署决议。

10月17日 上合组织成员国教育部长会议在阿斯塔纳举行。根据青岛峰会达成的共识，代表团各方主席对进一步开展双边和多边人员交流互换、科研合作、学术互访、语言教学、高等教育、职业教育和青年交流等事宜进行了深入讨论。各方就上海合作组织成员国发展教育、各国教育现代化问题、2019~2020年度重点合作方向等交换了意见。会各方通过了《上海合作组织优秀教育工作者评选条例》，旨在嘉奖教育领域的优秀工作者，激发教育工作者的工作热情和责任感，提高业务水准，按时、高效、认真完成本职工作。

11月

11月7~8日 上合组织成员国海关合作专门工作组会议在莫斯科举行。专家广泛讨论了旨在形成统一过境制度以及在清关后监管和保护知识产权领域开展合作的问题。专家就上合组织青岛峰会期间签署文件的实际执行情况交换了意见。其中，各方讨论了在《臭氧层破坏物质及危险废物越境转移信息交流备忘录》和《利用莫斯科地区情报联络中心案件数据库执法平台渠道全天候联络站开展信息互助的规程》框架内的信息交流模式。会后签署了议定书。

11 月 20～21 日 上合组织成员国地方领导人论坛法律文件协商专家会议在北京举行。与会人员指出，上合组织成员国各地区之间的联系日益密切，上合组织框架内地区间合作拥有广阔的发展前景，新的合作形式与合作领域也处于积极探索之中。专家们还就《上海合作组织成员国地方合作发展纲要》草案交换了意见，该纲要旨在实施一系列协商一致的措施，以支持和促进各成员国地方合作。

11 月 28 日至 12 月 2 日 上合组织成员国国家协调员理事会会议在昆明召开。会议期间，国家协调员讨论了关于 2019 年的主要活动——包括比什凯克上合组织成员国元首理事会会议的筹备和举办等 50 多个问题。国家协调员通过了《2019 年上海合作组织成员国外交部合作计划》。此外，会上还审议了《上海合作组织 2019 年主要活动计划》草案以及上合组织秘书处与联合国人道主义事务协调厅、世界旅游组织间双边谅解备忘录草案。

12月

12 月 5 日 上合组织成员国地方领导人论坛介绍会在车里雅宾斯克举行。各代表团团长介绍了各自地区的经贸和投资潜力，并就合作前景以及制定论坛章程的事宜交换了意见。会议指出，发展地区合作将成为维护上合组织成员国可持续发展的重要和切实步骤，而即将举行的论坛将为各地区之间建立多元化联系与合作关系创造有利条件。

12 月 12～14 日 上合组织国际道路运输便利化联合委员会会议在厦门举行。会议期间，联合委员会成员讨论了十几个切实问题，涵盖开发国际道路运输路线及投用、运输许可证份额分配以及相关文件起草、对道路和通行点的改革，以及在交通领域的合作项目。

12 月 18 日 上合组织北京总部举行阿利莫夫秘书长离任招待会。上合组织成员国、欧盟国家、东盟国家、联合国等驻华外交机构的大使和高级代表，中国各省市代表，科研机构和教育机构、社会、文化、体育和青年组织代表以及中外记者出席了此次活动。拉·阿利莫夫于 2018 年 12 月 31 日期满卸任上合组织秘书长一职。

（高焓迅整理）

Abstract

Based on the development of the Shanghai Cooperation Organization in 2018, this report analyzes the current international and regional situation and the complex geostrategic changes, and interprets the impact of international and regional hotspot issues and major events the development of the SCO, and interprets the impact of international and regional hotspot issued and major events on the development of the SCO, introduces the cooperation of the SCO in the fields of politics, security, economy and humanities since 2018, analyzes major issues encountered in the development of the SCO, and its role in docking of "Belt and Road" initiative and the Eurasian Economic Union, and the views of member states on the Shanghai Cooperation Organization. In addition, the book presents recommendations with important reference values.

Contents

Ⅰ General Report

Abstract: The major changes taking place in the past 100 years have increased the uncertainties of in the world situation in 2018. The SCO region faces external challenges such as unilateralism, protectionism, Syrian crisis, Afghanistan and other regional conflicts and terror, and internal uncertainty challenges after expansion. At the same time, the Qingdao Summit has injected new meaning into the "Shanghai Spirit", strengthened the political mutual trust between China and Russia and other member states, and and facilitated the cooperation among member states due to the advance of the "Belt and Road" initiative. After the expansion, the influence, cohesiveness and mobility of the SCO have been continuously improved. It has become a key force in promoting global governance, and has made new contributions to promoting regional safety and stability and building a community of shared destiny in the region.

Keywords: SCO; Expansion; "Shanghai Spirit"; "Belt and Road"; Human Destiny Community

Ⅱ Important Meetings

Y. 2 Shanghai Cooperation Organization 2018 Qingdao Summit

Wu Hongwei / 026

Abstract: From June 9 to 10, 2018, the 18th meeting of Council of Heads of State of the Shanghai Cooperation Organization was held in Qingdao, China. The leaders of 8 member states and 4 observer states attended the meeting. Indian Prime Minister Modi and Pakistani President Hussein attended the summit for the first time as a member of the leadership of the member states. The summit held a small-scale and wide-ranging meeting to analyze and judge the current complex and ever-changing international situation and reached several important consensuses. The member states discussed some major issues, major threats and challenges currently faced by the Shanghai Cooperation Organization and proposed countermeasures. The meeting affirmed the achievements of the SCO since the entry of India and Pakistan, planned the future development of the organization, and identified the primary tasks of the next stage of work. The summit published and approved 19 documents. The next summit will be held in the Kyrgyz Republic in 2019.

Keywords: Shanghai Cooperation Organization; Qingdao Summit

Y. 3 Shanghai Cooperation Organization Dushanbe Prime Ministers Meeting

Sun Li / 041

Abstract: From October 11 to 12, 2018, the 17th meeting of the Council of Heads of Government of the Shanghai Cooperation Organization (Ministers) was held in Dushanbe, capital of Tajikistan. Heads of government and representatives of the member states, representatives of observer states and dialogue

Since the SCO member states have different national conditions and it is difficult to advance simultaneously, China and Kazakhstan can be considered to take the lead and play a model role. Building a "community of shared human destiny" is a beautiful vision that must be realized. There are many difficulties in practice. There is still a long way to go to achieve it. It is necessary for member states to work together so that the vision of good can be realized soon.

Keywords: SCO; the "Belt and Road"; the Community of Shared Human Destiny

Abstract: The coverage area of the Shanghai Cooperation Organization is the core area along the "Belt and Road", and the two have ideal conditions for cooperation. After the successful expansion of the Shanghai Cooperation Organization, it has become the regional organization with the largest population geographical area, and has great potential for economic cooperation. The "Belt and Road" construction also ushered in the first five-year harvest. Both sides have entered a new era of development and provided new opportunities for development. In this context, the two sides should give full play to their respective advantages and leverage each other to overcome the challenges and difficulties faced in the process of docking and cooperation, and jointly build a community of shared destiny of political mutual trust, lasting peace, mutual benefit and win-win, cultural tolerance.

Keywords: Shanghai Cooperation Organization; the "Belt and Road"; Docking Cooperation

Abstract: Due to the changes in the domestic and international situation, Russia's perception of the vision, positioning and development prospects of the Shanghai Cooperation Organization has changed greatly in different periods. After the establishment of the Shanghai Cooperation Organization, it experienced important international political events such as the "9 · 11" incident, the Iraq war, the "color revolution" in the CIS region, the Russia-Georgia conflict, the financial crisis, the Ukrainian crisis, etc. The concept of interest has had a profound impact. At the same time as the development of the concept of governance in the country, Russia's perception of the Shanghai Cooperation Organization has also gone through the process of focusing on external influences and taking into account the internal construction of the SCO, and then undergoing geopolitics from the change of the world order. The view of the new subject to the change of the position of SCO as the central force of the New Eurasian New Community. Studying the relationship between Russia and the Shanghai Cooperation Organization also needs to focus on the overall development of China and the overall requirements of China's diplomacy in order to better observe the development of the United States and understand Russia's perception of the Shanghai Cooperation Organization.

Keywords: Russia; SCO; International Situation; National Interests; the "Belt and Road"

Abstract: The cohesiveness of the Shanghai Cooperation Organization in the new era has received much attention. In particular, there are many challenges in organizing work efficiency, agenda formulation and execution after expansion. Due to the complexity and diversity of member states, their different international identity perceptions make the positions, attitudes and choices of member states different from each other. The construction of collective identity is essential for strengthening organizational construction and forming strong cohesiveness. The rational demand for national interests has become an important factor in the construction of the collective identity of the Shanghai Cooperation Organization, but more importantly, the legal system and the creation of shared values within the organizational framework. The Shanghai Cooperation Organization should focus on normative construction, reconstruct the Shanghai Cooperation Organization culture with clear common actions and norms, and recognize the common values, and internalize the "Shanghai Spirit" into the consciousness of close cooperation among member states, thereby strengthening the internal governance and international mobility of the Shanghai Cooperation Organization.

Keywords: Shanghai Cooperation Organization; Identity; Specification; Cohesion

Y. 8 The Expansion of the Shanghai Cooperation Organization and the Development of Relations between China, India and Pakistan

Abstract: The year 2018 heralded a new era for the SCO after its expansion. Over the past year or more, India and Pakistan, as new members of the SCO, have made corresponding adjustments in their diplomacy, which have brought about some progress in the bilateral relations between China and India, India and Pakistan, and China-Russia-India relations. However, due to the deep-rooted differences between India and Pakistan and the contradictions, there has been no substantial improvement in the short term, especially the suicide terrorist attacks in the Pulvalma area of India-controlled Kashmir in February 2019, which once again led India and Pakistan to a conflict situation. Sino-Indian relations have improved after India joined the SCO, but the strategic foundation still needs to be further consolidated.

Keywords: India-Pakistan Relations; China-India Relations; China-Russia-India Triangle; SCO

Ⅳ Security Cooperation

Abstract: In 2018, the Qingdao Summit of the Shanghai Cooperation Organization marked a milestone event in the development of SCO, in which the heads of the new and old member states first time participated in all the official activities after the completion of the organizational expansion of the Astana Summit in 2017. It marked the entry of this comprehensive regional cooperation organization. The achievements of the Qingdao Summit not only mean the reinterpretation of the spirit and purpose of the SCO, but also the political and strategic completion of the reorientation of the development direction and mechanism functions. This is not only the inevitable result of the SCO's growth and maturity after 17 years of development, but also the collective response of member states after the major changes in the current world structure and regional situation. At this summit, China, as the rotating chairman, negotiated with the member states at home to give a new era connotation to the "Shanghai Spirit" and systematically expounded the concept of international relations in the new era, epitomized by new development concept, new security concept, new cooperation concept, new civilization concept, and new concept of global governance The concept has further clarified the direction of future development for the SCO, and has provided important inspiration for the international community to face the global development, major changes, major adjustments and the establishment of a fair and rational relationship. Among them, as a common document accompanying the SCO's existence and development of the "new security concept", which was deeply interpreted by Chinese leaders and highly recognized by the member states, it will undoubtedly be a future development of the SCO, especially in the new era. Security cooperation is instructive and has far-reaching implications. Since the "Shanghai Five" period before the official establishment of the SCO, the regional security cooperation practice known as the "Shanghai Process" has always adhered to a security concept that is different from the that of the Cold War era, and has been continuously improved by the joint efforts of all countries. In combination with the development history of the SCO, the process of developing the "new security concept" will inevitably help accurately understand the core connotation and significance of the concept.

Keywords: SCO; Qingdao Summit; New Security Concept; Central Asia

Abstract: The Shanghai Cooperation Organization has achieved great progress over the past 18 years, especially in the security field. Up to now, the Shanghai Cooperation Organization has basically formed a relationship between the regular meeting decision-making mechanism, the treaty legal guarantee mechanism, and the joint anti-terrorism cooperation mechanism in the building of the security cooperation mechanism. Through the synergy of these three specific mechanisms, the security cooperation within the framework of the Shanghai Cooperation Organization has achieved remarkable results that cannot be underestimated. It not only contributes to the promotion of security cooperation among member states, but also plays an important role in maintaining regional security. Of course, the

Shanghai Cooperation Organization is, after all, a relatively young regional cooperative organization. There are also many problems in achieving a series of achievements. This paper will sort out the types and characteristics of the Shanghai Cooperation Organization's security cooperation mechanism, analyze its limitations while summarizing its achievements, and propose corresponding policy recommendations, with a view to contributing to the development of the Shanghai Cooperation Organization and the security cooperation mechanism of the Shanghai Cooperation Organization.

Keywords: SCO; Security Cooperation Mechanism; Achievements and Problems

Y. 11 SCO Actively Responds to Regional Security Challenges

Abstract: The SCO's security cooperation has achieved remarkable results, and the new security concept has promoted the convergence of cooperation concepts. The concept of "cooperative security" has been deeply rooted in the hearts of the people, and pacifism has been continuously promoted; the cooperation platform is effective and reliable, and regional security cooperation is gradual and orderly; the new cooperative model provides a dialogue platform for "old" contradictions; for the efficient and safe cooperation against terrorism in the new situation, and jointly combating the "three forces", non-traditional security cooperation is more pragmatic and full. With the changes in the international situation, the security challenges in the SCO region have increased, and the threat factors in Russia and Central Asian countries have increased significantly: the complicated situation in Afghanistan has brought great challenges to regional security, and the actual impact of international terrorist forces on regional security is increasing. The Central Asian-South Asian extremist circulation route was further shaped. In response to the challenges, member states follow the "Shanghai Spirit", strengthen cooperation through parallel dialogues and consultations, solve complex regional problems, and strive to create a security structure for joint building and sharing.

Keywords: SCO; Terrorism; Security; Cooperation

V Economic Cooperation

Y. 12 Economic and Trade Cooperation of Shanghai Cooperation Organization in the Context of International Trade Protectionism: Progress and Prospects *Li Zhonghai* / 154

Abstract: In 2018, the economic and trade cooperation between the Shanghai Cooperation Organization continued to develop smoothly, and the trade volume between member states increased in different degrees. The investment cooperation under the "Belt and Road" initiative and international capacity cooperation projects also made great progress. The smooth progress of the SCO economic and trade cooperation, first of all benefited from the continued strengthening of the leadership of the member governments, the meeting of the head of the SCO summit in Qingdao and the head of the government Tashkent continued to plan to lead economic and trade cooperation to improve quality and efficiency; secondly, the relationship between Central Asian countries saw obvious improvement, and the development of the Central Asia region from discreteness to integration has created a favorable atmosphere for the SCO economic and trade cooperation. In addition, the accession of India and Pakistan has expanded the scope of SCO economic and trade cooperation, boosting the organization's economic resources and market capacity, and expanding the scale of economic and trade cooperation between SCO member states. At the same time, the SCO economic and trade cooperation still faces some difficulties and bottlenecks. In particular, the SCO economic and trade cooperation mechanism, especially an integrated cooperation mechanism is not yet in place. There are still non-standard issues in the economic and trade cooperation of member states, and investment cooperation is also subject to the impact of many external factors. In order to further expand the scale of economic and trade cooperation and improve efficiency and quality, the SCO should, in the direction of enhancing the economic interests of its member states, step up efforts of building bilateral or multilateral economic and trade cooperation mechanisms; facilitating cultural and humanistic exchanges between member states with a view to promoting mutual understanding between the states; and strengthening the organizational infrastructure by serving the business.

Keywords: SCO; Economic and Trade Cooperation; Mutual Trade; Mutual Investment; Economic and Trade Cooperation Mechanism

Y. 13 Energy Cooperation within the Framework of the Shanghai Cooperation Organization: Reality and Prospects

Liu Qian / 168

Abstract: Energy cooperation is an important part of the economic cooperation of the Shanghai Cooperation Organization. In the energy sector, the SCO states have close cooperative relations in oil and gas exploration investment, product trade and energy infrastructure construction. As a result of that, the areas of cooperation keep expanding, which plays an important role in ensuring national and regional energy security and promoting regional economic development. With the changes in the global energy market and the entry of India and Pakistan into the SCO, the SCO states have great potential for cooperation in areas such as resource development, pipeline infrastructure construction and connectivity, and regional energy governance mechanisms. There are still some problems to be solved, including the coordination of energy policies in the SCO states and the functions and mechanisms of the SCO Energy Club. From the long-term perspective, in the implementation of the "Belt and Road" Initiative and the "Linked Alliance", the SCO's energy cooperation and " energy club " construction will become an important cooperation direction and cooperation platform.

Keywords: SCO; Energy Cooperation; Energy Club; the "Belt and Road"; "Linked Alliance"

Abstract: In 2018, the trend of world economic expansion weakened, the volatility of commodities such as crude oil increased, inflation in developed economies was suppressed, and global finance contracted. The uncertainties and challenges facing the world economy have increased, trade tensions have intensified, financial market vulnerabilities have increased, global economic imbalances have intensified, and emerging markets have been under the threat of some non-economic factors. In this context, the overall economic situation of the member states of the Shanghai Cooperation Organization is good, but the growth rate has been on the decline. Due to the rebound in international energy prices, the export situation of Russia, Kazakhstan and other energy supply countries has improved substantially, with fluctuations in the exchange rate though. The debt risks of Tajikistan and Pakistan have intensified.

Keywords: SCO; World Economic Situation; Trade

Abstract: The SCO member states are facing different levels of food security issues, which constitute the basis for member states to strengthen food security cooperation. After years of consultations, the "Outline for Food Security Cooperation of the Member States of the Shanghai Cooperation Organization" was adopted by the Council of the Heads of Government of the Shanghai Cooperation Organization (SCO) in 2018, marking a new stage of development for SCO member states in food security cooperation. It is predictable that agricultural cooperation among the member states of the Shanghai Cooperation Organization will continue to deepen and improve the overall level of regional food security.

Keywords: Member of the SCO; Agricultural Cooperation; Food Security

Abstract: In June 2018, the Shanghai Cooperation Organization saw the first round of membership expansion. The joining of India and Pakistan added more meaning and alternatives to the economic cooperation within the SCO framework. At a time when the international order is fast changing and the world economy is undergoing profound adjustments, the SCO member states attach great importance to the stability of their national economy, and building a strategic planning system, optimizing economic policies, and strengthening macroeconomic policy coordination have become the reform priorities of all member states. Depending on the national conditions, different members have set forth different objectives, priorities and means of implementing the economic development strategies. Accordingly, the results achieved are not the same, especially the newly joined India and Pakistan. Based on the specific analysis of national economic strategies, plans and policies, this paper discusses the possible problems in the process of strategy implementation, with reference to the sustainability, systemicity, feasibility and execution of economic strategies.

Keywords: SCO; Economic Development Strategy; Priority Direction; Potential Problems

Ⅵ Humanities Cooperation

Abstract: 2018 was the 17th year of the establishment of the Shanghai Cooperation Organization. The cultural and humanistic cooperation of SCO member states has gradually entered onto a mature track. In 2018, China served as the rotating presidency and actively promoted cultural and humanistic exchanges and cooperation with other member states. The cultural and humanistic cooperation mechanism in 2018 has four characteristics: the cooperation mechanism is maturing, and a mature government cooperation mechanism is established, which has formed a frequent trend of folk and cultural exchanges; cultural and artistic exchanges are very active, and bilateral and multilateral cultural exchanges have created good atmosphere of dialogue and cooperation; "Shanghai Spirit" has been further publicized in humanities cooperation, promoting the formation of international relations of inclusive cooperation; educational cooperation has matured, forming a postgraduate education system of the SCO University Alliance; Sino-Russian scientific and technological cooperation has become a model to promote common development. The joining of India and Pakistan poses new challenges for the SCO cultural and humanistic exchanges.

Keywords: SCO; Humanities Cooperation; Shanghai Spirit; Science and Technology Cooperation

Abstract: Youth exchanges and cooperation are not only a part of the SCO's humanistic cooperation, but also penetrate into all aspects of other areas of cooperation. For the SCO, strengthening youth exchanges and cooperation provides important support for achieving "mutual understanding of the people", and is an important way to obtain international and high-level talents. Meanwhile, it also plays a special role in preventing the spread of "three forces" and promoting regional stability. Up till now, youth exchanges and cooperation within the framework of the SCO have achieved great results, thanks to the high importance attached by governments to youth work and the forward-looking top-level design. In the future, the SCO youth work should also formulate an in-depth, extensive and long-lasting exchange plan, further expand the meaning and form of exchanges, encourage the active participation of non-governmental organizations, and bring into play the role of digital technology and other modern scientific and technological means in youth exchanges, and bring as soon as possible India and Pakistan into the existing cooperation mechanism.

Keywords: SCO; Youth Exchange and Cooperation

Abstract: In today's world, discourse has become an important resource for safeguarding and realizing national interests. Different meaning systems woven by different discourses have different power references. Under the control of western discursive hegemony, the voice of many non-western countries has been weakened. The mass media plays a major role in the production and dissemination of discourse. In recent years, media exchanges and cooperation between the member states of the Shanghai Cooperation Group have become increasingly active. The landmark event was the convening of the first media summit of the Shanghai Cooperation Organization in June 2018. The cooperation between the media of the SCO member states marks an attempt of redressing the Western discursive hegemony system, so that the truth distorted and obscured by the Western discourse can be revealed. This paper proceeds from the concept of "discourse", and analyzes the media exchanges and cooperation within the framework of the Shanghai Cooperation Organization.

Keywords: Discourse; SCO; Hegemony; Power

Abstract: Tourist cooperation, as a combination of economic benefits and cultural exchanges, has long been an important part of the interaction between the member states of the Shanghai Cooperation Organization. The high-level political mutual trust among the member states of the SCO and the achievements made in economic and trade and humanistic cooperation have laid a solid foundation for tourist cooperation within the framework of the SCO. Although the current tourist exchanges among SCO member countries are still in the initial stage, there are problems such as insufficient development of tourist resources, backward infrastructure, visa difficulties, language barriers, and legal differences. With the increasing interest of the member states in the field, tourist cooperation is expected to become the most promising area of cooperation within the framework of the SCO.

Keywords: Tourist Cooperation; Humanities Exchange; SCO

Ⅶ Overseas Opinions

Abstract: This article comprehensively analyzes the Russian scholarship's research and related articles on the SCO, with a view to investigating the issues and viewpoints of Russian scholars. Russian scholars believe that the Qingdao Summit has been the first summit of the SCO ever held since the expansion of the SCO. However, people's previous expectations that the expansion could promote the faster and better development of the SCO are overrated. Therefore, they are cautiously optimistic about the summit. Nevertheless, Russian scholars also believe that the Qingdao Summit, as the first summit held after India and Pakistan entered the SCO, is of great historical significance. More than a dozen working papers were signed at the meeting, which set the direction for future cooperation among member states. Compared with the achievements in security cooperation, economic cooperation within the framework of the SCO has drawn more criticism from Russian scholars. Although economic cooperation has been put on the development agenda of the SCO in recent years, it is still difficult in practice. Cooperation among member states is still limited to the bilateral level, and there is a lack of joint projects involving all member states. Regarding the future prospects of the SCO, pessimists believe that the development of the SCO is limited after the expansion of the SCO, and the prospects are grim; optimists believe that in the new context in which global political and economic order are being reshuffled, the SCO has even greater scope of cooperation after the expansion, which can help Russia promote regional integration politically and economically and counter the pressure from Western economic sanctions. At the same time, Russia can also take advantage of the favorable conditions of the SCO's rotating presidency in 2019, and strive to promote the strategic vision of the Greater Europe and Asia Partnership proposed by Putin.

Keywords: SCO; Russia; Qingdao Summit; Economic Cooperation; Development Prospects

Y. 22 India's and Pakistan's Opinions of the Shanghai Cooperation Organization

Gao Hanxun / 285

Abstract: Improving the openness and transparency of the organization is of great significance to the development of the Shanghai Cooperation Organization. In June 2017, the SCO Astana Summit gave India and Pakistan official membership status. Both India and Pakistan are large and influential world and regional powers. Their participation is strategically beneficial to the development of the SCO by ascribing some global attributes to the regional international organization of the SCO. As new member states, after more than a decade of application to full membership, have India and Pakistan changed their basic positions on joining the SCO? What are the underlying factors that affect the change? Given the different motivations of India and Pakistan to participate in the SCO, what are the differences between the two countries in the foci and priorities of cooperation in various fields within the framework of the organization? This article will analyze and explore this.

Keywords: SCO; India; Pakistan; Priority Cooperation

S 基本子库
SUB DATABASE

中国社会发展数据库（下设 12 个子库）

全面整合国内外中国社会发展研究成果，汇聚独家统计数据、深度分析报告，涉及社会、人口、政治、教育、法律等 12 个领域，为了解中国社会发展动态、跟踪社会核心热点、分析社会发展趋势提供一站式资源搜索和数据分析与挖掘服务。

中国经济发展数据库（下设 12 个子库）

基于"皮书系列"中涉及中国经济发展的研究资料构建，内容涵盖宏观经济、农业经济、工业经济、产业经济等 12 个重点经济领域，为实时掌控经济运行态势、把握经济发展规律、洞察经济形势、进行经济决策提供参考和依据。

中国行业发展数据库（下设 17 个子库）

以中国国民经济行业分类为依据，覆盖金融业、旅游、医疗卫生、交通运输、能源矿产等 100 多个行业，跟踪分析国民经济相关行业市场运行状况和政策导向，汇集行业发展前沿资讯，为投资、从业及各种经济决策提供理论基础和实践指导。

中国区域发展数据库（下设 6 个子库）

对中国特定区域内的经济、社会、文化等领域现状与发展情况进行深度分析和预测，研究层级至县及县以下行政区，涉及地区、区域经济体、城市、农村等不同维度。为地方经济社会宏观态势研究、发展经验研究、案例分析提供数据服务。

中国文化传媒数据库（下设 18 个子库）

汇聚文化传媒领域专家观点、热点资讯，梳理国内外中国文化发展相关学术研究成果、一手统计数据，涵盖文化产业、新闻传播、电影娱乐、文学艺术、群众文化等 18 个重点研究领域。为文化传媒研究提供相关数据、研究报告和综合分析服务。

世界经济与国际关系数据库（下设 6 个子库）

立足"皮书系列"世界经济、国际关系相关学术资源，整合世界经济、国际政治、世界文化与科技、全球性问题、国际组织与国际法、区域研究 6 大领域研究成果，为世界经济与国际关系研究提供全方位数据分析，为决策和形势研判提供参考。

法律声明